集人文社科之思 刊专业学术之声

集 刊 名：非洲研究
主办单位：浙江师范大学非洲研究院
主　　编：刘鸿武
执行主编：王　珩

AFRICAN STUDIES

编辑部

地　　址：浙江师范大学非洲研究院

邮　　编：321004

电　　话：0579-82287076

传　　真：0579-82286091

E-mail：fzyjbjb2016@126.com

2019年第2卷（总第15卷）

集刊序列号：PIJ-2018-294

中国集刊网：www.jikan.com.cn

集刊投约稿平台：www.iedol.cn

中国学术期刊综合评价数据库（CNKI）来源集刊

2019年第2卷
（总第15卷）

非洲研究

STUDIES

浙江师范大学非洲研究院｜主 办
刘鸿武｜主 编
王 珩｜执行主编

社会科学文献出版社
SOCIAL SCIENCES ACADEMIC PRESS (CHINA)

目 录

政治与国际关系

经济与发展

社会文化与教育

书 评

非洲研究　2019年第2卷（总第15卷）
第3－26页

中非法律外交70年：回顾与展望*

吴　卡　黄　婕

内容提要：中非法律外交具有特定的时代背景与重大的现实意义。自新中国成立以来，中非法律外交经历了起步、中断、发展与提速四个历史时期。自2009年“中非合作论坛—法律论坛”设立以来，特别是《北京行动计划（2013—2015）》和《约翰内斯堡行动计划（2016—2018）》实施六年多来，中非法律外交，无论是官方还是民间，都取得了许多重要成果，但也暴露了一些不足。在中非共建“一带一路”与共推产能合作的新时代背景下，中非法律外交需要在理论构建、数质提升、平台搭建、人才培养和学术研究等方面有新的举措。

关键词：中非法律外交；中非关系；一带一路

作者简介：吴卡（1974－），男，浙江金华人，浙江师范大学法政学院教授，非洲法律与社会发展研究中心主任（浙江金华，321004）；黄婕（1996－），女，四川攀枝花人，浙江师范大学法政学院民商法学2018级研究生（浙江金华，321004）。

自新中国成立至今，中非法律外交已经走过了70年风雨历程。从1949—1967年起步时期的方向单一、规模极小，1968—1976年间中断，以及1977—2008年间的缓慢发展，直至2009年“中非合作论坛—法律论坛”设立后，中非法律外交终于迎来了快速发展的新时期。当前，中非间无论是官方还是民间法律外交，与以往相比，都有了长足发展。但在

* 本文为“‘一带一路’背景下中非产能合作国际法律保障机制研究”（2018GH029），2017—2018年度浙江省高校重大人文社科攻关计划规划重点项目的阶段性成果。

中非共建“一带一路”和中非产能合作的新时代背景和需要下，中非法律外交也暴露出一些不足。本文首先说明中非法律外交的背景与意义，并就中非法律外交 70 年的历史进程进行简要梳理，在此基础上对中非法律外交的现状与成就，从官方与民间两个维度进行总结，进而探讨中非法律外交所存在的一些主要不足并分析其成因，最后就新形势下中非开展法律外交的必要举措提出具体建议。

一 中非法律外交的背景与意义

“法律外交是以法律为内容、机制和媒介的外交活动，也就是将法律观念和法治理念贯穿于外交活动之中，将某些外交问题转化为法律问题、以法治思维和法治方式处理对外关系和国际事务、依法化解外交纠纷，转变外交方式方法，开辟外交工作新局面。”[①] 法律外交是“一个新概念”和“一项复杂庞大的系统工程”，根据不同标准，可以做不同分类。例如，根据具体内容，法律外交可分为立法外交、司法外交、执法外交、法学外交；根据执行主体，法律外交可分为官方外交和非官方（包括半官方）外交，等等。[②] 伴随世界多极化、经济全球化和国际关系法治化，法律外交与政治外交、经济外交、军事外交、文化外交等外交方式一道，已成为我国总体外交的重要组成部分。

非洲一直是中国外交的重点，中非法律外交前景广阔。从 20 世纪 50 年代后期非洲民族解放运动兴起之时，中国就与许多非洲国家互相支持、互相帮助，彼此建立起了比较深厚的风雨交情。[③] “中国外长每年首次出访都到非洲，这一做法已延续了 29 年，成为中国外交的一个优良传统，我们在用行动表明，中国坚持将非洲置于中国外交全局的重要位置，加强与非洲及广大发展中国家合作，始终是中国外交的首要目标。”[④] 虽然非洲一直是中国外交的重点地区，但是中非法律外交却经历了一个曲折

---

① 谷昭民：《法律外交》，中国法制出版社，2018，第 16 页。

② 谷昭民：《法律外交》，中国法制出版社，2018，第 17—18 页。

③ 薛力：《新时代中国外交中的非洲》，http://www.sohu.com/a/271976578_729263，最后下载日期：2019 年 5 月 1 日。

④ 王毅：《用行动表明将非洲置于中国外交重要位置》，https://www.mfa.gov.cn/web/wjbzhd/t1626885.shtml，最后下载日期：2019 年 5 月 1 日。

发展的过程。中非法律外交经历了起步、中断、发展和提速四个时期。其中，在起步和中断两个时期，中非各领域关系不是非常密切，加之中非自身存在的国内问题，所以导致在这两个时期，中非法律外交规模极小。但是，在改革开放之后，特别是2009年“中非合作论坛—法律论坛”设立后，中非各领域关系迅速升温，中非法律外交也得到恢复和发展。当前，中非合作已经进入新阶段，尤其在“中非命运共同体”理念下，中非正在共建“一带一路”和共推产能合作，中非法律外交获得了更加广阔的发展空间。

当下，开展中非法律外交，不仅具有开展法律外交的一般意义，即“有助于提升中国外交的整体水平”“更有效地维护国家利益”“提升中国的政治文明和社会文化形象”“提升自身的法律认同度和法律知识水平”“促进法律文化的全球化，为世界文化的进步做出新贡献”①，而且还具有某些特殊意义，特别是当前中非经贸关系日益紧密，中非法律外交可为中非双方共建“一带一路”和开展产能合作提供法律支撑和法治支持，创建一个良好的法治环境，进而为中非间开展长期、持续、有效的各领域合作提供强有力保障，从而构建更加紧密的中非命运共同体，实现中非共同发展和繁荣。

二 1949年以来中非法律外交历程

新中国成立后，中非法律外交随着中国社会主义建设的曲折发展而缓慢推进，但进入21世纪以来，中非关系迅速发展，中非法律外交也开始快速发展。中非法律外交的发展历程，大致可以分为起步、中断、发展和提速四个时期。

1. 起步期（1949—1967年）

中非法律外交起步较晚。1956年新中国与埃及建交，揭开了中非关系的新篇章。在1956—1965年“非洲大陆觉醒和独立”的十年间，中国与17个非洲国家建立了外交关系。随着中国与更多新独立的非洲国家建交，中非交往日益密切、频繁，在此基础上中非法律外交开始从无到有。

但在这一时期，中非法律外交不仅规模很小，而且方向单一，主要

① 谷昭民：《法律外交》，中国法制出版社，2018，第178—185页。

是非洲国家派人来中国交流。具体来说，这个时期，基本没有中非立法机构间的交流，司法机构间的交流也是屈指可数，主要有 1965 年 8 月几内亚总检察长法迪亚拉、1966 年 10 月毛里塔尼亚最高法院副院长博瓦、1967 年 7 月以德迈为团长的马里司法代表团等来华访问，但中国没有派司法人员出访非洲国家，没有形成中非司法机构间的互访。在这个时期，也没有中非民间的法律交流。

造成这种情况，中非双方都有原因。这个时期，许多非洲国家刚刚独立，主要忙于国内建设，同时也积极开展外交活动，包括同中国建交，但开展法律外交的并不多，只有极少数非洲国家派司法工作人员到访中国。反观中国也是如此，并不重视法律外交。新中国成立后，特别是 1957 年以后的 20 年时间里，受极“左”路线干扰，法律虚无主义一度盛行，对中国的法治事业造成了严重冲击。在此形势下，中国法律外交，无论是官方的还是民间的，除了偶尔接受外国来访外，基本上都不走出去。

2. 中断期（1968—1976 年）

这个时期处于中国的“文化大革命”时期。“文革”十年，法律虚无主义在中国“盛行”，中国的法治事业实际上处于停滞状态，立法、司法、执法机构名存实亡，政法院校停办，研究机构取消。在此形势下，自然没有法律外交。相应的，非洲国家对中国的法律外交也基本停滞。

3. 发展期（1977—2008 年）

“文革”结束后，中国逐步肃清极“左”路线的影响，加强法治建设，批判法律虚无主义。1978 年，中国开始改革开放，法律外交得以恢复，但对非法律外交步伐依然缓慢。在毛里塔尼亚最高法院副院长博瓦访华 22 年之后的 1988 年，时任最高人民法院副院长林准才第一次率团访问坦桑尼亚、扎伊尔、赞比亚和卢旺达，开启了中国司法机构访问非洲的序幕。中国检察机关访问非洲更是姗姗来迟，在 1965 年几内亚总检察长法迪亚拉访华 36 年之后的 2001 年，时任最高人民检察院副检察长张穹率团访问了安哥拉。1995 年 11 月，全国人大常委会委员长乔石访问埃及等三国，这是全国人大常委会委员长首次对非洲国家进行访问；2001 年 11 月，全国人大常委会委员长李鹏率团出访北非、拉美五国，其中到访了突尼斯；2003 年 10 月，全国人大常委会副委员长李铁映率团访问毛里求斯、喀麦隆、利比亚和突尼斯四国。

这一时期，中非法律外交有了一定发展，但双方法律外交尤其是中国对非法律外交依然不多，有学者分别对中非法院、检察院和司法行政机关之间的交流次数作了统计：1979—1988年，非洲国家法院来我国访问8次，我国法院访问非洲1次；1999—2009年，非洲国家法院来我国访问6次，我国法院访问非洲1次。1999—2009年，非洲国家检察机关访华11次，我国检察机关访问非洲6次。1980—1989年，中非司法行政机关往来仅有3次，其中非洲司法行政机关来访2次，我国司法行政机关访问非洲国家1次；1990—1999年，往来18次，其中非洲国家司法行政机关来访6次，我方访问非洲国家12次；2000—2010年前几个月，往来次数增至44次，其中非洲国家司法行政机关来我国31次，我方访问非洲国家13次。[①] 从这些数据来看，中非法律外交与之前相比，规模上已经有了较大发展，但考虑到非洲国家数量众多以及非洲在中国外交中的重要地位，这一规模显然无法令人满意。

2000年10月，中非合作论坛首届部长级会议在北京召开，中非合作论坛正式成立，这是中非在新形势下加强友好合作、共同应对经济全球化挑战、共谋发展的重要尝试。2006年1月，中国政府发表《中国对非洲政策文件》，全面系统地宣示了中国对非政策的目标及措施，并就全国人大加强与非洲各国议会及泛非议会友好往来，继续与非洲国家商签并落实双边投资条约（BITs）和《避免双重征税协定》，促进中非双方司法、执法部门的交流与合作，协同打击跨国有组织犯罪及腐败犯罪等方面作了重要战略部署。该文件的发布标志着21世纪中国对非洲政策日趋成熟。在中非合作大好形势和中国对非全面政策的支持下，中非法律外交开始提速发力。

4. 提速期（2009年至今）

2009年11月，中非合作论坛第四届部长级会议发表《沙姆沙伊赫行动计划（2010—2012年）》，提出中非间举行“中非合作论坛—法律论坛”。该倡议迅速得到落实，当年12月，中国法学会和埃及开罗地区国际商事仲裁中心在开罗共同举办了首届“中非合作论坛—法律论坛”。该论坛作为中非法律外交的常设机制，开创了中非法律外交的新纪元。通过该机制，中非在双方法律制度、投资法律环境、投资条约、产能合作争议解决、司法合作等领域的议题进行了广泛深入的探讨。截至2019年

① 这些数据，参见洪永红等《中非法律交往五十年的历史回顾与前景展望》，《西亚非洲》2010年第11期，第6—8页。

3 月，该论坛已成功举办了七届，极大增强了中国与非洲各国法学、法律界的务实合作，标志着中非法律外交真正进入了快车道，因此 2009 年是中非法律外交提速的起始年。

为增强中非官方的法律交流与合作，2012 年 7 月，中非合作论坛第五届部长级会议通过了《北京行动计划（2013—2015）》。2015 年 12 月，中非合作论坛约翰内斯堡峰会暨第六届部长级会议又通过了《约翰内斯堡行动计划（2016—2018）》。这两个行动计划专门就 2013—2015 年间和 2016—2018 年间的中非官方与民间法律外交做了概括性安排。根据该安排，在过去六年间，中非官方法律部门加快了立法、司法、执法等领域交流与合作的步伐，民间法律外交也有了切实发展。2018 年 9 月，中非合作论坛北京峰会成功举行。会议通过了《北京行动计划（2019—2021）》，该计划向世界传递了中非携手并进的强烈信号，其中涉及中非官方与民间法律外交的众多领域。

三　中非法律外交的现状与成就

走过了 70 年曲折历程之后，中非法律外交目前已经获得了长足的发展，取得了不小的成就。本文主要以 2013 年以来，也即《北京行动计划（2013—2015 年）》与《约翰内斯堡行动计划（2016—2018 年）》实施的六年多时间里，中非官方法律外交主要是立法、司法、执法和条约外交，以及民间法律外交为例，概括中非法律外交的现状与成就。

（一）中非法律外交的现状

在“中非命运共同体”理念下，随着中非共建“一带一路”和共推产能合作的推进，中非关系在各领域都得到了较快发展。在此背景下，中非官方与民间法律外交都有了较大发展。

1. 中非官方法律外交

（1）中非立法外交

中非立法外交是中非法律外交的重要内容。2013 年 9 月 13 日，全国人大外事委员会主任委员傅莹在接受采访时指出，全国人大已经与非洲各国议会建立了良好的交流合作关系，今后将继续发挥全国人大在官方和民间两方面的优势，重点做好以下对非洲各国议会交流工作：一是为中非合作提供法律保障；二是传承、巩固、加深中非传统友谊；三是加强治国理政经验交流；四是促进中非务实合作。[①] 围绕这些工作重点，2013 年至 2018 年间，全国人大与非洲各国议会开展了一系列交流活动。

六年多来，中非立法机构间的交流合作有以下特点：第一，中非立法机构对对方国家的交流比较频繁，但数量悬殊，且立法机构间的互访较少。六年间，非洲有 23 国 40 余次来访，但同期中国只对非洲 14 国作了近 20 次访问，数量还是比较悬殊的。而且，真正形成立法机构间互访的更少，只有与肯尼亚、乌干达、坦桑尼亚、尼日利亚、阿尔及利亚等国形成了立法机构间的互访。第二，来中国全国人大访问的非洲国家存在地区不平衡问题。西部非洲和东部非洲来华国家和次数较多，其中尼日利亚与埃塞俄比亚访华次数最多。南、北部非洲来华国家和次数次之，中部非洲来华访问最少。第三，中国全国人大访问的非洲地区也存在地区不平衡问题。访问东部、中部和南部非洲国家较多，访问北部非洲国家和次数较少。

（2）中非司法外交

与中非最高立法机构间已经形成良好交流局面相比，中非最高司法机构间交流合作相对较少。2013 年至 2019 年 3 月，中非最高司法机构间的交流次数很有限。典型事例有：2017 年 10 月，非洲法语区国家法律专家代表团一行访问我国最高人民法院；2017 年 4 月，首届非洲国家首席大法官、最高法院院长会议 2 日在苏丹首都喀土穆举行，我国最高人民法院审判委员会委员刘合华代表最高人民法院院长周强出席会议并在开幕式上致辞；2015 年 3 月，南非最高上诉法院大法官布兰德一行访问过中国最高人民法院。同期，中国最高人民检察院没有派团或人员访问过非洲，非洲国家最高检察机关来访次数也很少，主要有：2015 年 4 月 14 日，最高人民检察院检察长曹建明分别会见了肯尼亚共和国总检察长基图・姆伊盖、苏丹共和国司法部次长伊萨姆丁率领的代表团；2013 年 8 月 26 日，最高人民检察院常务副检察长胡泽君会见了安哥拉副总检察长兼军事检察院检察长皮塔格罗斯。2017 年 10 月，非洲法语区国家法律专家代表团一行访问我国最高人民法院。因此，六年多来中非司法机构间

---

① 参见傅莹《张德江委员长访问非洲是中国对非重要外交行动》，http://www.npc.gov.cn/npc/bmzz/waishi/ 2013 -09/13/content_1806849.htm，最后下载日期：2018 年 11 月 20 日。

交流合作的特点是交流次数少、未形成互访。

（3）中非执法外交

根据北京行动计划和约翰内斯堡行动计划，中非执法机构间的交流合作也是中非法律外交中的一项重要内容。2013 年以来，中非执法机构在国际执法合作方面取得了积极效果，内容涵盖跨境追逃、打击走私珍贵动植物制品、解救被扣中国公民等，下面试举一些案例予以说明。

2013 年 7 月，公安部工作组在我驻马达加斯加使馆的大力支持和马国内安全部和司法部的密切配合下，将杀人犯罪嫌疑人刘某某和非法经营犯罪嫌疑人夏某某、黄某某成功从马达加斯加押解回国。这是中国警方开展国际执法合作的一个成功范例。

2014 年 1 月，中非首次合作跨境缉捕走私象牙团伙主犯，中方工作组到达肯尼亚首都内罗毕后促使肯尼亚野生动物管理局、警察总局以及移民局实施抓捕行动，在成功抓获象牙走私团伙主要犯罪嫌疑人薛某后立即启动遣返程序，我方工作组将其押解回国。

近年来，随着非法入境淘金的中国人增加，加纳逐渐加大了打击力度，2013 年 6 月，200 多名中国人被逮捕，多名中国公民向国内求救。中国政府向加纳政府交涉，要求加方在治理行动中务必文明执法，制止当地居民的抢劫行为，同时派遣由外交部、公安部、商务部等部门组成的联合工作组赴加纳与加方执法部门交流、协商，最终促使加方停止抓捕中国采金人员，释放全部被扣中国公民，并为中方采金者回国提供便利。

除了就一般犯罪行为进行交流合作，中非执法机构还专门就反腐败国际追逃追赃展开合作。例如，在 2015 年公安部公布的“猎狐 2014”专项行动二十大经典案例中，有三起案件涉及中非间执法合作。第一起是“浙江俞某案”：2014 年 7 月 1 日，公安部派出的工作组会同乌干达警方在恩德培机场将违规借款 2000 万潜逃的浙江女老板俞某抓获，并于 7 月 3 日下午将其押解回国。第二起是“江苏李某案”：李某非法吸收公众存款 4000 万元后潜逃至乌干达。公安部“猎狐 2014”行动办派出工作组赴乌，在我驻乌大使馆协助下，会同乌警方开展摸排查缉，成功将其抓获并押解回国。第三起是“山东李某案”：2014 年 9 月，公安部工作组奔赴尼日利亚，会同尼日利亚警方克服重重困难，成功将非法吸收公众存款3300多万元的李某抓获并押解回国。[①] 2015年3月起，“猎狐行动”升级为“天网行动”，11月，在中央反腐败协调小组国际追逃追赃工作办公室的统筹指挥下，中国、加纳两国司法、执法和外交部门密切配合，将外逃至加纳的“百名红通人员”赵汝恒成功缉捕并押解回国。2017年8月，我国警方与加纳警方再次开展执法合作，将潜逃国外20年、涉案金额近3亿元的另一名“百名红通人员”韩路抓捕回国。2018年9月2日至4日，中非合作论坛北京峰会暨第七届部长级会议在北京召开。会议内容包含反腐败、领事、移民、司法与执法加强反腐败合作，充分利用《联合国反腐败公约》等现有国际法律文件开展追逃追赃个案合作，并在本国法律允许的情况下，以更加灵活的手段进行合作。

中国与非洲国家开展上述执法外交，既是保证中非关系健康发展的需要，也是双方共同预防和打击跨国有组织犯罪的需要；既是中国保障在非中国公民人身和财产权益的需要，也是中国缉捕在逃境外经济犯罪嫌疑人的需要。虽然中非开展执法合作还处于起步阶段，但六年多的实践表明，双方交流合作的频率正在增加、领域正在拓宽、成果正在扩大、效益正在显现。值得注意的是，上述执法合作的重大成果是在中非之间尚缺乏广泛完善的司法协助条约或引渡条约的情形下取得的。中国和上述案例中的马达加斯加、肯尼亚、加纳、乌干达和尼日利亚等国家并没有已经生效的司法协助条约或引渡条约，这一方面表明这些成果来之不易，另一方面也表明中非双方加快这些条约谈判、签署和生效的迫切性。

（4）中非条约外交

国际条约是国际法的重要渊源，是承载国际权利义务的重要载体，条约关系是国际关系的重要内容。因此，在中非法律关系中，条约关系无疑也是重要组成部分。从中非之间签订条约的数量及条约的内容，可以大致判断出中非关系发展的现状和走向。中非间已生效的这类条约的数量很少，说明中非间开展实质性的司法和执法交流与合作亟待加强。再如，2013年至2019年3月间，中非间新签订的双边条约的数量不少，

---

① 参见《公安部公布“猎狐2014”专项行动二十大经典案例》，http://legal.people.com.cn/n/2015/0108/c42510-26349116.html，最后下载日期：2018年11月2日。

涉及签证协定[①]、文化合作协定[②]、联合声明[③]、联合公报[④]等。而且，经贸投资类条约的数量也在增长，主要有：《中华人民共和国和安哥拉共和国对所得消除双重征税和防止逃避税的协定》（2018 年 10 月 9 日）、《中华人民共和国政府与布基纳法索政府经济、贸易、投资和技术合作协定》（2018 年 8 月 31 日）、《中华人民共和国政府和加蓬共和国政府对所得避免双重征税和防止逃避税的协定》（2018 年 9 月 1 日）、《中华人民共和国政府和刚果共和国政府对所得消除双重征税和防止逃避税的协定》（2018 年 9 月 5 日）、《中华人民共和国政府和坦桑尼亚联合共和国政府关于促进和相互保护投资协定》（2013 年 3 月 24 日）、《中国与肯尼亚避免双重征税协定》（2017 年 9 月 22 日）和《中国和喀麦隆经济技术合作协定》（2018 年 3 月 22 日）等，这表明六年来中国与非洲国家的经贸投资条约关系已取得较大发展。

2. 中非民间法律外交

除了官方法律外交，民间法律外交也是中非法律外交的重要组成部分。近年来中非关系发展迅速，特别是 2000 年中非合作论坛召开，为国内开展非洲研究注入了强劲动力，国内因此掀起了非洲研究的热潮，非洲法研究开始受到国内学者的重视并产出了一些重要学术成果。与此同时，包括法学会、律师学会、法学院校、研究所和智库等在内的中非社

---

① 如《中华人民共和国政府和安哥拉共和国政府关于简化签证手续的协定》（2018 年 1 月 14 日）、《中华人民共和国政府和塞舌尔共和国政府关于互免签证的协定》（2013 年 5 月 6 日）、《中华人民共和国政府和毛里求斯共和国政府关于互免签证的协定》（2013 年 8 月 29 日）和《中华人民共和国政府和尼日利亚联邦共和国政府关于互免外交、公务（官员）护照人员签证的协定》（2013 年 7 月 10 日）等。

② 如《中华人民共和国政府和乍得共和国政府文化协定》（2013 年 2 月 15 日）、《中华人民共和国政府和坦桑尼亚联合共和国政府关于在坦桑尼亚设立中国文化中心的谅解备忘录》（2013 年 3 月 24 日）和《中华人民共和国政府和佛得角共和国政府文化合作协定 2013 至 2016 年执行计划》（2013 年 6 月 19 日）等。

③ 如《中华人民共和国政府和肯尼亚共和国政府联合声明》（2014 年 5 月 11 日）、《中华人民共和国和尼日利亚联邦共和国联合声明》（2014 年 5 月 8 日）、《中华人民共和国和埃塞俄比亚联邦民主共和国联合声明》（2014 年 5 月 6 日）和《关于全面深化中国非盟友好合作的联合声明》（2014 年 5 月 5 日）等。

④ 如《中华人民共和国与布基纳法索关于恢复外交关系的联合公报》（2018 年 05 月 26 日）、《中华人民共和国和阿尔及利亚民主人民共和国关于建立全面战略伙伴关系的联合公报》（2014 年 2 月 24 日）、《中华人民共和国和冈比亚伊斯兰共和国关于恢复外交关系的联合公报》（2016 年 3 月 17 日）和《中华人民共和国和圣多美和普林西比民主共和国关于恢复外交关系的联合公报》（2016 年 12 月 26 日）等。

会团体及学者之间的交流往来也开始日趋频繁，中非民间法律外交开始走上前台，成为中非法律外交的重要组成部分。在2012年7月，《北京行动计划（2013—2015）》决定“加强双方在法学研究、法律服务、法律人才培训以及非诉讼纠纷解决机制等领域的合作”之后，中非民间法律外交的步伐明显加快，六年多来开展了一系列法律外交活动，其中出现了一些标志性的重大交流活动。

（1）设立中非法学院院长论坛

2013年3月27—28日，首届中非法学院院长论坛在南非开普敦大学举行。中国法学教育研究会常务副会长、中国人民大学法学院院长韩大元教授作为中方团长，率中方16名法学院院长和教授组团赴开普敦参加了本次会议，与来自非洲不同国家和地区的15名法学院院长和教授共同就“中非法学教育的政治背景”“中非在法学研究领域面临的挑战”“中非法学院在课程改革和发展方面面临的挑战”“中非法学院在教学和学习方面面临的挑战”“中非法学院间的合作”等五个主题展开了讨论。

2016年7月8—9日，第二届中非法学院院长论坛在北京举行。论坛以“新中非合作背景下如何建立中非法学院间切实有效的合作机制”为主题，来自非洲的10名法学院院长以及我国国内二十余所国内法学院院长和教授出席论坛。在主论坛单元，中非法学院院长及学者就“中非法学院交流合作的现状与问题”“中非法学院开展交流与合作的新机遇”“中非法学院开展交流与合作的领域与途径”“中非法学院教育合作的机制与模式”等主题展开深入研讨。中非法学院在本论坛达成共识，会议正式成立中非法学院联盟，秘书处设在中国人民大学法学院，协调中非法学教育具体事项。会议提出建议，设立中非法学教育基金，为开展不同法学院之间的学生交流提供经费支持。本次论坛将中非法学院院长对话发展为常态化机制，进一步加深中非法学院校的相互了解，建立中非法学院间切实有效的合作机制，增强了中非法学院法学教育合作与交流，共同培养中非法律人才，为“一带一路”倡议下推动中国与非洲各国在经济、贸易、金融、农业、基础设施建设、公共卫生领域的合作提供坚实的人才后盾，对落实中非全面战略合作伙伴关系具有重要意义。①

2018年6月20日，以“新时代中非法学教育与法律服务”为主题的第三届中非法学院院长论坛在湘潭举行，论坛旨在进一步加强中国和非

① 《第二届中非法学院院长论坛举行》，《法制日报》2016年7月27日，第9版。

洲国家法学院院长对话交流机制，增进中非双方法学院的互相了解，共享中非法学院在人才培养、学术研究方面的丰富经验，拓展中非法学教育与法律服务的合作途径，为新时代推动中非关系全面快速发展提供坚实的智力支持。[①]

（2）开展中非法律人才交流项目

为落实《北京行动计划（2013—2015）》有关精神，中非法律人才交流项目首期研修班于 2014 年 9 月在北京外国语大学举办，来自非洲近 20 个国家的 30 余位学员参加。研修班开设的课程主要以介绍中国法律制度和法律问题为主，如“中国法制建设和法治的发展”、“中国司法制度及涉外民事审判”和“中国金融法”等。通过这些课程及对中国法学会、最高人民法院、最高人民检察院、中国国际经济贸易仲裁委员会和一些著名律师事务所进行访问参观，非洲学员对中国法律制度和法治现状有了更加全面和深入的了解。之后，第二、三、四期研修班已分别于 2015 年 5 月、2016 年 6 月和 2017 年 5 月举行。2018 年 6 月又在广州举行了第五期研修班，这对于促进和深化非洲法学法律界对“一带一路”建设的认识和理解，对于巩固和强化广东在“21 世纪海上丝绸之路”的枢纽地位，对于推动中国法学法律界与非洲国家同行的交流与合作，都具有重要的战略和现实意义。[②] 因此，中非法律人才交流项目已形成比较完善的机制，其影响力正在逐步扩大，在促进中非法律外交，推动中非全面战略合作伙伴关系的过程中发挥着引领和推动的作用。

（3）构建中非诉讼外纠纷解决机制

2014 年 9 月，“中非特色纠纷解决机制研讨会”在北京外国语大学举行，这是落实《北京行动计划（2013—2015）》的重要行动之一，是中国法学会倡议发起的“中非仲裁员互聘计划”的拓展与延伸。来自中国和非洲近 70 名政府司法官员、法律专家学者、律师及仲裁员等参加了研讨会。本次研讨会除了对“中非仲裁机构现状与国际仲裁新发展”和“中非特色纠纷解决机制：友谊、文化与可持续发展”两个专题进行发言、评议及讨论外，还举行了一场圆桌会议，介绍成立“中非联合仲裁中心”的战略构想，并请所有中外与会嘉宾对该中心的仲裁规则展开深入探讨，

---

① 《“第三届中非法学院院长论坛”成功举办》，http://edu.people.com.cn/n1/2018/0620/c1006-30069562.html，最后下载日期：2019 年 1 月 3 日。

② 《中非法律人才交流项目第五期研修班情况综述》，http://www.clec.org.cn/plus/view.php?aid=1166，最后下载日期：2019 年 3 月 18 日。

集思广益，从而为建立中非特色纠纷解决机制献言献策。最后，会议通过了《关于共同成立“中非联合仲裁中心”倡议书》。2015 年 8 月 12—20 日，以副会长兼秘书长鲍绍坤为团长的中国法学会代表团对肯尼亚和南非进行了访问，与这两个国家的法律界人士进行了广泛深入交流。访问肯尼亚期间，双方一致认为，应充分发挥肯尼亚作为东非枢纽国家的地缘优势，加快推进中非法律服务中心和研究中心建设，尽快建成中非联合纠纷解决中心东非分中心以及中非法律研究中心。访问南非期间，来自中国和南非的 37 个法学、法律及仲裁组织共同签署了《约翰内斯堡共识》，这是在 2015 年 6 月《北京共识》基础上，中南双方法学、法律界共同推进中非联合仲裁纠纷解决机制的又一重要成果。在中国法学会的统一协调下，2015 年 11 月中非联合仲裁约翰内斯堡中心和上海中心开始运作；2017 年 3 月，中非联合仲裁北京中心、内罗毕中心和深圳中心相继揭牌。这标志着中非仲裁合作完成了在中国三个经济最发达区域的布局，形成了中非仲裁合作协同创新、全面合作的新格局。

（4）召开中非投资贸易法律研讨会

2013—2016 年间，“中非投融资法律合作研讨会”“中非投资贸易法律研讨会”“中非投资经贸法律风险及对策研讨会”等会议相继举行。2018 年 8 月 20 日，由中国人民大学与中国公共外交协会合作主办的“中非互助与人类命运的共同未来”中非关系研讨会暨系列研究成果发布会在中国人民大学召开。[①] 来自中非双方的法官、检察官、政府司法官员、法学专家、工商企业界代表、律师等参加了这些研讨会。这些研讨会围绕“非洲投融资法律环境”“中国在非洲投资贸易的相关风险与防范”“中非经济合作面临的问题和解决方案”等议题进行了研讨。这些研讨会，顺应了当前中非投资经贸蓬勃发展的大趋势，契合了当前中非经贸合作发展的需要。

上述案例表明，2013 年以来，中非之间为落实《北京行动计划（2013—2015）》《约翰内斯堡行动计划（2016—2018）》的精神，开展了丰富多彩的民间法律外交活动。目前的中非民间法律外交具有以下特点。一是次数较多，中非真正开展民间法律外交只有短短十几年时间，但近年来保持了较高的交流频度，数量上要多于同期中非司法外交。二是形

① 《中非关系研讨会在京举行》，http://www.cssn.cn/glx/glx_jdal/201808/t20180823_4547606.shtml，最后下载日期：2019 年 3 月 18 日。

式多样，中非民间法律外交，既有法学院校教师与学生的交流交换，又有法学会、律师协会间的交流互访；既有合作举办学术会议，又有对法律人才的专门培训；既有共同签署重要合作与交流文件，又有一起推动新机制的建设；等等。三是互动性强，这些形式多样的民间法律外交活动，具有很强的互动性，中非之间可以充分表达意见和建议，因此交流效果良好。四是层次很高。这些中非民间法律外交活动，绝大多数都是在中国法学会主导下开展的，并得到了中国外交部、商务部、最高人民法院、最高人民检察院等机构的大力支持，交流的对象，除了非洲国家的法学院、律师协会、仲裁协会等民间团体，还包括它们的外交部、最高法院和最高检察院等官方机构。因此，中非民间法律外交具有很强的官方色彩，交流层次很高。

（二）中非法律外交的成就

通过对 2013 年以来中非法律交流合作情况的一个简要回顾，我们可以看到，中非法律外交虽然起步较晚，但自 2009 年中非合作论坛—法律论坛建立，中非法律外交真正进入了提速期，总体上呈现出交流频繁、形式多样、渠道畅通、议题广泛、高层重视、成果丰硕等特点，取得了一些阶段性的成就。

1. 中非法律外交的次数创新高

2013 年至 2019 年 3 月，中非立法、执法、司法等外交活动的次数都有所增多，访问的国家和次数都是前所未有的，这极大促进了中非议会间深入开展对话、加深理解、求得共识。中非民间法律外交也是如此，通过频繁的交流活动，中非法学界和法律界也加深了相互了解，为双方进一步开展交流与合作打下了坚实的基础。

2. 中非法律外交的形式更多样

中非立法机构和司法机构目前在交流合作上主要采用友好访问和参观考察等形式，中非执法机构和民间的法律交流合作形式也日益多元化。就中非执法合作而言，交流合作形式包括跨境追逃、打击走私珍贵动植物制品、解救被扣中国公民等；就中非民间法律外交而言，交流合作形式不仅包括法学院校教师与学生的交流交换，法学会、律师协会间的交流互访，合作举办学术会议，还增加了培训中非法律人才，签署合作与交流文件，以及建设新机制等。

3. 中非法律外交的渠道更畅通

随着中非法律外交的日益频繁，上述形式多样的外交活动方式很多已成为一种常设性或定期性的交流平台或项目，如中非合作论坛—法律论坛、中非法学院院长论坛、中非法律人才交流项目、中非投资贸易法律研讨会等，它们为中非法律外交提供了稳定和通畅的交流渠道，成为推动中非法律外交的重要力量。

4. 中非法律外交的议题更广泛

近年来，中非法律外交的领域不断得到拓展。在立法、司法、执法和民间等领域，交流合作议题呈现出不断向广度和深度拓展的特点，历届“中非合作论坛—法律论坛”设立的主要议题就体现了这一特点。从传统的“中非各国法律制度介绍”到“中非经贸合作法律制度”，从“中非司法合作”到“国际司法合作：打击洗钱犯罪”，从“中非贸易和投资争议解决机制”到“有中非特色的纠纷解决机制”。这些议题的转变表明，随着中非关系的不断发展，中非法律外交的内容也在不断拓宽和深入，而且其交流合作内容日益以满足实际需求和解决实际问题为导向。例如，中非产能合作争议解决机制是中国公民和企业赴非开展产能合作活动出现争议后必须面对和解决的问题，因此历届“中非合作论坛—法律论坛”都将其作为一个重要议题。中非法律人才交流项目、中非投资贸易法律研讨会也将其作为一个重点培训或研讨的内容，而构建中非纠纷解决机制，更是将落实构建以仲裁为核心的有中非特色的争议解决机制作为其工作的中心。

5. 中非法律外交更受高层重视

近年来，中非一直保持高层次的法律外交，受到了双方高层的大力推动。例如，从对双方最高立法机构的访问来看，很多来全国人大访问交流的都是非洲国家议会的议长、政府首脑甚至是国家元首，中国国家主席、总理和全国人大常委会委员长在访问非洲国家时也多次会见了这些国家的议长；参加“中非合作论坛—法律论坛”的很多代表是非洲国家最高法院院长及大法官、总检察长、司法部长、全国性法学法律组织的负责人等。

四　中非法律外交存在的问题及成因

目前，虽然中非法律外交取得了一些阶段性的成就，但同时也存在交流合作机构与交流合作地区不平衡、交流合作数量有待提升、交流合作质量也待提高、交流合作平台与机制需增加等问题。同时，目前学者们对中非法律外交机制建设与模式创新的实证研究还较为缺乏，零散成果之间的继承性不强，很多被识别出来的命题本身还是一种现象，使得中非法律外交的创新进入了一个新的瓶颈期。

（一）中非法律外交存在的主要问题

1. 中非法律外交机构间的不平衡

2013 年以来，中国对非法律外交中，全国人大接受非洲国家来访的数量最多，中非执法机构间也保持了比较密切的交流合作，中非民间法律外交，特别是中国法学会主导的中非各项交流活动，更是呈现出交流次数较多、形式多样、互动性强和层次较高等特点。然而，中非司法机构间的交流次数总体偏少，尚未达到《北京行动计划（2013—2015）》和《约翰内斯堡行动计划（2016—2018）》的预期要求。

2. 中非法律外交地区间的不平衡

这主要是指中国全国人大对非洲各地区的访问交流以及来全国人大访问交流的非洲各地区的不平衡。因为中非司法机构间的交流次数极少，无法体现这种不平衡性，而中非民间法律交流整体上趋于平衡，所以此处主要是指立法机构间的交流。如上所述，2013 年以来，非洲各个地区的立法机构来中国全国人大访问的数量差异较大。其中，西部非洲和东部非洲来华国家和次数最多，其中尼日利亚与埃塞俄比亚访华次数最多。南、北部非洲来华国家和次数次之，中部非洲来华访问最少。中国全国人大访问非洲也存在地区不平衡问题。访问东部、中部和南部非洲国家最多，访问北部、西部非洲国家及其次数最少。

3. 中非法律外交的数量待提升

中非法律外交的数量直接反映中非法律外交的频繁程度，也间接反映中非双方对中非法律外交的重视程度，因此中非法律外交的数量非常重要，只有数量上去了，交流水平才能提高。但是，中非法律外交的总体数量无疑是偏少的。目前，中国与非洲 53 个国家有外交关系，而且和非洲一些重要的区域性组织建立了联系，但对非法律外交的数量，远远无法满足中非关系快速发展的今天对中非法律外交的需求。增加中非法律外交的数量，不仅是进一步增强中非各方面关系的必然要求，也是保障双方尤其是中方在非公民和企业利益的必然要求。

4. 中非法律外交的质量待提高

目前，中非法律外交，特别是官方法律外交，主要以机构或人员的互访和共同参加国际会议为主，在立法、司法、执法领域开展实质性交流与合作的不多，特别是在中非人员和财产往来日益频繁的今天，中非司法与执法机构间能否开展司法与执法合作，直接关系到中非双方公民和企业的利益，甚至影响两国间关系。例如，中非目前已签订的民商事领域和刑事领域的司法协助协定的数量还很少，由于缺乏正式的条约依据，中非在这些领域开展司法合作主要还是基于互惠原则，这给双方合作造成了相当大的困难和不便。

5. 中非法律外交的机制与平台需增加

中非合作论坛—法律论坛，中非法学院院长论坛，中非法律人才交流项目，中非投资贸易法律研讨会等论坛、项目或会议，为中非间法律外交搭建了较为顺畅的交流平台与机制，但鉴于当前中非关系快速发展，可以在上述平台与机制的基础上，进一步建立更多、更细的平台与机制，如中非法官、检察官、律师、仲裁员、法学家论坛等，而且目前中非间针对产能合作的法律机制与平台尚未建立，可以考虑专门就中非产能合作设立常设机制或论坛。

（二）中非法律外交存在问题的成因

1. 外部因素影响

目前，现有国际经济以及法治体系仍然是二战后西方国家主导建立的。传统的狭隘价值观念以及根深蒂固的优越感使得西方国家对自身体系以外的新兴国家的崛起持排斥态度，而中国正是新兴国家的代表。在中非法律外交中，常会受到部分西方发达国家的阻挠，大肆宣扬“中国威胁论”“中国崩溃论”等，这些论调在一些非洲国家和地区仍有市场，使其对中非间平等合作、互利共赢的法律交流合作存在误解，也进一步导致了中非法律外交的地区分布不平衡、交流合作的质量不高等问题。

2. 内部因素制约

当前中国特色社会主义法律体系已经初具规模，但是对于涉外法律工作的相关法律法规还比较稀缺，对于中非间交流合作的相关法律法规更是屈指可数。同时，中国涉外法律的软实力还不够高，涉外法律体系仍不够完善，当前中非官方法律外交在很多方面还缺乏实质性的交流与合作。同时，中国改革开放仅 40 年的时间，中国法律外交人才的数量、质量及其国际经验、阅历、能力、水平以及参与国际事务的积极性和主动性等方面与西方发达国家相关人员相比，还存在一定差距，尤其是对非法律外交起步晚，精通涉非交流合作的法律人才十分缺乏。并且中非公民和企业都有法律意识较薄弱的共同点，运用法治思维和法律手段处理中非法律外交任重而道远。加上非洲大陆的国家和地区都有各自的立法和习惯，中国对非法律外交主体繁多且情况复杂，中非法律外交缺少一定的整体规划和战略部署，相关统筹协调以及资源整合的工作仍需进一步加强。

3. 法律外交自身发展的影响

当前，法律外交理论研究刚刚启动，全面完整的理论体系尚未形成。法律外交理念的推广和重视程度都还不够，许多研究成果仍处于理论阶段，还没有具体的政策实践。这使得中非法律外交机制的基础比较薄弱，对建立中非法律外交机制和形式创新都增加了难度，导致中非法律外交缺乏长足发展的强劲动力。

五 中非法律外交的展望与建议

从法律外交的核心——法治出发，中非法律外交需要建立公平、正义、合理的交流合作体系和秩序。当前，中非正在共建“一带一路”、共推产能合作，中非法律外交已步入新的历史阶段，因此中非在共同制定的国际文件以及中国发布的对非政策等文件中都对中非法律外交提出了新要求，突出表现为要求法律交流合作各领域不断向纵深发展。在当前中非产能合作快速发展的背景下，中非法学、法律界应敏锐感知中非产能合作的具体法律需要，中非在各法律领域的交流合作也必须以促进中非产能合作安全、有序、持续进行为主要目标之一，就中非产能合作中的各项法律问题开展更紧密、更开放、更多元的法律交流合作，并且要建立健全相应法律机制，为中非产能合作提供良好的法治基础和环境。

（一）加强对中非法律外交的重视和研究，夯实中非法律外交的理论基础

当前，法律外交的理念已经得到广泛认可，所涉领域不断扩大，并

日益成为维护国家利益的优先手段，法律外交将成为我国外交的基本方式。[①] 非洲作为中国外交的重要目标，在中国外交全局中占据着不可替代的位置，而中非法律外交作为中非外交的一种基本形式，已经成为中非外交不可或缺的组成部分。在当前中非共建“一带一路”和共推产能合作的新时代背景下，中非都应高度重视法律外交的作用，不断推动中非法律外交向更多领域发展。

法律外交虽然由来已久，但在我国法律外交的概念才提出不久，理论建设还需完善，将法律外交理论运用于实践还需探索。历经70年发展，尤其是2009年以来，中非法律外交已经取得了丰硕成果，有益经验值得总结和推广，但其不足也值得研究和解决。为此，可加大研究投入力度，紧密联系中非法律外交实践，不断完善中非法律外交理论体系，挖掘中非法律外交内涵，探索新研究方法，特别是要激发我国学界对中非法律外交的研究热情。

（二）提升中非官方法律外交的数量与质量，兼顾地区平衡

目前，中非官方法律机构间的定期交流互访机制尚未建立。为了从中非官方层面顺利推进产能合作，这种定期的交流互访机制应当建立起来，其主体包括中非议会、司法机构、执法机构等，其法律载体可以是双方签署的合作协议。通过合作协议这种软法的方式在中非双方法律机构间建立定期的交流互访机制，不仅可以加大中国立法、司法、执法机构“走出去”和将非洲国家相应法律机构“请进来”的力度，而且更重要的是，中非双方可就开展“一带一路”共建和产能合作等领域中出现的法律问题，如国内法律的立、改、废，开展定期的、灵活的对话沟通，并促进和加快中国与更多非洲国家在一些重要法律领域的合作。

中非官方法律外交，特别是司法外交与执法外交，无论是数量还是质量，都有很大的提升空间；中非立法外交虽然绝对数量不少，但鉴于与中国建交的非洲国家的数量众多，相对数量其实不多。因此，中非法律外交首先应在数量上有所提升，为此应加大双方交往力度，“请进来”和“走出去”并举，不仅应加大对非洲官方法律机构或组织“请进来”的力度，更要加大中国立法、司法、执法机构“走出去”的力度。

无论是“请进来”还是“走出去”，在强化对中非产能合作非洲重点

① 谷昭民：《法律外交》，中国法制出版社，2018，第236—239页。

国家和地区法律外交的同时，也要兼顾非洲各地区的平衡，即保持并加大与北部非洲、东部非洲、西部非洲、南部非洲和中部非洲中我国已确定的中非产能合作重点国家的已有的官方法律外交，在此基础上再增强与其他非洲国家，尤其是北部与中部非洲国家的官方法律外交。

此外，还要提升中非官方法律外交的质量。除了加强中非法律机构或组织的互访和共同参与或组织国际会议等传统法律交流形式之外，中非还需进一步取得一些实实在在的成果。目前，迫切需要开展的交流合作主要有：一是与更多非洲国家商签产能合作协定；二是加快与中非产能合作重点国家签订贸易与投资方面的条约或协定；三是与中非产能合作重点国家签订更多的民商事和刑事领域的司法协助协定；四是加快与中非产能合作重点国家引渡条约的签订，目前除了突尼斯、南非、塞内加尔等国家，绝大多数非洲国家都还未与中国签订引渡条约；五是加快与中非产能合作重点国家在相互承认与执行对方法院判决或仲裁机构裁决方面达成协议；六是与中非产能合作重点国家在跨境追逃、打击珍贵动植物制品走私和毒品走私等方面加强协调与合作。

（三）发挥双方法学会的组织引领作用，建设好中非民间法律外交平台

中非民间法律外交是中非法律外交的重要组成部分，它可以弥补中非官方法律外交涵盖面较小、形式较固定的不足，不仅可以将交流触角延伸到中非法律关系的各个方面，而且可以采用灵活丰富的交流活动。在“中非合作论坛—法律论坛”这个制度性交流平台的引领之下，中非间可充分利用现有的法律机制与平台，或者设立一些新的法律交流合作机制与平台。应继续推进现有交流平台如中非法学院院长论坛、中非法律人才交流项目、中非投资贸易法律研讨会的开展，多组织关于中非产能合作中法律问题的研讨主题。同时，可为中非产能合作开拓中非民间法律交流的其他合作平台，如中非知名法学家、律师、仲裁员论坛，着重邀请中非产能合作重点国家的法学家、律师、仲裁员来参加，重点就中非产能合作过程中的法律问题进行探讨。鉴于目前中非法律人才交流与培训项目主要是以中方培训非方法律人才为主，接下来可以开展中方法律人才在非洲国家，特别是在中非产能合作重点国家的交流与培训，从而对这些非洲国家的法律制度、司法体系、投资环境、产业政策等有一个系统的认识。此外，由于中非企业是产能合作的主体，所以应进一

步优化中非民间法律交流活动参与人员的结构，鼓励中非企业积极参与，以提升中非法律交流合作的实效，中方为此可以提供必要的资金支持。在中非民间法律外交方面，双方法学会无疑具有重要的组织与引领作用，在中非民间法律外交平台建设上，它应当继续发挥这一作用。

（四）开展中非法学院校间的交流合作，培养熟悉双方法律的人才

目前，中非法学院院长论坛已定期化，成为中非法学院校间开展交流合作的稳定平台。这个论坛应当是一个开放的合作平台，以后规模应进一步扩大，国内法科院校都可以参与进来。在首届中非法学院院长论坛上，尼日利亚大学法学院院长 Ifeoma Enemo 教授在发言中指出，中非法学院校间的交流还尚未开展，中非在经济、政治、贸易、金融、文化等领域的合作都需要有法律的支持，中非法学院校间的合作有利于促进这些领域的进一步合作。[①] 因此，接下来应利用好中非法学院院长论坛这个平台，尽快落实法科院校师生交流学习机制，专门设立交流基金，不仅支持非洲国家法科院校教师来华访学交流，而且也支持非洲学生来中国法学院校进行交换或攻读学位。更重要的是，中国法科院校，应积极引导和支持师生到非洲开展访学、交换、攻读学位等活动。传统上，中国法科院校师生在出国访学、交换、攻读学位时，首选是欧美等发达国家或地区，通过积极宣传、引导，提供便利和资金支持，这种情况能够得到改变。

就现阶段的中非产能合作而言，可以重点选择那些与中国开展产能合作的重点非洲国家的知名法学院校，与其建立长期合作机制，将其作为中国法学师生赴非访学、交换、攻读学位的首选目的地，并为此加大政策倾斜和资金支持。通过这种机制，在较短时间内，就可以培养一批熟悉中非产能合作重点国家国内法律和产业政策的专家。而且，就中非产能合作中的法律问题，中国法科院校还可在非洲建立合作伙伴关系，例如在非洲知名法学院校建立中国—非洲法律研究中心，组成中非联合课题组，开展合作研究，也可以邀请非洲学者入职国内法科院校，利用其熟知本国法律环境与产能合作环境等优势，以及开展调研、收集案例等方面的便利，这样产出的合作研究成果将更有实践价值，能为中非产

① 《中国法学院院长代表团赴南非开普敦参加“首届中非法学院院长论坛”》，http://www.law.ruc.edu.cn/article/?42772.html，最后下载日期：2019年4月2日。

能合作的持续进行提供强有力的法律智力支撑。

（五）采用区域或国别加实证的协同研究模式，提升中非法律外交的实效

2014年9月23日，由中国法学会和上海交通大学共同主办的“国际贸易投资法律风险及对策研讨会——以非洲为视角”在上海举行。中国法学会副会长张鸣起在会上表示，目前在中国关于非洲法与社会发展研究的组织机构非常稀缺，研究模式多以介绍为主，密切联系实际的政策导向性研究就更少。学术界需要实质性地深化国内对非洲法与社会发展的研究，促进中非国际投资贸易与法律交流事业。[①] 造成上述情况的原因主要在于：其一，中国学术界一向重视对欧美日等发达国家法律的研究，普遍忽视对亚非拉发展中国家和地区的法律研究。其二，非洲国家数量众多，投资环境各有不同，各国在外商投资准入、税收、外汇、土地、劳工、知识产权、基础设施等领域的法律制度差异较大，分别受到大陆法系、英美法系、伊斯兰传统的影响，特别是受英美法影响的国家，判例繁多，加之非洲国家法律的稳定性往往不强，修改比较频繁，这些都加大了了解非洲国家法律运作情况的难度。其三，非洲各国法律受国内部族、宗教的影响较大，习惯法适用普遍；加上非洲国家语言种类很多，部分法律文本只以当地文字书写，这就为国内学者了解非洲法律制造了很大障碍。其四是实证研究的困难。例如，就目前非洲法研究中的一个热点问题，也即中国对非投资法律风险问题而言，虽然中国企业目前在非洲几乎所有国家都有投资，但投资最集中的主要是南非和尼日利亚等国家，而中国企业对这些国家投资的法律风险鲜少有经典案例出现，而且很多案例涉及商业秘密等原因，案例资料收集难度较大，这就给开展实证研究造成了很大障碍。

上述原因导致了目前国内对非法律研究不仅成果较少且多停留在理论层面，多以介绍性为主，缺乏国别或区域加实证相结合的深入研究。但是，在中非产能合作背景下，国别或区域加实证相结合应是开展非洲法研究的基本模式。例如，对中非产能合作重点国家的法律环境，必须结合这些国家各自不同的法律风险和具体案例进行研究。只有这样，才

---

① 《中国法学会副会长：非洲法与社会发展研究亟待加强》，http://www.cssn.cn/zx/bwyc/201409/t20140926_1343223.shtml，最后下载日期：2019年5月2日。

能就中国企业投资某一个具体非洲国家存在的主要法律风险，为企业和政府相关部门等提供有针对性的、行之有效的对策和建议。为此，可承接一些中资企业提出的涉非法律方面的课题，然后与国内、与非洲各研究机构开展协同研究，组成中非联合课题组，深入非洲国家进行实地调研。通过国别或区域加实证研究模式，在深入研究非洲国家法律的基础上，再开展中非法律外交，无疑也会提升外交的实效，更可能取得实质性的交流成果。

（六）建立健全涉非法律服务机制，推进中非诉讼外争议解决机制建设

2017年1月8日，司法部、外交部、商务部、国务院法制办公室联合印发了《关于发展涉外法律服务业的意见》（以下简称《意见》），对发展涉外法律服务业作出全面部署。《意见》为我国发展涉外法律服务业提出了四方面的主要任务：一是为“一带一路”等国家重大发展战略提供法律服务；二是为中国企业和公民“走出去”提供法律服务；三是为我国外交工作大局提供法律服务；四是为打击跨国犯罪和追逃追赃工作提供法律服务。中非产能合作作为中国对非重大战略之一，自然也需要我国涉外法律服务业的支持。而且，就我国传统的法律服务对象而言，非洲一直都属于洼地，无论是对非法律服务业的工作制度、机制、政策、措施，还是对非法律服务业的国际竞争力与高素质涉非法律服务人才，都处于长期不完善、不健全、不强劲、不充足的状态。我国对非法律服务业的现状，显然无法满足中非产能合作法律服务的现实需要。因此，根据《意见》的指示，在对非法律服务机制上，应采取健全完善扶持保障政策、进一步建设涉非法律服务机构、发展壮大涉非法律服务队伍、健全涉非法律服务方式和提高涉非法律服务质量等具体措施。

在涉非法律服务机制中，中非诉讼外争议解决机制作为解决中非产能合作争议的重要机制，需要特别重视。目前，中非诉讼外争议解决机制已实现从构想到实施的转变。2015年11月中非联合仲裁约翰内斯堡中心和上海中心开始运作；2017年3月，中非联合仲裁北京中心、内罗毕中心和深圳中心相继揭牌。这些机构旨在为包括中非产能合作在内的中非经贸投资领域发生的争议提供公平、高效、便捷、经济的仲裁服务。但中非联合仲裁机制还处于初创阶段，需要明确仲裁员选聘、仲裁规则、仲裁程序等方面的制度，并需设立一种特别机制以保障未正式加入《组

约公约》的非洲国家，使之能够顺利承认和执行中非联合仲裁中心所做出的仲裁裁决。

六 结语

当代世界，法治化已成为发展的重要潮流，很多国家都积极地建设法治国家，法律外交正是把法律观念和法治理念贯穿于本国的外交实践中，让部分外交问题转化为法律问题，以合法程序和行为处理外交事务，有效缓解外交压力，赢得外交的合法性。中国通过几十年的努力，已经基本建成中国特色社会主义法律体系，正在全面推进依法治国，法律外交将成为中国由法律大国迈向法治强国的必经之路，而中非间的法律交往与合作将会是该条道路上的必经之点，也将是中国对非外交的新常态和基本方式，成为中国总体外交的重要组成部分。

（责任编辑：李雪冬）

非洲研究 2019年第2卷（总第15卷）
第27－45页

新南非种族与族群关系研究*

徐 薇 麦晓晴

内容提要：后种族隔离时代的南非仍摆脱不了历史上种族隔离制度所造成的结构性影响，尽管不同的种族和族群之间依然存在着地域、语言、宗教信仰、社会风俗等方面的边界与差异，但大多数南非人仍希望建构一个不同种族与族群融合共生的统一国家。新南非的变革之路漫漫且充满不确定性，种族与族群关系仍是当前南非社会重要而敏感的问题。

关键词：南非；种族隔离；种族；族群；边界

作者简介：徐薇（1981－），女，沈阳人，浙江师范大学非洲研究院副研究员，人类学博士，研究方向：南部非洲种族与族群关系（浙江金华，321004）；麦晓晴（1996－），女，浙江师范大学非洲研究院硕士研究生（浙江金华，321004）。

引 言

南非位于非洲大陆最南端，国土面积1219090平方公里，东、西、南面为沿海低地，分别濒临印度洋、大西洋、南冰洋，海岸线长约3000公

* 本研究系“2014年度国家社科基金青年项目‘新南非种族与族群关系变迁研究’”（批准号：14CSH007）的阶段性研究成果；浙江省2011协同创新中心“浙江师范大学非洲研究与中非合作协同创新中心”资助项目课题编号（16FZZX05W）的研究成果。

里；北面重山环抱，与纳米比亚、博茨瓦纳、津巴布韦、莫桑比克、斯威士兰接壤，另有“国中之国”莱索托。南非气候多样，西部沿海干燥无雨；东部属副热带湿润气候，植被繁茂；西南部属地中海型气候，夏季炎热干燥、冬季温和多雨；北部属沙漠地带。南非的地形、气候都变化多端，人口构成亦复杂多样，主要集中在沿海平原地区和约翰内斯堡附近的采矿区。

南非属于中等收入的发展中国家，也是非洲经济最发达的国家。自然资源十分丰富。金融、法律体系比较完善，通信、交通、能源等基础设施良好。矿业、制造业、农业和服务业均较发达，是经济四大支柱，深井采矿等技术居于世界领先地位。[①] 南非是世界上独一无二的拥有三个首都的国家：行政首都为比勒陀利亚（现更名为茨瓦内），立法首都为开普敦，司法首都为布隆方丹，三都分立不仅代表着权力的分割，还意味着南非历史上复杂独特的英裔白人与荷裔阿非利卡人（Afrikaner）之间的权力斗争。南非曾是世界上将种族主义与种族隔离制度发展到极致的国家，全世界两百多个国家中仅有南非将种族隔离制度化、合法化且一直延续到 20 世纪末期。尽管如今很多南非人排斥按照种族隔离时代的四大种族划分方式进行人口统计，但南非政府及其他公共机构仍无法打破这种延续近百年的种族分类统计方式。究其原因主要有两点：一是整个社会依然处在分离中；二是为了废止种族隔离，颠覆历史上因为种族划分所造成的负面影响，需要权威机构按照旧有的种族划分方式对不同种族的生育、死亡、健康以及教育水平等社会发展趋势进行追踪和了解。[②] 因此，虽然“种族”概念已不被主流社会所认可，但在南非，种族对人们日常生活的影响依然深远与广泛，种族问题依然是南非关键又敏感的重要问题。

相比于意味着歧视与不平等的“种族”而言，“族群”的概念更加客观与中立，是一种特殊的人群分类方式，有关族群的概念是多种多样的，笔者借用美国著名社会学者理查德·舍默霍恩的看法来说明，他认为族群是“存在于大社会中的集体（次团体），成员拥有或为真实或为假设的

① 中华人民共和国外交部网站“南非国家概况”，http://www.fmprc.gov.cn/web/gjhdq_676201/gj_676203/fz_677316/1206_678284/1206x0_678286/，最后下载日期：2018 年 6 月 22 日。

② Sally Frankental and Owen B. Sichone, “South Africa's Diverse Peoples”, *ABC - CLIO*, 2005, pp. 19 - 20。

共同祖先，有共同的历史记忆，以及拥有定义自我的特别文化表征。这些文化表征的要素，举例说，有亲属模式、直接交往方式、宗教信仰、语言或方言、部落、国籍、生理特征，或者任何上述要素的综合”。[①] 当今社会，族群常用来代表一个民族国家内异质性的各组成人口，如少数族群、定居在国内的外籍移民、外国人社区等。事实上，南非作为一个独立主权国家的存在不过一百年，作为一个欧洲白人殖民地则有着三百多年的历史，其人口最大的特征就是移民众多。来自不同国家、民族和地区的移民将各自的原文化带到南非，与当地的土著文化相融合，形成了不同的族群文化，亦使南非文化变得极其复杂而多元。研究这些族群及其文化对当代南非向多元文化国家发展无疑有着重要意义，然而以往有关南非族群的研究主要集中在南非四大种族上[②]，对不同人种（特别是黑人）内部形成的不同族群则较少论及。因此，笔者在对南非种族与族群关系现状进行历史与实地考察的基础上，拟对种族隔离制度废除之后的当代南非族群的划分及发展趋势做些理论探讨。

一　南非种族与族群的形成

从整个非洲来看，南非虽然有着较大的地域与人口数量，但其族群数量相对来说较少，不足20个。与南非人口总量类似的刚果民主共和国有200多个族群，坦桑尼亚有130多个族群。尽管如此，南非仍是当代多种族多族群国家的一个特例，其四大人种与官方认定的九大黑人族群[③]的

① R. A. Schermerhor, “Ethnicity in the Perspective of the Sociology of Knowledge”, *Ethnicity*, 1974, Vol. 1, No. 3.

② 有关南非种族关系的国内研究，可参见夏吉生主编《南非种族关系探析》，华东师范大学出版社，1996；以及杨立华、刘海方、贺文萍、李保平等人的相关论文；国内研究主要集中在国际政治与国际关系领域，从族群社会学视角对南非多族群社会进行研究的成果非常少见。发源于西方的族群社会学主要关注其国内的族群问题，较少涉及亚非拉美发展中国家，国外学者对南非的关注亦集中在种族关系领域。

③ 南非人口构成包括四大人种：黑人、白人、有色人、亚裔；黑人又分为九个族群：祖鲁人、科萨人、斯威士人、恩德贝勒人、南索托人、北索托人、茨瓦纳人、聪加人和文达人；白人内部又分为讲英语的英裔白人和讲南非阿非利卡语的荷裔白人；有色人主要是南非早期白人移民与亚裔（主要是马来人）和非洲裔奴隶的混血；亚裔主要是印度人和中国人；此外还有南非原住民——桑人（San）、科伊人（Khoikhoi）。

形成有着复杂而特殊的历史与现实，南非拥有非洲大陆上人数最多的白人、有色人和亚裔人口，其他非洲国家都不存在类似的人种构成。

据 2015 年最新版《南非调查》提供的数据显示，南非总人口为 5400 万，黑人占总人口比例 80.2%（4331 万），有色人占比 8.8%（457 万），印度/亚裔人占比 2.5%（135 万），白人占比 8.4%（454 万）。综合对比 1910—2014 年四大种族的人口趋势走向，黑人人口成倍增长，白人在下降，印度/亚裔和有色人基本持平。①

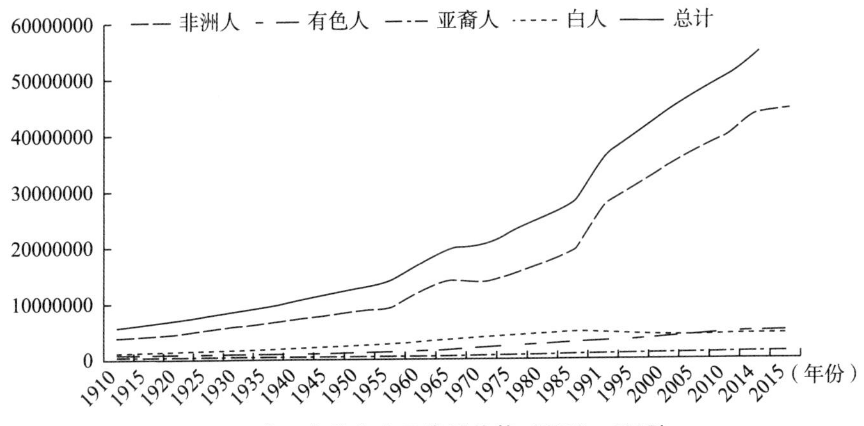

图 1 非四大种族人口发展趋势（1910 - 2015）

资料来源：Bureau of Census and Statistics Pretoria, Department of Statistics Pretoria, Central Statistical Service, Statistics South Africa, 2015, pp. 5 - 6。

学者们通常按照语系将南非黑人分为四大族群：恩古尼人（Nguni）、索托人（Sotho）、聪加人（Tsonga）、文达人（Venda）。这几大族群之间因为有着相似的历史与起源而存在很多相似的文化特征与认同。恩古尼人占南非黑人的 2/3，主要有祖鲁人（Zulu）、科萨人（Xhosa）、恩德贝勒人（Ndebele）、斯威士人（Swazi）等族群，其中祖鲁人是南非人口最多的族群，科萨人次之。索托人按照语言的不同又内分为南索托、北索托即佩迪人（Pedi）、西索托即茨瓦纳人（Tswana）三大族群。聪加人在文化上与恩古尼人有相近之处，但他们的语言却与之截然不同，因此聪加人成为一个独立的族群。南非境内有 150 万聪加人，在邻国莫桑比克和津巴布韦仍生活着 450 多万聪加人。文达人是规模最小的

① The Institute of Race Relations, "South Africa Survey 2014/2015", Johannesburg, 2014, pp. 4 - 5.

黑人族群，人口大约有60万，起源于东非的大湖地区；随着几次迁徙浪潮，文达人最终于16世纪定居在林波波河南部，并与当地其他族群融合。

在南非白人中，荷兰裔阿非利卡人占多数，约为60%，其他40%的白人主要来自英国及其他欧洲国家。阿非利卡人（旧称布尔人）是南非最早的白人移民后裔，以荷兰裔为主，融合法国、德国移民，形成南部非洲特有的非洲白人族群。初期操荷兰语，后逐渐吸收原住民科伊桑人和班图人的语言成分，形成以荷兰语为基础的阿非利卡语（Afrikaans）。他们与欧洲母国脱离了政治联系，尽管在文化和宗教上仍具有荷兰的特征，但在思想和心理上已形成独特的具有强烈排他性和自我封闭的族群意识。布尔人创造了阿非利卡文字，提出了“建立自己的国家”的口号，并在与英国人的残酷战争中达成和解①，于1910年成立南非联邦政府，最终于1948年赢得大选而进入统治南非的全盛时期。英裔白人在阿非利卡人之后进入南非，随着1867年南非金矿的发现及后来采矿业的兴起而迅猛增多，采矿业加剧了英国对南非的侵占和投入，并直接导致了英国人与布尔人、南非黑人之间的矛盾和冲突。英布战争（1899—1902年）最终迫使阿非利卡人臣服于英国，实现两个白人族群之间的和解与联合。英裔白人自始至终主导着南非的经济与文化教育领域。

有色人是早期欧洲移民（主要是阿非利卡人）与当地土著科伊桑人、亚洲人通婚生子而形成的混血人种，主要集中在开普地区。大多数有色人居住在西开普与北开普地区，其他小部分分散在夸祖鲁—纳塔尔省及其他省份。有色人这一称谓是种族隔离时期的术语，尽管带有歧视与贬义，但由于习以为常，至今仍在沿用。绝大多数有色人讲阿非利卡语，少数人讲英语。因为血缘关系，有色人与阿非利卡人在宗教与文化上相近。尽管有色人既不是白人，也不是黑人，在尴尬的灰色地带谋求生存发展，但进入后种族隔离时代，有色人的经济条件与社会地位都得到了明显改善。

南非的亚裔人主要来自印度与中国，印度人占绝大多数，最早可以追溯到荷兰人统治时期。亚裔人被当作奴隶、罪犯或者自由黑人贩运到

---

① 英布战争，又称布尔战争、南非战争，是英国同荷兰裔布尔人建立的两个共和国为争夺南非领土和资源而进行的战争，时间是1899—1902年，最终布尔人战败，被迫将德兰士瓦、奥兰治两个共和国并入英国统治下的南非殖民地。

开普地区。他们的职业是劳工、矿工等，印度人主要集中在纳塔尔地区的甘蔗种植园里工作，中国人则集中被招募到德兰士瓦的矿场里工作。作为同是亚洲的移民，印度人和华人从踏足南非开始就饱受歧视与不公平待遇。历史上，二者曾多次联合起来反抗白人政府，捍卫自己的权益。[①] 种族隔离盛行时期，印度人被单列为一个人种，华人被划分为“有色人”饱受歧视；直至1984年，华人被白人政府认定为“荣誉白人”，享有白人的部分待遇和特权，但没有选举和被选举权。新南非成立之后，南非华人又为争取到“黑人”待遇而斗争了多年。[②] 如今，南非的亚裔人口已达上百万，印度人与在1994年之前获得南非公民身份的华人都被划分为“黑人”，在政治、经济上享有黑人的优惠政策。

除了南非历史上长期形成的四大人种与黑人内部的九大族群，南非亦是一个移民大国，新南非提倡不同肤色的人们可以在这片土地上和平共处，获得了“彩虹之国”的美誉。作为非洲大陆经济的领头羊，南非吸引了大批怀着过上更好生活愿望的外国移民，其中以南部非洲国家移民居多，人口已达500多万。这些仍保留着母国语言文化的外国移民，增加了南非族群的复杂性与多样性，也影响着南非的经济与社会发展。

二 后种族隔离时代南非的族群边界

1994年以来，随着南非种族隔离制度的废除与民主制度的建立，南非开启了社会转型之路。通过真相与和解委员会以及新南非的相关制度设计，不同种族与族群和谐共处的“彩虹之邦”理念已经深入到南非社会的方方面面。[③] 学术界对于后种族隔离时代南非族群关系的探讨日益增多，族群边界是区分族群、维持族群凝聚力以及各族群成员认同的要素，因而是族群研究中的重要主题。那么，后种族隔离时代南非的族群边界在哪里？有哪些特征？

人类学族群研究中对于族群边界的探讨有很多，其中最具里程碑意

① 李安山：《论南非早期华人与印度移民之异同》，《华侨华人历史研究》2006年第3期，第21—34页。

② 徐薇：《南非华人的历史、现状与文化适应》，《广西民族大学学报》（哲社版）2018年第3期，第33—42页。

③ 庄晨燕：《南非民族和解的经验与挑战》，《世界民族》2013年第6期，第13—23页。

义的当属弗雷德里克·巴斯（Frederick Barth）有关族群边界与文化的研究。有别于其他学者通常从群体内部的共同特征出发来定义族群，巴斯主要从群体的排他性和归属性来界定族群。他认为“族群”是由其本身组成成员认定的范畴，造成族群最重要的是其“边界”而非语言、文化、血缘等内涵；一个族群的边界，不一定是地理的边界，而主要是“社会边界”。在生态性的资源竞争中，一个群体通过强调特定的文化特征来限定我群的“边界”以排斥他人。[①] 巴斯的观点揭示了客观特征论的不足，突出了族群认同与变迁的问题，对于研究多种族多族群的社会与国家有着很大的启发与借鉴意义。事实上，无论是强调主观的认知还是客观的分类，都有一定的文化测量标准，两者的大部分内容应该是重合的。[②] 因此，笔者根据南非的实际情况将其族群边界分为如下几方面。

（一）不同的地域分布

在种族隔离制度下，以阿非利卡人为代表的执政党国民党不仅在地域上分离白人和黑人，建四个白人行政省：开普省（the Cape Province）、纳塔尔省（the Natal Province）、德兰士瓦省（the Transvaal）、奥兰治自由邦（the Free State），还采取“分别发展”的策略，以部落为单位将各个黑人族群隔离发展，以防黑人形成统一的力量。从1963年至1975年，阿非利卡人相继以部落为单位建了十个班图斯坦（Bantustan）[③]，即所谓的“黑人家园”（Homelands）（参见表1）。南非政府把300多块面积狭小、互不联结、资源贫乏、贫困不堪的非洲人保留地归并成十个“自治”或“独立”的民族单位，使占南非总人口76%以上的黑人变成“外国人”，并严格地圈在不到13% 的南非国土上，从根本上剥夺他们对整个南非所享有的经济、政治和社会权利。1970年，南非政府通过了《班图斯坦国籍权利法》，规定所有黑人必须取得他所属的班图斯坦国籍；1976年10月，特兰斯凯——这个最早建立、面积最大的班图斯坦宣布“独立”；按照南非政府的设想，其他9个班图斯坦最终都要脱离南非而“独立”，成

① 弗雷德里克·巴斯主编《族群与边界——文化差异下的社会组织》，李丽琴译，商务印书馆，2014，第2—11页。

② 周大鸣：《澳门的族群》，《中国社会科学》1997年第5期，第142—155页。

③ 指南非政府为推行种族隔离政策而对南非班图黑人实行政治上彻底“分离”的地区。

为名副其实的“黑人家园”。[①] 表面上看，南非政府让黑人拥有自己的民族与国家，且美其名曰“保留、抢救了黑人的部落生活，帮助黑人建设自己的民族国家，维护传统文化……”，但在事实上，不论是黑人自己还是外部的研究者，都不认为南非政府此举是所谓的文化多元主义，而是一种国内殖民主义的新做法。

根据《班图斯坦国籍权利法》，南非政府以部落作为班图斯坦的治理单位，并将班图斯坦的各级政府工作交给了世袭的部落酋长们，这些酋长大多由南非政府指定，成为政府的雇员（由南非政府支付薪水），同时赋予他们治理其同胞的权力，南非政府就在班图斯坦中培养了一批个人利益同白人政府一致的既得利益阶层。部落酋长主要负责行政事务，政府高级专员是“国家”实际管理者；酋长们必须依赖外部的扶持，使得班图斯坦徒有国家形式，而无国家之实，仍会跟随南非政府亦步亦趋。因此，原本在历史与现实中相互交融的黑人族群，在分别发展政策的影响下，逐步走向分化与分裂，为后来新南非的民族融合与国家统一建设埋下了很大隐患。

表 1 “黑人家园”的族群与面积

单位：平方英里

“家园”名称	主要族群	土地面积
特兰斯凯	科萨人	14178
西斯凯	科萨人	3547
夸祖鲁	祖鲁人	12141
莱伯瓦	佩迪人/南恩德贝莱人	8549
文达	文达人	2333
加赞库鲁	聪加人	2576
博普塔茨瓦纳	茨瓦纳人	14494
巴索托·夸夸	南索托人	144
斯威士	斯威士人	818
南恩德贝莱	南恩德贝莱人	有名无实

注：1 平方英里 =2.59 平方公里。

资料来源：Jeffrey Butler，Rotberg Robert I.，and John Adams，*The Black Homelands of South Africa：The Political and Economic Development of Bophuthatswana and KwaZula*，Berkeley University of California Press，1977，p. 2。

① 孙红旗：《南非白人政权的“分别发展”图谋和“黑人家园”的设立》，《史学集刊》2008 年第 6 期，第 61—60 页。

1993 年 11 月 18 日，南非多党谈判会议通过《临时宪法草案》，在旧有四省与十个“黑人家园”基础上将该国行政区改为九省。新的行政划分仍以族群为基础，笔者查阅多种文献，整理归纳并列出表 2 以说明。

表 2　南非各省占多数人口的族群与地理面积

单位：平方公里

省名	主要族群	地理面积
自由邦省（Free State）	主要族群为索托人，多说索托语，阿非利卡语、科萨语、祖鲁语次之。	129480
西北省（North West）	与博茨瓦纳接壤，主要族群为茨瓦纳人，多说茨瓦纳语，阿非利卡人、科萨人、索托人、聪加人、佩迪人次之。	116320
北开普省（Northern Cape）	有色人最多占 52%，黑人占 36%（主要族群为茨瓦纳人），阿非利卡人数量最多的省，占该省总人口的 12%，还有少数亚裔（印度人居多）。	361830
西开普省（Western Cape）	多元文化造就了多元的人群，主要族群为有色人，占 54%，黑人（主要是科萨人）占 27%，白人占 18%，亚裔占 1%。阿非利卡语是主要语言，科萨语、英语次之。	129370
东开普省（Eastern Cape）	南非第二大族群科萨人的故乡，80% 为科萨人，有色人、白人、亚裔次之，主要语言为科萨语，阿非利卡语、英语次之。	169580
夸祖鲁—纳塔尔（KwaZulu-Natal）	南非最大族群祖鲁人的故乡，85% 以上为黑人，亚裔（主要是印度人）占 8.5%，白人 4.7%，有色人 1.5%。主要语言为祖鲁语，英语、科萨语、阿非利卡语次之。	92100
豪登省（Gauteng）	经济中心，人口密度最大的省，佩迪人占多数，阿非利卡人、茨瓦纳人、祖鲁人次之，还有英裔白人、恩德贝勒人、索托人、科萨人、文达人以及外国移民。	17010
林波波省（Limpopo）	黑人占 97.3%，白人数量最少，主要族群是佩迪人、聪加人、文达人、阿非利卡人。佩迪语是最普遍的语言。	123910
普马兰加省（Mpumalanga）	92.4% 是黑人，主要族群是斯威士人，祖鲁人、恩德贝莱人、佩迪人次之。斯威士语是最普遍的语言。	79490

资料来源：Godfrey Mwakikagile, *South Africa as a Mutlti-Ethnic Society*, Continental Press, 2010; The Nine Provinces of South Africa-South Africa Gateway, South Africa Gateway, https://southafrica-gateway.com/land/nine-provinces-south-africa/，最后下载日期：2018 年 4 月 6 日。

综上，南非九省在人口数量与族群构成比例上，均以黑人居多，且除了东开普省和夸祖鲁—纳塔尔省是两个南非最大黑人族群——科萨人与祖鲁人的故乡、族群构成相对单一以外，其他各省的族群构成均比较多样与复杂，且与种族隔离时期的黑人家园制度联系紧密。

（二）不同的语言

语言是族群边界的基础。南非各族群均有自己的内部语言，来自不同国家的移民亦有自己的国家语言和方言。事实证明，只要族群间保持高频度的交往，并企图维持自己的族群界线，语言的保持就十分重要。后种族隔离时代的南非，为了实现各个种族、族群之间的平等与保护弱势族群的发展，史无前例地设置了11种官方语言：英语、阿非利卡语、祖鲁语、科萨语、聪加语、茨瓦纳语、恩德贝莱语、斯威士语、文达语、佩迪语以及南索托语等。这些语言各不相同，但也彼此联系。语言因此成为南非族群认同和区分的重要标志。

由于南非所经历的特殊种族隔离历史以及阿非利卡人执政后所实施的“分别发展”政策，语言成为白人维护自己统治并瓦解黑人的重要工具。种族隔离时期，英语和阿非利卡语是南非的官方语言。1953年颁布的《班图人教育法》规定黑人在小学阶段全部用其母语进行教学，到了中学以上才开始学英语或阿非利卡语。[①] 事实上，绝大多数黑人孩子无法升入中学阶段继续学业，因此，这项法案也被黑人普遍认为是“政府的把戏”，阻止他们掌握更多的知识与技能，切断他们向社会上层流动的渠道，使黑人永远生活在社会底层，甘做白人的雇工与劳动力。《班图人教育法》的最终目的不仅仅是为了防止黑人通过学习英语和阿非利卡语获得更多能力，更是为了防止黑人团结起来与白人政府抗争。[②]

表3 各族群的家庭语言（2013）

语言	非洲人	有色人	亚裔人	白人	总计
阿非利卡语	1%	80%	1%	60%	14%
英语	3%	19%	96%	40%	11%
恩德贝莱语	1%	0%	0%	0%	1%

① T. Lodge, *Black Politics in South Africa since 1945*, London and New York: Longman, 1983, pp. 116 – 118.

② H. Giliomee, *The Afrikaners: Biography of a People*, Paarl: Tafelberg, 2003, pp. 509 – 510.

续表

语言	非洲人	有色人	亚裔人	白人	总计
佩迪语	13%	0%	0%	0%	10%
索托语	10%	0%	0%	0%	8%
斯威士语	3%	0%	0%	0%	2%
聪加语	4%	0%	0%	0%	3%
茨瓦纳语	12%	0%	0%	0%	9%
文达语	3%	0%	0%	0%	2%
科萨语	20%	0%	0%	0%	16%
祖鲁语	30%	0%	0%	0%	23%
总计	100%	100%	100%	100%	100%

资料来源：Etighty 20，*XtracT* Based on AMPS 2013B Individual Jan 2013-Dec 2013 data。

如图 2 所示，在南非家庭中，祖鲁语、科萨语所占比例最高，阿非利卡语和英语次之，其他官方语言使用比例均低于 10%。表 3 显示，绝大多数有色人说阿非利卡语；绝大多数亚裔说英语；白人群体中，说阿非利卡语的白人居多；黑人家庭都说本族群语言，有一半黑人说祖鲁语和科萨语；其他黑人官方语言使用人口少而分散。南非的多语言政策对于欧洲国家所倡导的经典“社会同化论”和“民族国家建构论”即“一种语言、一个国家”而言，不失为一种拒绝与反抗。学者韦伯指出，“强调国家统一但不能忽视保护文化的多样性，事实上，承认和提倡族群的文化认同与多样性能够促进国家的统一，因为这样有助于在精神与智识上去殖民地化”。①然而南非社会经济发展的现状却不容乐观，从地域分布上看，南非九省中各族群语言与人口分布混杂多样；在经贸与高等教育领域，英语一直是垄断语言，黑人语言在经济领域的影响几乎为零。这就引发了越来越严重的社会经济文化上的不平等现象，占人口绝大多数的黑人常常因为语言问题而难以考入名牌大学进而步入上层社会。语言的边界，尽管没有造成大的族群分野与冲突，却造成了个人在社会、经济、高等教育等领域发展的屏障，这是南非政府亟须正视与解决的问题。

① V. N. Webb, *Language in South Africa: The Role of Language in National Transformation, Reconstruction and Development*, Amsterdam/Philadelphia: John Benjamins, 2002, p. 163.

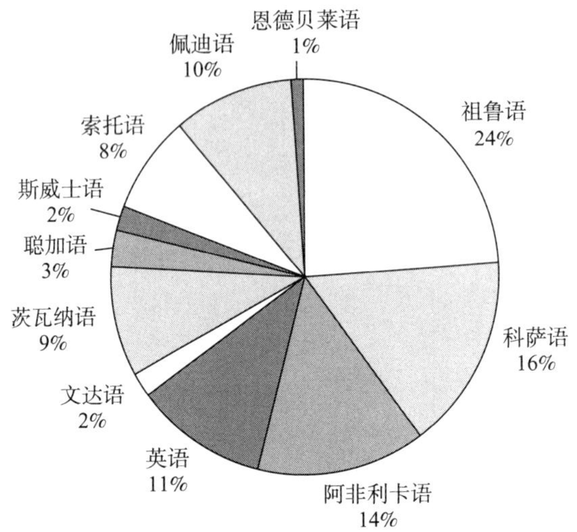

图 2 2013 年南非家庭语言所占比例

（三）不同的宗教信仰

信仰是南非人生活、社会与文化的重要方面。对于黑人族群来说，信仰普遍渗透在日常生活的方方面面。自 15 世纪晚期以来，欧洲贸易者、殖民者纷至沓来，也给南非这块土地带来了新的宗教与信仰，比如欧洲的基督教以及亚洲的伊斯兰教、印度教和佛教。这些大的宗教还可以细分为不同的支系，可谓复杂多样，不同的传统与实践充分反映了南非社会复杂的种族、族群、语言多样性。宗教亦是南非不同种族、族群人们的世界观和生活态度的最好表达与诠释。

南非黑人各族群的信仰生活复杂而多元，但也存在一些共性，笔者简要归纳出几点共性与差异。①

1. 最高神（The Supreme Being），普遍存在于黑人心中的一个全宇宙最高神，它是永恒的、无所不在、无所不能、无所不知的，是它创造了世界与人类。不同黑人族群对最高神的叫法不同，比如科萨人称其为“umDali”或“uQamatha”，索托人和茨瓦纳人称其为“Modimo”，祖鲁人称其为“Unkulunkulu”等。

2. 有关社会秩序起源与本质的神话故事在黑人中广为流传，主要有

① Funso Afolayan, *Culture and Customs of South Africa*, London: Greenwood Press, 2004, pp. 58 – 70.

三种创世神话：一是有关人类起源的神话，人类由天神地母合一产生的，不同族群流传的说法不一[①]；第二种神话是有关人类种族的起源，白人与黑人；第三种神话试图解释南非黑人为什么要服从白人的统治，尽管黑人与白人同样出自芦苇丛中，但黑人是最先出来的，而白人在黑人之后，有时间学习更多的知识与技能，因而能够超越并统治黑人。

3. 自然灵在最高神之下，通常是人类对诸如山川、河流、岩洞、植物等自然奇观以及风雨雷电、洪水、四季等自然现象的力量与权威的一种敬畏。

4. 祖先崇拜是黑人族群在日常生活中的一个重要信仰，社会规范与价值的维护以及各种社会关系的运行与冲突的解决都需要某种超人的权威力量，这就是祖先的力量，当然并不是所有故去的先人都会成为祖先神。

5. 巫术、妖术信仰被用来解释人类所遭遇的各种疾病、不幸、灾难等负面现象，也是解决人与人之间的冲突以及帮助人们在社会竞争中获得、保持、表达某种力量的工具和手段。

6. 神圣专家是解决、治愈各种疾病、不幸与厄运的人。主要有三种：一是诊断各种不幸原因的占卜师；二是部落首领或者说祭司，能够通过仪式与祖先通灵的人，多是男性；三是草药师，懂得如何用草药来治愈病人。

7. 通过仪式：人生转折的重要时刻，诸如出生、成年、婚礼与葬礼，各个族群都有一套固定的程序与仪式过程，以完成从人生一个阶段向另一阶段或者此世向彼世的过渡与转换。

上述几种信仰可以说是南非黑人传统信仰的核心，只是不同族群具体的称谓与表现方式有所不同。随着欧洲移民与殖民者的到来，基督教给非洲人的信仰生活带来了巨大冲击、影响与改变。在殖民过程中，传教士成为殖民者与非洲传统社会之间的中介与代理人，随着一些基督教组织、教派在南非的建立与传播，整个 20 世纪是基督教在南非发展的黄金时代。据 2001 年南非人口统计数据显示，有近 80% 的南非人信奉基督教[②]，但没有哪个教派在信教人数上占据绝对优势。目前在南非流行的几

① 祖鲁人认为人类产生于芦苇丛中，类似的故事在斯威士人、聪加人、索托人中也有流传；在索托人、茨瓦纳人、文达人和聪加人看来，人类始祖是从地上的一个洞里走出来的。

② Pocket Guide to South Africa (ed.), *South Africa's People*, Government of South Africa, 2012, p. 12.

大教会是：荷兰归正教会（以阿非利卡人为主，是白人和有色人最多的教会）、新教教会、罗马天主教会、五旬节派教会以及非洲人发起的独立教会。

欧洲白人给南非带来了基督教，开普马来人带来了伊斯兰教，印度劳工带来了印度教，印度与中国劳工带来了佛教，犹太人亦带来了犹太教。根据南非政府的统计数据①，南非信仰非洲传统宗教的人数非常少，几乎可以忽略不计②，但在现实中，笔者通过调查了解到，对于多数黑人来说，日常生活里参与传统宗教的仪式与活动与信奉基督教并不冲突，有越来越多的黑人信奉将基督教教义与非洲传统信仰融合起来的非洲独立教会。

（四）不同的社会风俗与生活方式

多样的种族、族群、语言以及文化信仰造就了南非社会风俗与南非人生活方式的丰富多彩。从出生到死亡、从家庭到校园、从农场到集市、从牧场到矿区、从寺院到教堂、从城市到乡村、从地方到国家……各个族群的生活与行为都因为风俗与仪式的不同而充满差异，这些差异即是族群认同与边界的重要方面。社会习俗与生活方式包括了民间口头传说、神话、仪式、宗教信仰、舞蹈、音乐、运动等方面。种族隔离时期，白人政府强调西方文化与艺术，忽视黑人族群的艺术，作为对白人统治者的反抗，黑人族群长期以来都保持着自己本族文化的表现内容与形式，且族群成员对其意义和重要性有着深刻的认知。比如各种宗教、民间信仰的仪式及地方音乐、戏剧等，均与族群性有着紧密的联系。新南非成立以来，黑人政府鼓励发展各族群的传统文化与表演艺术，并以此来推动旅游业的发展，使得各族群文化得以进一步繁荣。

口传文化是南非黑人社会的重要特征，在欧洲人到来之前，黑人并没有自己的文字，他们通过各种艺术形式和口头传说来概括和表达自己的思想、技术与知识。与民间信仰密切相连的仪式是各族群历史、文化、价值观的直观表达，尽管随着西方基督教文化的渗透，很多黑人族群的传统仪式渐渐消亡，然而近年来，随着国家的重视与扶持，一些古老的

---

① 目前能够查到的有关南非信教人口数据的最近资料是2001年南非政府的人口统计数据，2011年南非政府公布的人口统计数据中没有关于宗教信仰人数的统计。

② *Census* 2001：*Primary Tables*：*Census* 1996 *and* 2001 *Compared*，Pretoria：Statistics South Africa，2004，pp. 25－28.

族群风俗又以新的方式复兴起来并被赋予了新的意义，即传统的再造与发明。祖鲁人的古老习俗——处女检验仪式的再造与兴起即是一个典型例证。①

在城市中还有一项重要的维持族群界限的活动，就是各族群庆祝自己传统文化的节日，其中既包括传统节日，也包括宗教节日。12 月 16 日，是南非政府法定的“种族和解日”，这个延续了 100 多年的纪念日对于不同族群的人来说有着不同的名称与意义。1838 年 12 月 16 日，南非祖鲁人与阿非利卡人在恩科姆河（Ncome River）决战，祖鲁士兵不敌阿非利卡人的牛车阵与枪炮，3000 祖鲁勇士血染河水，史称“血河之役”。此后，这一战役被黑白两大种族以各自不同的意义纪念：黑人将该日用祖鲁首领丁干的名字命名为“丁干日”，以纪念为保卫土地而牺牲的勇士；白人则将其命名为“许愿日”——因为战前他们向上帝发誓许愿，如能战胜黑人，将在此立碑纪念。种族隔离时期，白人政府把该日作为“最神圣的日子”，并规定为全国公共假日。新南非成立后保留这一节日，但将其重新命名为“种族和解日”，用以促进种族和解与团结、消除种族歧视与偏见，然而白人与黑人在该日举行不同的活动纪念。

南非常年温润的气候与得天独厚的自然地理环境使得诸如足球、橄榄球、板球等户外运动深得民众喜爱。种族隔离时期，南非体育运动受政治影响很大，橄榄球、板球是白人的专属运动，时至今日，在橄榄球比赛中，南非队的族群构成仍是以白人为主，体育运动亦成了划分族群边界的一个要素。笔者 2015 年在南非开普敦大学访学期间看到，整个校园四五个球场，有的是白人学生在踢球，有的则清一色都是黑人学生在运动；甚至在课堂上，白人学生坐一边，黑人学生坐另一边，中间是有色人或亚裔。种族分离在南非人日常生活中仍普遍存在。

从南非的种族与族群边界可见南非文化的多元性，文化的多元性又使得南非的种族与族群呈现出复杂性：一是种族与族群还可以细分，如白人中还有来自德国、意大利、法国等国家的移民，亚裔中主要包括印度人与中国人，中国人又可以细分为来自不同省份的族群，黑人中仍存在很多没有被官方承认的少数族群；二是有多层的族群认同，笔者在调查中了解，通过跨族婚姻，很多南非人能够掌握三四种语言，如父亲是

---

① 《南非祖鲁族古老习俗——处女检验仪式》，http://travel.163.com/11/0405/18/70T9DNEH00063KE8.html，最后下载日期：2017 年 10 月 1 日。

阿非利卡人、母亲是科萨族，他们的孩子就能够说科萨语、阿非利卡语或英语等，他们的认同亦是多层的，既认同科萨人，也认同阿非利卡人；三是南非人还无法整合南非境内的各个种族与族群，种族矛盾仍时有爆发，族群间的排外暴行亦屡见报端，长期的种族隔离与“黑人家园”政策，让各个黑人族群之间无法形成统一的意识与认同，各族群容易形成圈内文化。

三　从分离到融合：南非人的认同与“彩虹之国”的建构

种族隔离时期的南非，种族歧视被合法化，一个人的出身、成长、工作环境甚至与谁通婚都取决于其本人的肤色与种族。新南非成立以来，尽管从立法上废除了种族歧视的政策，但在人们的居住空间、生产生活等很多方面，种族隔离时期造成的分野与不平等依然存在，且很难在短期内发生实质性的改变。种族分化与歧视，依然是当下南非人面临的重要问题。

后种族隔离时代的南非，基层社会与贫民针对各种社会不平等与排斥现象进行抗议游行已经成为一种社会常态，亦可以说是社会特征。对于多数黑人与穷人来说，生活条件亟待改善，他们需要得到更多重视与支持。然而底层人民所做出的反抗受规模与地域所限并不能引起执政者的足够关注。自 2015 年以来，参与抗议与游行的主体人群多以高等院校的大学生、黑人中产阶级及中下层家庭为主，这些人群的抗议与斗争给南非的政治与社会带来了深刻影响。比如 2015 年 3 月在南非最高学府开普敦大学爆发的“罗德斯必须倒下”运动①，以及在全国高校蔓延的“减免学费”运动，这些由大学生、知识精英群体所主导的社会运动强烈地撼动了南非当下的政治秩序并引起了执政者的高度关注。南非黑人高喊着“我们被曼德拉出卖了”的口号，质疑并批评非国大执政党 20 多年来没有改善南非社会的种族矛盾与不平等，随着南非经济的持续萎靡不振，贫富与阶层分化愈发严重，多数黑人仍生活在贫困与绝望之中。

种族和解一直是南非政治变革的核心，大主教图图领导下的“真相与和解委员会”以种族和解团结为准绳，用宽容的精神解决历史遗留问

① 徐薇：《“罗德斯必须倒下”运动与南非今日之种族关系》，刘鸿武主编《非洲地区发展报告（2014—2015）》，中国社会科学出版社，2015，第 93 页。

题，以和平方式确保南非民主化进程和统一，重建一个多种族多族群多元文化的现代国家，这是南非贡献给全世界的一份宝贵的政治遗产。时过境迁，如今的人们怎样看待种族和解呢？在 2015 年的学生运动中，有人指责广大黑人被曼德拉出卖了，种族和解掩盖了白人价值观和种族主义仍占据南非社会主导地位的事实，在经济和文教领域，白人至上和种族主义依然盛行。那么，现在南非社会的种族关系如何？新南非是否能够实现种族和解与团结？南非人是否仍希望去建设一个彩虹之国？

非政府组织“南非正义与和解研究所”（The Institute for Justice and Reconciliation, IJR）自 2003 年以来开展的年度随机抽样调查——《南非种族和解晴雨表》（SA Reconciliation Barometer）为我们了解南非种族关系现状与趋势提供了重要参考。最新发布的 2015 年度调查报告《民族和解、种族关系与社会融合》重点考察当今南非民众对种族关系与社会融合的态度与看法。该报告显示，大多数南非人对种族和解持肯定与支持的态度，但大多数白人、印度人、有色人认为南非仍需要在种族和解的道路上走下去。从现实情况来看，有 61.4% 的南非人认为当下的种族关系在恶化或停滞不前，其中仍以白人居多。[①] 在以黑人居多的执政党和政府中，白人遭受了明显的歧视与不公，政府出台的有利于振兴黑人经济的政策亦让白人感到不公与受排挤，出现更多的“穷白人”。在种族和解实施 20 多年之后，南非民众期待跨种族社会交往的比例几乎连年降低，有高达 67.3% 的南非人不信任其他种族；有更多的受访者将不平等与种族差异视为导致南非分裂的首要因素；南非的政党亦成为分化社会的主要因素，其中不乏有些政党是以种族或族群为基础。[②] 日常生活中，不同种族之间的互动交往只发生在公共领域，比如工作、学习、购物等场所，诸如家庭、社会或公共集会等私人领域的互动则非常有限。种族、语言、文化、阶层等仍是阻碍不同种族与族群人们交往互动的主要障碍。

南非人能否形成统一的民族国家认同？在人们的日常互动中，最能将人们联系在一起的两个因素：一是同样的语言（31.6%），二是同样的

① James L. Gibson, “Does Truth Lead to Reconciliation? Testing the Causal Assumptions of the South African Truth and Reconciliation Process”, *American Journal of Political Science*, 2004, Vol. 48, No. 2, pp. 201 – 217.

② Jan Hofmeyr and Rajen Govender, “National Reconciliation, Race Relations, and Social Inclusion”, SA Reconciliation Barometer 2015, Institute for Justice and Reconciliation, 2015, pp. 5 – 10.

种族与族群（23.7%）。有超过半数的受访者认为连接人与人之间关系的是相似的语言和相貌，而不是阶层和南非人的认同。[①] 这些数据能否说明国家认同对于南非人来说并不重要呢？调查结果显示情况并非如此。尽管在日常生活中更多的人会选择与自己肤色、语言接近的人交往互动，然而这并不影响人们对一个统一国家的渴望与追求。有高达3/4的受访者（75.5%）明确表示作为一个南非人对他们自身来说非常重要，[②] 这种积极的、对民族国家的认同跨越了种族与族群的边界，是促成南非种族和解与国家统一的重要力量。

南非执政者必须想方设法从实际出发，不断地进行改革与平衡，以协调不同种族、族群之间的关系与利益分配。面对面的交往与互动至关重要，而这种互动大多发生在经济条件较好的、流动性较强的富裕阶层的不同种族、族群之间，因此，大力发展经济建设、提高南非人民的生活水平，是摆在南非执政者面前的首要问题。

四　结语

2015年伊始，南非社会各种抗议与政治运动频发，且很多时候引发了暴力冲突，加之新闻媒体的报道和渲染，让多数人感到危机与恐慌，甚至以为一场内战迫在眉睫。然而据南非种族关系研究所2016年3月最新发布的《南非种族关系现状》报告显示，南非当前最重要的社会问题是失业、犯罪与住房，超过半数的受访者认为南非的种族关系有所改善，大多数南非人特别是种族隔离制度废除后成长起来的新一代南非人对于南非的统一与融合充满希望，他们追求种族间的平等与尊重，不以肤色论英雄。[③]

---

① Jan Hofmeyr and Rajen Govender, "National Reconciliation, Race Relations, and Social Inclusion", SA Reconciliation Barometer 2015, Institute for Justice and Reconciliation, 2015, pp. 5 – 10.

② Jan Hofmeyr and Rajen Govender, "National Reconciliation, Race Relations, and Social Inclusion", SA Reconciliation Barometer 2015, Institute for Justice and Reconciliation, 2015, pp. 17.

③ South African Institute of Race Relations, "The State of South Africa's Race Relations", South African Institute of Race Relations, March 2016.

后种族隔离时代，大多数南非人渴望生活在一个稳定、团结、统一的国家里，但历史上长期的种族隔离与族群分裂所造成的结构性边界与鸿沟仍然难以跨越与融合，仍是阻碍南非人形成统一的民族国家认同的主要障碍。以族群为基础的政党，比如阿非利卡人右翼组织和祖鲁人的因卡塔自由党一直是分裂南非的主要威胁，他们始终站在本族群的立场上要求获得自治权。从长期来看，新南非正经历着诸多社会转型与变革，需要在自由民主与融合统一之间寻找平衡，种族与族群的大融合是建构一个统一国家的前提条件。尽管南非依然面临着复杂的种族与族群问题，但这些问题与过去种族隔离时期国家强制性的区分发展有着本质区别。如今不同种族与族群的人们共享着学校、医院、商场、餐馆等公共空间，不断加速的种族与族群流动在很多层面上推动着南非人走向融合与包容性发展，大多数南非人都希望在美丽的彩虹之国和平共处。

（责任编辑：杨　惠）

非洲研究　2019 年第 2 卷（总第 15 卷）
第 46 - 64 页

后穆巴拉克时代埃及政治进程研究

卢一幸　王学军

内容提要：受突尼斯“茉莉花革命”影响，“一·二五”革命推翻了执政 30 年之久的穆巴拉克政权。之后，埃及经历了短暂的过渡期、穆尔西民选政权时期，并迅速进入了塞西政府时代。穆尔西民选政权的迅速失败与军方代表塞西连任总统，反映了埃及民主转型之困局。军队在埃及政治中的主导作用，以及军方、伊斯兰主义政党与自由世俗派政党之间的力量博弈与关系互动构成了后穆巴拉克时代埃及政治进程戏剧化变化的核心动力，可以解释埃及民主转型的短暂成功、迅速失败以及强人政治的复归。后穆巴拉克时代的政治进程说明，埃及民主进程还面临诸多挑战。

关键词：埃及；军队；穆兄会；世俗政党；权力博弈；民主化

作者简介：卢一幸，浙江师范大学非洲研究院国际关系专业硕士研究生，研究方向为非洲国际关系（浙江金华，321004）；王学军，浙江师范大学非洲研究院副研究员，研究方向为非洲安全与大国对非政策（浙江金华，321004）。

受突尼斯“茉莉花革命”影响，“一·二五”革命推翻了执政 30 年之久的穆巴拉克（Muhammed Hosni Mubarak）政权。[①] 埃及随后经历了短暂的穆尔西（Mohamed Morsi）执政时期后，便进入了塞西（Abdul-Fatah al-Sessi）政府时代。穆尔西民选政权的迅速失败与军方代表塞西连任总

① 2011 年 1 月 25 日，埃及民众发起了反穆巴拉克的游行示威活动，最终导致穆巴拉克下台，这场运动被称为“一·二五”革命。

统，反映了埃及民主转型之困局。本文认为，军队在埃及政治权力结构中至今仍然占据主导地位。后穆巴拉克时代，近年埃及民主转型与政治发展的戏剧化进程的核心动力在于军方、伊斯兰主义政党与世俗自由派政党之间的关系结构与具体互动。它可以解释埃及民主转型的短暂成功、迅速失败以及强人政治的复归等一系列戏剧性变化。本文将分阶段回顾并分析后穆巴拉克时代埃及政治发展的进程及其背后的原因，并据此思考和展望埃及民主政治发展的未来前景。

一 "一·二五"革命中的政治互动

在突尼斯"茉莉花革命"的影响下，2011 年 1 月 25 日，埃及民众走上街头要求穆巴拉克下台。1 月 28 日，埃及全国变革联盟（National Alliance for Change）和穆斯林兄弟会（Muslim Brotherhood Emblem，以下简称"穆兄会"）等组织宣布支持革命，由此，这场革命发展成为集结宗教组织、自由世俗派、军队等多股力量共同参与的寻求民主的运动，并最终迫使穆巴拉克辞职。虽然这场运动最初是由埃及民众发起的，但由于民众的力量过于分散，且缺乏统一领导，运动的主导权逐渐转移到了那些有组织的政治势力手中。事实上，这场运动在开始初期，也并不为埃及的各方势力所看好。从加入斗争行列的时间来看，埃及各方也是随着事态的发展和各方力量的强弱变化在不断地调整自身的立场。事态的最终走向也是各方势力不断互动的结果。

（一）穆兄会与世俗政党的联合

在穆兄会发展历史上，随着青年学生的加入，穆兄会也出现过自由化的倾向，这批青年是穆兄会自由派的主要代表。但穆兄会领导层始终被老一代的保守派占据，自由派一直处于边缘化的位置，从整体上看，穆兄会依然呈现保守化的趋向。随着自由派和保守派矛盾的不断加深，出现了 1996 年 70 多名自由派青年离开穆兄会成立瓦萨特党（Al-Wasat Party）的事件，穆兄会内部的自由派力量进一步遭到削弱。[①] 2010 年成

① Carrie Rosefsky Wickham, *Mobilizing Islam: Religion, Activism and Political Change in Egypt*, New York: Columbia University Press, 2002, p. 218.

为穆兄会总导师的穆罕默德·巴迪亚（Mohamed Badie）依然是保守派势力的代表，因此“一·二五”革命时期，穆兄会依然被保守派掌控。可能也是由于保守派势力的强大，穆兄会并未从一开始支持革命。在革命准备阶段，穆兄会领导人就曾表示 1 月 25 日不是发起政治斗争的好时间。① 由于穆兄会的特殊性，埃及历届政府都担心穆兄会涉足政治会动摇其统治，因而一直限制穆兄会的行动。穆兄会也需为其自身发展预留足够空间，在与埃及政府的关系上一直采取的是半合作半斗争的立场，而这场革命能否成功在当时还是未知数，如若失败，支持革命的穆兄会必然成为重点打击对象，因此不便于在革命之初便与政府“唱反调”支持革命。穆兄会的这种立场也有其他的几点考虑：其一，对于穆兄会领导人而言，优化埃及政治的最优方案是弘扬伊斯兰教义并从底层实现埃及社会的伊斯兰化，而非通过游行示威；② 其二，由于民众常年对于政治的低参与度，穆兄会并不相信埃及民众自发的运动能达到足够大的规模；其三，过早地介入革命，容易使其他力量误以为是穆兄会主导的革命，影响后续其他力量的加入。从官方层面看穆兄会并未从一开始就加入革命，但实际上，有不少穆兄会自由派青年早就以个人身份参与到革命当中。也正是因为这群人的存在，后期穆兄会与埃及民众、世俗党派的合作才有了良好基础。

部分世俗政党在革命之初就明确表达了支持革命的立场，包括新华夫脱党（New Wafd）、民主阵线（Democratic Front）、明日党（Ghad party）等。但在当时，仍然有很大一部分世俗政党拒绝参加革命，并呼吁其成员不要参与游行示威活动，这些政党大多是埃及政府批准的，登记在册的合法政党。③ 这些政党普遍规模较小，对于它们而言，生存是首要任务，只有在埃及政府的“保护”下，它们才有可能继续存在并获得政治资源，因此它们不会在前景并不明朗的情况下，作出反政府的举动。

当 1 月 25 日大规模游行示威确实形成了一定的影响力后，穆兄会看到利用这次革命有可能结束长期被排除在埃及政治之外的命运，于是很

① M. Slackman, “In Mideast Activism, New Tilt Away from Ideology”, https://www.nytimes.com/2011/01/23/world/middleeast/23egypt.html, January 23, 2011.

② 参见杨灏城、江淳《纳赛尔和萨达特时代的埃及》，商务印书馆，1997，第 400 页。

③ Masoud Tarek, “EGYPT-The Muslim Brotherhood in Contemporary Egypt: Democracy Redefined or Confined?”, *The Middle East Journal*, Vol. 67, No. 3, 2013, pp. 142 - 143.

快宣布支持革命，并组织其成员参与到革命中。[①] 随着事态的发展，那些原本持消极态度的世俗政党，一方面担心这场运动被穆兄会势力控制，另一方面也担心在此时不支持民众日后有可能丧失在埃及政坛中的地位，于是在民众力量的裹挟下也开始加入这场反穆巴拉克的革命当中。世俗政党能在此时与穆兄会达成合作主要还是因为在当时埃及的政治环境下，它们同属被打压的反对派，如果此时依然躲在埃及政府的“保护伞”下，极有可能随着以穆巴拉克为代表的旧势力的倒台而消亡。穆兄会和世俗政党除了声援革命外，还与各方力量开展合作，发表革命目标和纲领，结成同盟一致对外。

穆兄会以及世俗党派较早地支持并参与革命，使其在当时有能力对埃及的政治走向施加影响，也使其在埃及的政治地位极大提高。这场民主运动的规模随着各路力量的汇入不断壮大，却依然无法从根本上撼动经营多年的穆巴拉克政权，革命派还需寻求更强大的支持。

（二）军队立场的转变

埃及军队作为穆巴拉克政权的一部分，在革命初期确实发挥着维护埃及政权和社会稳定的作用。军队在介入之初，就表明了恢复埃及社会秩序的立场，随后更是表明了不会将枪口对准民众的中立立场。穆巴拉克依仗着军队的力量拒绝辞职，革命派要求穆巴拉克下台的呼声越来越大，面对着国内和国外的压力，穆巴拉克下台的趋势已很难改变。军队必须要在这个关键时刻作出抉择，综合考量后，军队选择了联合革命派，迫使穆巴拉克辞职。

回顾“一·二五”革命的爆发与穆巴拉克政权的倒台的过程可发现，军队虽然是穆巴拉克政权的一部分，但具有相对独立性，因而军队站在哪一方，哪一方便占据了主动权。试想，若是最后军队没有转变立场，可能“一·二五”革命也很难取得成功。埃及军队作为穆巴拉克政权的重要组成部分和守护者，原本应该坚定地站在穆巴拉克政府的一边，化解政府面临的威胁，最终却成为压倒穆巴拉克政权的“最后一根稻草”。埃及军队作为暴力统治的工具，在革命中原本也应该是民主势力打击的对象之一，但在“一·二五”革命中埃及民主势力却对军队网开一面，

① Masoud Tarek, “EGYPT-The Muslim Brotherhood in Contemporary Egypt: Democracy Redefined or Confined?”, *The Middle East Journal*, Vol. 67, No. 3, 2013, pp. 143 - 144.

甚至对军队抱有极大期望。这一反常情况的背后有着深刻的历史和现实因素。

第一，在关键时刻相信军队、依赖军队成为埃及人的一种传统。早在1952年，就是靠着以纳赛尔为首的“自由军官组织（Free Officer's Movement）”发动军事政变，带领人民推翻法鲁克王朝才使埃及获得了真正的独立。[①] 军队在独立后的国家建设事业中也发挥了极大的作用，这一时期军队的卓越贡献已经深入民心。在第二次中东战争（也称苏伊士运河战争）中，在埃及军队的奋勇作战下，埃及顺利夺回了苏伊士运河的主权。萨达特时期的第四次中东战争（也称“十月战争”），埃及军队也打破了以色列不可战胜的神话。这两次战争中军队的突出表现，不仅维护了埃及的国家主权，更使军队在埃及民众内心的地位不断巩固与提高。正是军队在埃及历史上的种种贡献，使得埃及民众在关键时刻将军队当成了可信赖的对象。军队以中立的姿态介入革命，使广大民众相信军队不会弃民众的意见于不顾。另外，民主势力在“一·二五”革命中虽然集结了多方力量但依然缺乏实际战斗力，因而要取得对穆巴拉克政府的胜利，必须团结军队力量。

第二，埃及军方需维护自身利益。在穆巴拉克执政初期，为了使受军队职业化改革影响退役的军人有新的出路，穆巴拉克允许军队涉足埃及经济领域，同时给予诸多特权，使军队一路发展成为埃及国内最有实力的经济实体，拥有诸多经济利益。在穆巴拉克执政后期，穆巴拉克企图让他的小儿子贾迈勒·穆巴拉克（Gamal Mubarak）继承其总统的职位。贾迈勒早年生活在美国，长期从事金融行业，进入埃及政坛后，推动埃及经济私有化取得了显著成效。对于军队而言，如果贾迈勒继任总统，将会严重威胁到军队的经济利益。另外，穆巴拉克也有削弱军队的企图。在执政后期，穆巴拉克不断加强埃及警察的力量，从2002年到2008年，埃及警方的预算从35亿埃及镑（5.83亿美元）涨到了200亿埃及镑（33亿美元），飙升了近6倍，而这期间，军队的预算仅增加了1倍。[②] 这一时期，与穆巴拉克接触最为频繁的也是警方人士而非军方人士，在穆巴拉克政权中担任高级官员的军官数量也在减少，这一情况导

---

① 参见杨灏城、江淳《纳赛尔和萨达特时代的埃及》，商务印书馆，1997，第30页。

② International Crisis Group, "Lost in Transition: The World According to Egypt's SCAF", *Middle East Report* 121, April 24, 2012.

致了军队逐渐被边缘化。“一·二五”革命爆发初期，民主势力与穆巴拉克政府之间的力量对比尚未明显，此时军队显然以中立立场介入更为合适。随着各方势力的不断加入，民主派与穆巴拉克政府之间的力量对比趋于明显，穆巴拉克的失败几乎已成定局，若此时军队依然站在穆巴拉克一方，其势力必然随着穆巴拉克的下台而削弱，日后想要维护其自身利益便更为困难。于是，军队选择了民主势力的一边。

“一·二五”革命中的政治斗争，主要是以穆巴拉克为代表的旧政权与包括宗教组织、世俗政党以及广大埃及民众在内的民主势力的斗争。在革命中，埃及世俗自由派摒弃前嫌，与以穆兄会为代表的宗教组织开展合作；穆兄会也开始减少对其坚持的伊斯兰教义的强调以符合民众的民主理念，以更积极的姿态团结民众力量；尽管军队是穆巴拉克政权的守护者，但其具备的相对独立性使其在斗争中能灵活地调整自己的立场。以穆兄会为代表的宗教组织、世俗政党、军队最终走向联合，一致推翻穆巴拉克政权，使埃及迈出政治变革、民主转型的第一步。军队在“一·二五”革命的成功中所发挥的决定性作用，使得原本掌握在民主势力手中对于埃及政治的主导权，逐渐转移到了军队麾下，奠定了后阶段军队在埃及政治中的地位。

二 过渡期的政治博弈（2011年2月11日至2012年6月29日）

2011年2月11日，穆巴拉克宣布辞职，埃及进入过渡期，开启民主转型。过渡期由武装部队最高委员会（Supreme Council of the Armed Forces，以下简称“最高委员会”）把持政权，过渡期至2012年6月30日穆尔西就任埃及总统结束。[①] 原本一致对外的政治联盟也在此刻开始分化，各方都希望能掌控埃及，但由于实力相差悬殊，实力相对较弱的几方只能寄希望于新的组合以实现自身利益的最大化。此后，埃及政坛步入了军方势力、以穆兄会为代表的伊斯兰势力与世俗自由派三方互动斗

① 埃及武装部队最高委员会由数名代表着埃及武装部队各个分支的领导人以及参谋长和国防部长组成。武装部队最高委员会平时并无常规议事日程安排，只有在紧急情况下才会集中磋商。

争的新阶段。

（一）军队与革命派的斗争

穆巴拉克辞职后并没有将埃及政权委托给内阁或者议会，而是交给了由埃及高级军官组成的最高委员会。虽然目前无法了解穆巴拉克作出此决定的原因，但这一决定极大提高了军队的地位，使军队能够左右埃及的政治走向，但这也成为埃及民主转型成功的一道障碍。

最高委员会接管政权后，引发了革命派的强烈不满，反对者的游行示威活动仍在继续。军队动用武力驱散抗议者。除此之外，军队还动用其掌握的临时立法权扩大自身权力。2011 年 3 月，最高委员会宣布了一项宪法声明，单方面修改了 1971 年宪法中的 55 条规定，其重点内容是增强军方权力。[①] 该声明在法律上禁止对军队预算进行民事监督，授权军队从其部队中选出一名国防部长而非总统任命，宣布战争决定将完全由最高委员会作出，并申明不考虑总统的意见[②]。军方掌控下的埃及政治与革命中埃及人民追求的民主政治相去甚远，军方的种种做法导致了民众强烈的不满，民众也始质疑军方对于实行民主政治的意愿。双方矛盾不断地累加，游行示威活动层出不穷，规模也越来越大。军方不得不对自身的施政方案作出调整。

在“一·二五”革命中民意的力量已经得到了集中体现，因而在过渡初期，如若完全置民众呼声于不顾，刚刚把持埃及政权的最高委员会可能也将落得同穆巴拉克一样的下场。另外，军方也逐渐意识到，不断扩大自身权力并谋求长期掌握政权的做法将丧失已获得的政治地位，并有可能落入无力维护自身利益的境地，长期以来在民众心中树立起来的良好形象也将化为乌有。军队谋求长期掌权的企图并未改变，但必须有所取舍，可在此时放弃权力也很难确保军队未来的利益，于是军方选择了一个折中的方案，同意先举行议会选举，并试图在选举过程中寻求新的安排。

（二）伊斯兰势力与世俗政党的争夺

革命派除了需要与军队斗争外，其内部也并不太平，革命胜利初期

---

① 见 Khaled Elgindy，“Egypt's Troubled Transition：Elections without Democrac”，*The Washington Quarterly*，Vol. 35，No. 2，March 2012，p. 94。

② “Constitutional Declaration 2011”，http://www.egypt.gov.eg/english/laws/constitution/default.aspx，March 20，2011.

各派势力就因何时进行议会选举等问题产生激烈矛盾。以穆兄会为代表的伊斯兰势力和规模比较大的老牌政党号召提前进行议会选举，新成立的政党和规模比较小的政党为使自己获得较为充足的准备时间则赞成推迟议会选举。新成立的政党显然不敌老牌政党和伊斯兰势力，在议会选举时间确定后，革命派内部的斗争转向了以穆兄会为代表的伊斯兰势力与世俗政党的竞争。最高委员会在接管埃及政权后发表的名为《第三号公报》的声明中表示将不会取代“合法政府”，在此后的一段时间内，曾经被禁止的政党被合法化，总统的任期被限制，加强了对选举的司法监督，并为政党登记确立了一个更加透明的程序。[①] 这些新政策都为革命派参与埃及政治奠定了基础。

此时，许多具有宗教背景的政党获得了合法的地位，自由与正义党就是在此时由穆兄会组建的政党。原本备受禁锢的世俗政党，已能够自由地开展政治活动并广泛表达其政见。宗教政党与世俗政党都开始积极地参加埃及政治活动，2011 年 11 月的议会选举，便是世俗政党与伊斯兰政党开展争夺的第一战。

长期以来，由于世俗政党受到埃及政府的严格控制与压迫，几乎没有民众基础，也缺乏行动力，甚至在“一·二五”革命爆发初期都不认为民众有能力撼动政府，不愿参与到革命中，因而难以获得民众信任与支持。除了原本就有的世俗政党外，2011 年 2 月以后也有数十个新政党登记成立，但这些政党大多规模较小，短时间内完成政党建设都十分困难，更别提要组织群众参与选举。另外，埃及的城市和农村在政治发展上的隔阂依然存在，埃及的农村人口超过总人口的 50%，而世俗政党的活动范围仅局限于城市地区。[②] 以上原因都导致了世俗政党在议会之争中缺乏战斗力。以穆兄会为代表的伊斯兰势力有着明显不同，穆兄会虽然长期受到政府控制，但依然通过慈善等途径向基层施加影响。凭借强大的组织网络和原本就有的民众基础，很快就能动员民众参与议会选举。在与世俗政党的争夺中，伊斯兰势力很快占据了上风。2012 年 1 月议会选举结果公布，穆兄会下属的自由与正义党和萨拉菲派光明党分别成为议会的第一大党和第二大党，二者都是伊斯兰政党，共获得近

① 《埃及军方承诺保障权力交接》，http://military. people. com. cn/GB/1077/57991/13899986. html，最后下载日期：2011 年 2 月 12 日。

② 参见《埃及城市人口（总百分比）》，https://cn. knoema. com/atlas/埃及/城市人口总百分比，最后下载日期：2019 年 2 月 28 日。

70%的席位。[①]

完成对于议会的掌控后，摆在伊斯兰势力前的便是埃及军队了。

（三）军队与伊斯兰势力的互动

新议会诞生后，议会与军方马上开展了关于立法权的斗争。这场斗争虽有多方参与，但其中穆兄会与军方的分歧最大，这场斗争实际上成为穆兄会与军方的斗争。穆兄会总导师巴迪亚表示，军方预算必须置于议会监督之下，军队移交权力后议会将对其掌权期间发生的流血冲突问责。[②] 军方开始担忧将失去对埃及政治走向的掌控，于是开始反扑。2012年6月14日，最高委员会联合最高宪法法院，裁定议会选举违宪，并解散议会。到此，埃及的民主转型又遭遇一大重创，战胜世俗党派的伊斯兰势力也备受打击。

议会解散后，立法权回到了最高委员会的手中。但在第一轮总统选举中，穆兄会成员、自由与正义党主席穆尔西成功进入第二阶段，并极有可能当选埃及总统。为限制伊斯兰势力，最高委员会发出新的宪法声明，规定只有在最高委员会批准后总统才能组建和解散政府、批准或拒绝法律、宣布战争，该声明极大地限制了总统的权力，并赋予最高委员会更大的特权。[③] 虽然军方为了维持权力采取了种种措施，但依然无法改变民众对于民主的向往，也无力改变总统选举的结果，最终，穆兄会出身的穆尔西以51.73%的支持率成功当选，成为埃及历史上第一位民选总统。[④]

从过渡期开始到穆尔西的成功当选总统，整个过程都是各方势力竞争与合作的缩影。穆兄会上台，一方面靠的是长期积累的民众基础，另一方面也是民众对旧政权、对世俗党派的失望。穆兄会执政固然会产生世俗法律被伊斯兰教法取代的危险，但民众对旧政权死灰复燃的恐惧远

---

① Virginie Collombier, "Politics without Parties: Political Change and Democracy Building in Egypt Before and After the Revolution", EUI Working Paper, Italy: European University Institute, 2013, p. 1.

② 《埃及议会选举显露国家未来走向》，http://www.chinanews.com/gj/2012/01-22/3621661.shtml，最后下载日期：2012年1月22日。

③ 参见贺鉴《从立法权更迭看奇迹的政治危机》，《政法论丛》2015年第6期，第95—96页。

④ 参见《多国祝贺穆尔西当选埃及新任总统 美吁尽快组阁》，http://www.chinanews.com/gj/2012/06-25/3982687.shtml，最后下载日期：2012年6月25日。

超伊斯兰化的恐惧，把长时间遭受打压的穆兄会看作不同于旧政权的变革力量，连续地选择穆兄会及其候选人就是希望在政治过渡中能够更好地除旧布新。[①] 除此之外，这也是军方势力向伊斯兰势力妥协的结果。于军队而言，穆兄会本身具有一定的妥协性，这种妥协性在穆巴拉克时期和“一·二五”革命期间均有所表现。有消息显示，在革命爆发不久后，穆兄会内部就出现与穆巴拉克政府私下媾和以换取政治利益的企图，且在穆巴拉克政府向革命派发出对话呼吁时，穆兄会也是最早予以回应的政治力量之一。[②] 军队作为世俗势力的重要力量，肯定不希望埃及政权落入宗教势力之手，但只要让出部分利益就有希望与穆兄会达成一致，这是军队希望看到的。另外，当时的军队面临各方压力：第一，军方对于在未来有效解决埃及的各种棘手问题并没有信心；第二，民众对于军方所主导的政治过渡越来越不满；第三，国际社会也开始向埃及军队交权施加压力。面对以上情况，同时又需维护自身利益，军队只能在此问题上有所让步，以为后续安排留下更多空间。

过渡期的权力争夺，由于世俗政党因力量过弱早早出局，成为以穆兄会为代表的伊斯兰势力与军方势力之间的较量。在这期间，双方都不具备战胜另一方的绝对优势，只得在斗争中寻求合作。在双方的相互妥协下，穆尔西才顺利当选埃及总统。

三 穆尔西时期（2012 年 6 月 30 日至 2013 年 7 月 3 日）的权力斗争

2012 年 6 月 30 至 2013 年 7 月 3 日，穆尔西担任总统，埃及进入穆尔西时期。由于穆尔西的上台与军队的暂时妥协密不可分，其执政过程必然充满挑战和波折。自穆尔西上任之初起，他就面临军方的压力以及其他势力的阻挠，反对之声也从未平息。民选的穆尔西政府仅执政一年，便因为 2013 年 6 月大规模的抗议示威活动和军队的介入走向失败。面对穆尔西的下台，各国学者、媒体都对其背后的原因进行了分析。有学者

---

① 王猛：《后威权时代的埃及民主政治构建：回顾、反思与展望》，《西亚非洲》2013 年第 3 期，第 52 页。

② M. Bad'i, “The Muslim Brotherhood: We Will Not Negotiate the Existing Regime”, *Al-Masry Al-Youm*, February 3, 2011, p. 4.

认为穆尔西过分追求权力，想要独揽大权，给民众一种重回威权时代的感觉；有学者认为是穆尔西在任期内并没有使民生和经济发生改善导致的；也有学者认为穆兄会的穆斯林意识形态使民众担心埃及成为一个宗教国家。诚然，以上都是穆尔西执政失误之处，但穆尔西接手的埃及本就是一个“烂摊子”，短时间内想取得改善非常困难，归根到底，穆尔西还是败给了权力博弈。穆尔西时期的埃及政坛，依然是伊斯兰势力、军队、世俗自由派之间的力量博弈。以穆兄会为代表的伊斯兰势力，在逐渐世俗化的埃及必然面临着来自世俗力量的挑战。军队同样作为世俗力量的重要代表，使得这一时期的三方博弈带有明显的教俗之争的色彩。

（一）世俗自由派与伊斯兰势力的斗争

从穆尔西上任之初起，作为反对派的世俗政党就与穆尔西政府在权力归属、“伊斯兰化”等问题上产生了严重分歧。2012 年 11 月 22 日，穆尔西宣布了一项宪法声明，在该声明中，穆尔西将立法权和行政权置于总统的控制，并任命了一位新总检察长，违反了他不干预司法事务的承诺。第二天，多位世俗政客以及大多数世俗政党的领导人在位于开罗的新华夫脱党总部举行会议，强调他们反对穆尔西的声明，并在这次会议期间成立了救国阵线（National Salvation Front），作为一个世俗的反对派联盟，并发动民众在开罗和亚历山大发起大型集会，要求废除该声明。最终穆尔西不得不放弃该声明。该事件不久后双方又因新宪法（即《2012 阿拉伯埃及共和国宪法》，以下简称“2012 宪法”）的“伊斯兰化”产生了激烈矛盾，世俗政党多次号召民众反对 2012 宪法，但这份宪法还是在穆尔西的推动下以 63.8% 的支持率获得通过。① 这一次的失败使得世俗政党对通过民主的方式反对现任总统感到失望，于是越来越倾向于谋求与军队联合推翻现政府。

穆尔西时期穆兄会一直未能与世俗自由派达成合作也与穆兄会内部的分化有着深刻联系，这种分化在“一·二五”革命之前就已出现，“一·二五”革命中这一分化进一步加深。1996 年自由派的脱离，导致穆兄会保守、僵化的趋势更加明显。在“一·二五”革命中这种保守和僵化，

---

① 参见丁峰、夏新华《后穆巴拉克时代埃及的宪法变迁》，《西亚非洲》2015 年第 5 期，第 132—133 页。

使穆兄会在"一·二五"革命初期就寻求向旧政权妥协，这一举动又导致了一批开明人士离开穆兄会，例如穆兄会资深成员哈萨姆·阿布哈利勒（Haitham Abou Khalil）就因此事离开穆兄会，这批开明人士中的大部分正是当时与世俗自由派合作的重要桥梁。政教不分，又是穆兄会的另一致命弱点。革命后成立的自由与正义党已完全被保守势力操控，穆兄会始终坚持政教合一原则，谋求建立一个实施伊斯兰教法的"哈里发"国家，拒绝接受建立在政教分离基础上的"土耳其模式"，多次表示不会效仿"伊朗模式"，即在强调"真主主权"的同时也肯定人民间接主权的"双重负责"机制。[①] 这是一种为适应现代政治需要而提出的理念，伊斯兰民主并不等同于西方民主，穆兄会所秉持的"真主主权"依然高于"人民主权"，浓厚的伊斯兰主义色彩未曾改变。埃及的穆斯林大多属于逊尼派中的哈乃斐和沙斐仪派（Hanafi-Al-Shafi'i），这一教派对于伊斯兰教义的解释更偏现代化，因此大多数埃及人对于西方民主理念的认同度比较高。[②] 自由与正义党执政后出现的保守化倾向以及其坚持的"真主主权"，使得埃及民众与世俗党派对其的不满程度也逐渐加深。

大多数世俗政党都谋求与军队合作推翻穆尔西政府的原因也与世俗党派本身的缺陷有关。除了缺乏民众基础和组织力外，世俗党派数量过多，党派间的合作结盟过于随意且不稳定等也是其无力与政治伊斯兰势力抗争的原因。这一弱点在议会选举与总统选举中均有暴露，例如，社会民主党（Social Democratic Party）在总统选举中加入了名为"埃及集团（the Egyptian Bloc）"的联盟后就弃其成员的意见于不顾转而支持其他候选人，导致之前的努力被荒废，更是导致内部分化。[③] 而且，世俗党派中也有不少的保守势力。[④] 这部分保守派在穆巴拉克时期就是通过与政府合作来获得议会席位等政治资源，而在穆尔西时期由于穆兄会与军队的矛

① 廖百智：《埃及"穆兄会"垮台原因及前景分析》，《现代国际关系》2013年第8期，第32页。

② 根据对伊斯兰教圣训的不同理解，逊尼派穆斯林中产生了四大学派，分别为哈乃斐派、沙斐仪派、马立克派和罕百里派。埃及受哈乃斐派和沙斐仪派影响较深，因而对于圣训的理解兼有这两派的特征。参见〔美〕阿菲芙·鲁特菲·赛义德·马索特《埃及史》，邹冬心译，东方出版中心，2018，第5—30页。

③ Virginie Collombier, "Politics without Parties: Political Change and Democracy Building in Egypt before and after the Revolution", EUI Working Paper, Italy: European University Institute, 2013, pp. 12 - 13.

④ 参见牛新春《血腥清场：埃及折向何方?》，《世界知识》2013年第17期，第38页。

盾导致议会迟迟无法运作，没有议会，这部分保守派就很难获得政治利益，这反而使他们更愿意回到威权政府的统治以获得“存在感”。世俗党派过于固执也是原因之一，世俗党派对于穆尔西、穆兄会、自由与正义党发出的对话、协商请求均以拒绝回应，拒绝与穆尔西政府合作，导致穆尔西化解矛盾的意图落空。[①] 世俗政党在处理与穆兄会等宗教势力的关系时占主导地位，选择合作还是斗争取决于政治环境对待世俗政党的态度。[②] 当政治环境比较残酷时，世俗政党往往寻求与宗教势力合作以抱团取暖；当政治环境呈现出宽松态势，世俗政党便会选择排斥宗教势力，以获取更多政治资源。在当时的宽松环境下，世俗党派为获取政治资源，不惜加大了对军方干预的号召，赋予军事政变以合法性，最终使民主转型成果消耗殆尽。

（二）伊斯兰势力与军队的斗争

由于埃及的政治制度，总统是埃及国家权力的象征，享有行政权、立法权、司法权、军权等诸多权力。代表着伊斯兰势力的穆尔西就任埃及总统，国家权力开始向伊斯兰势力转移。以广大世俗政党为代表的反对派势单力薄，无法对执政党开展有效的制衡，军队成为可以制衡穆尔西政府的唯一力量。为限制穆尔西，最高委员会只交出了行政权，武装部队、国家情报总局、内政部、法院和检察院这几个埃及最重要的权力机构仍处于军方控制或影响之下。[③] 作为新生政权，穆尔西政府依然需要军队的支持，因而即使在总统权力大受限制的情况下，仍对军方保持着友好的态度。看似埃及走上了民主政治的轨道，但是权力的不平衡使得权力分立并不能发挥其应有的制衡作用，反而使得各方陷于权力斗争之中。

表面的和平难以掩盖内部的暗涌，为了夺回权力，穆尔西、自由与正义党与军方展开了多次博弈。2012 年 7 月 8 日，穆尔西颁布总统令要求恢复之前被军方解散的议会，以夺回立法权。这一举动立刻引起了军

---

① Michele Dunne and Amr Hamzawy, “Egypt’s Secular Political Parties: A Struggle for Identity and Independence”, US: Carnegie Endowment for International Peace, March, 2017.

② 参见易小明《政治伊斯兰和世俗政党关系研究——以埃及穆斯林兄弟会为例》，《阿拉伯世界研究》2016 年第 3 期，第 33—35 页。

③ 王健：《军队在埃及政治和经济秩序重建中的作用》，《阿拉伯世界研究》2016 年第 6 期，第 91 页。

方和法院的不满，法院随即驳回总统令，穆尔西被迫接受。[①] 穆尔西进一步插手情报机构和军队事务，2012 年 8 月，埃及边境哨所遭袭击，穆尔西立刻采取行动，更换了情报局负责人，解雇了北西奈省的省长，要求最高委员会主席、国防部长坦塔维（Marshall Mohamed Hussein Tantawi）接任宪兵指挥官，并任命了一名新的共和国卫队指挥官和两名警察局长。[②] 几天之后，穆尔西又对军队高层做了人事调整，任命塞西为新任国防部长，并取消了之前军方为限制总统权力而颁布的宪法声明。[③] 新上任的塞西依然是军队出身，并未对军队产生根本影响，且军队的根本利益还需依赖穆尔西的政策，军队也需要表现对总统的支持以显示尊重民意。因而，遭遇大换血的军队对穆尔西的决定表示同意。这一阶段，双方虽然有分歧，但仍以合作为主。随着穆尔西政权的逐渐巩固，其政策必将触及军队的根本利益，双方的合作也必然分奔离析。

穆尔西试图与军队在经济领域寻求共同立场，推出了苏伊士运河扩建项目，最后却没有选择军队作为主要合作伙伴。这一决定使得军队企业在这一基础设施建设项目中被边缘化，军方极度不满，时任国防部长塞西表示没有军方的批准苏伊士运河扩建项目不会取得进展。[④] 经济利益几乎成为埃及军队的最大利益，经过与穆尔西的几轮交锋，军队逐渐意识到只能依靠自身才能维护其经济利益。此事件后，军队与穆尔西政府的合作越来越少，矛盾却是越来越深。

军方最初同意穆尔西担任埃及总统本就是为了寻求新的安排以维护自身利益，但是如今却因穆尔西的政策导致其根本利益受损，这是军方不能接受的。穆尔西施政方面的失误使得世俗政党借助民众的反对声再次发起了对以穆尔西为代表的伊斯兰势力的进攻。宗教与世俗、宗教与军队之间不可调和的矛盾，使得军队和世俗力量走到一起，发动政变推

---

① "Egypt Crisis: Mursi Seeks Talks on Parliament Row", https://www.bbc.co.uk/news/world-middle-east-18800533, July 13, 2018.

② "Egypt's Morsy Walks a Political Minefield in Sinai Crisis", http://world.time.com/2012/08/09/egypts-morsy-walks-a-political-minefield-in-sinai-crisis/? xid = rss-topstories&utm_source = feedburner&utm_medium = feed&utm_campaign = Feed% 3A + time% 2Ftopstories + % 28TIME% 3A + Top + Stories% 29, August 9, 2012.

③ "Crowds in Cairo Praise Morsi's Army Overhaul", https://www.aljazeera.com/news/middleeast/2012/08/201281215511142445.html, August 13, 2012.

④ 参见《苏伊士运河新工程前途未卜》，http://world.people.com.cn/n/2014/0812/c157278-25453236.html，最后下载日期：2014 年 8 月 12 日。

翻了穆尔西政权，也就推翻了伊斯兰势力在埃及的统治，军队开始走向埃及权力的中心。

军队之所以能在权力博弈中获得最后的胜利，与其表现出的团结存在必然联系。庞大的埃及军队一直在高级军官和最高委员会的掌控之下，而埃及高级军官与最高委员会的团结程度远高于埃及的其他政治力量，因此军队也很少出现内部分化。[①] 如此庞大的机构内完全不存在分歧几乎是不可能的，但在最高委员会的管理之下，军队内部的意见分歧很少被公之于众，这保证了军队的内部矛盾不会被外界势力利用。在权力博弈中，穆兄会与世俗党派的力量都曾因内部矛盾而出现分化或者重新组合的情况，唯有军队在整个过程中都在用“同一声音说话”。正是这一杰出的团结表现，使得军队能够审时度势，灵活地与其他势力达成合作而无内部分化之忧。

四　军队主导期的埃及政治现状与权力关系结构（2013年7月3日至今）

2013年7月3日穆尔西下台，最高委员会再次掌控埃及政权，进入第二个过渡期，之后由军人出身的塞西担任埃及总统并实现连任。在这一阶段，军方全面把持埃及各项权力，时至今日，埃及仍处于军队主导之下。

（一）埃及政治现状

“一·二五”革命以来各种力量较量及其结果表明，军方实际上决定着现阶段埃及变局和政治转型的走向，并且在一定程度上充当着埃及政治生活的“总节制阀”。[②] 世俗政党和民众对于政变的支持给了军队合法理由，使军队在政变后避免遭受西方民主国家的制裁，从而有机会专心处理国内事务。由于前一阶段的行动，军队在权力斗争掌握了主动权，穆兄会与世俗政党已纷纷衰败。原本相互制衡的三股力量，如今只剩下

① Hillel Frisch, “The Egyptian Army and Egypt's ‘Spring’”, *Journal of Strategic Studies*, Vol. 36, No. 2, 2013, p. 181.

② 朱泉钢、王林聪：《论军队在埃及变局及其政治转型中的作用》，《西亚非洲》2014年第3期，第93页。

军队，于是军队通过宪法公投、总统选举、议会选举，全面掌控了埃及的各项权力。

民主转型完成的标志是，只有通过选举的政治程序才能产生政府成为广泛共识，政府权力的获得则是自由和普遍选举的直接结果，并且这一政府事实上拥有制定新的政策的权力，而行政权、立法权和司法权来源于新的民主程序，不必与其他法律主体分享权力。① 民选的穆尔西政权已被军事政变推翻，塞西虽然也是通过选举上台并实现连任，但这两次选举并不具备自由性和普遍性，军方的高压政策迫使有能力的候选人纷纷退出竞选或无法参加竞选，只有塞西具备当选总统的实力。塞西时期各项权力也不是通过自由和普遍的选举获得的，例如在军方对反对派的严厉打压下，反对派几乎无法参加议会选举，因而塞西时期议员成员基本都为军方的支持者，议会立法权的获得也是在军队的操控之下。军队独霸而其他势力凋零的状况也直接导致了行政权、立法权、司法权无法有效分立并制衡。以民主转型的标准对照当前埃及的政治状况，埃及显然已经陷入民主转型困境。

当前的这一民主转型困境虽然与过渡期、穆尔西时期各方的权力博弈密不可分，但也与埃及政治长期以来的低制度化具有关联性。如今，军队主导的埃及趋于稳定，经济有所回升，街头政治逐渐减少，塞西就任总统后也实现了连任，但政治的低制度化特征也并未随着政权的更替而消亡。②

第一，法律的权威性依然缺失。2012 宪法在穆尔西被罢黜的当天便被最高委员会宣布停用，并再次组织修订，修订后的宪法于 2014 年初被付诸公投并通过。同样的情况在穆尔西时期与过渡期均有发生，穆巴拉下台后，最高委员会很快颁布了《2011 年临时宪法》以替代穆巴拉克时期的宪法；穆尔西上台后也很快签署了 2012 宪法。宪法作为一个国家的根本大法，本应成为国家组织和运作根本条例，但在埃及却在不断上演着停宪、修宪的循环。此外，埃及各方势力依然热衷于争夺立法权以扩大自身权力，导致埃及立法过程呈现出被个别人操控的现象。还有，无论是最高委员会还是穆尔西，抑或是现在的塞西都曾通过颁布宪法声明

① 〔美〕胡安·J. 林茨、阿尔弗莱德·斯泰潘：《民主转型与巩固的问题：南欧、南美和后共产主义欧洲》，孙龙等译，浙江人民出版社，2008，第 3 页。

② 高奇琦：《埃及动荡于低政治制度化》，《法制日报》2013 年 7 月 9 日，第 10 版。

来修改宪法的内容，这也使得埃及法律呈现出“随意性”。以上情况，均是埃及法律缺乏权威性的表现，法律权威性的缺失不利于政治的根本稳定。

第二，表达渠道依然缺乏，政治参与依旧混乱。穆尔西下台后，军方将穆兄会列为恐怖组织，并动用武力镇压各类反对者。军方的这些动作不仅打击了穆兄会，更是起到了“杀鸡儆猴”的效果，其他的伊斯兰势力以及反对军方势力的世俗政党也不敢再有大规模的抗议活动，各大媒体也不敢再有异议，甚至学者、学生都不敢再发表相关言论。作为权力博弈中的失败者，穆兄会和世俗政党只能转入地下活动。穆巴拉克时期，埃及的世俗政党和伊斯兰势力就因为长期被压制而无法获得表达渠道，当前军队掌控下的政党制度较穆巴拉克时期而言不仅没有放宽，反而更加严酷，导致政党无法合理参与政治。政党的作用无法发挥，进一步导致了民众诉求无法传达，长期的压制极有可能引发逆反心理，最终有可能导致民众再次选择以暴力方式参与政治。

第三，权力依然缺乏制衡。埃及 2014 宪法规定了禁止以“宗教、种族、性别或地缘性”为基础所成立的政党。[①] 这显然是为穆兄会量身定制的，以防止其再度回归埃及政坛，而且到目前为止依然没有松绑迹象。而曾经作为民主卫士的世俗党派面对军队对国家的控制依然束手无策，多数只能采取支持军方的立场。过去的统治者采取的也是打压反对势力的态度，致使反对派无法发挥制衡的作用。缺乏必要的制衡，军队一家独大的埃及又回归了过去的威权政体，埃及政治难以转向民主有序的路径。

埃及政治现状的特征并不局限于以上几点，想要突破也必须在符合埃及的国情下进一步推进改革。

（二）军队主导的权力关系结构与民主困局的反思

在过去，军队从未在埃及占据过如此核心的位置，在穆巴拉克时期乃至更早的萨达特时期，控制埃及政治的都是当时的埃及政府。尽管这些政府的成员多数有着军队背景，但并不直接代表军队利益。军队除了维护自身利益外，更多承担的是守护政府、维护秩序的职责。当然，军队在埃及的特殊地位，使得军队有能力动用已掌握的资源对埃及的政治

① 王琼：《政治变革中新旧埃及宪法的比较分析》，《亚非纵横》2014 年第 2 期，第 20 页。

施加影响。以穆兄会为代表的伊斯兰势力有着悠久的历史，也一直试图对埃及政治施加影响，但历届埃及政府都担心穆兄会力量过于庞大会影响自身在埃及的统治，于是对其施以严格的控制。世俗政党从诞生之初起，就是埃及政府为维持政治多元化的工具，随着这些政党的发展，虽然它们都希望能在埃及政治中发挥更大作用，但埃及政府并没有给予它们足够的政治空间。在“一·二五”革命前，除了军队能对埃及政治产生较大影响外，其他势力基本处于边缘化的位置。

“一·二五”革命爆发后，为实现民主转型，宗教势力和世俗自由派密切合作联系群众，最后拉拢军队，成功推翻穆巴拉克政权。凭借宽松的民主氛围，伊斯兰势力、世俗政党实现从边缘化到权力斗争中心的升级，与军队共同成为埃及政坛“三巨头”，左右着埃及政治的未来走向。从之后三方博弈的过程来看，世俗政党一直将伊斯兰势力视为最大竞争对手，可无奈世俗政党力量过于单薄，无力与之竞争，只能寄希望于军队。而伊斯兰势力需要同时应对来自军队和世俗力量的压力，虽然其凭借长期积累的群众基础走向权力中心，但是要维护其地位，需要向各方妥协或与各方合作。军队的目的是要维护自身的既得利益，当发现与其让其他力量维护自身利益不如自己掌握权力更有保障时，于是迅速出手夺取权力。

纵观当前实行民主政治的其他国家，其呈现出的显著特点便是国内并不存在具备压倒性实力的一方，各方势力都是相互对立又相互需要。[①]埃及国内的力量分配并不符合这一特征，这也是埃及实现民主转型所要应对的挑战。从各方力量对比的视角来看，主要有以下挑战：第一，埃及政党的力量过于薄弱。政党所具备的民主性质及其功能，决定了其在政治现代化与民主化中处于重要地位。而埃及政党，尤其是世俗政党，长期受到政府压迫和控制，极度缺乏组织力、号召力和凝聚力，关键时刻无法联系群众发动群众。同时，世俗政党还缺乏斗争理论的指导，世俗政党在“一·二五”革命中的表现就可看出，即使处于领导地位，依然无法领导各方参与斗争。第二，长期将宗教势力排除在政治之外。作为埃及国内的重要力量，长期限制伊斯兰势力参与政治并不能从根本上解决问题，穆尔西施政的失误在一定程度上也可认为是长期远离政治而

① 王猛：《后威权时代的埃及民主政治构建：回顾、反思与展望》，《西亚非洲》2013 年第 3 期，第 61 页。

缺乏执政经验的结果。长期处于边缘位置也更容易使得宗教势力朝极端主义方向发展。当然，宗教势力自身也需要有所改变，不可一味追求宗教化，而应该在教俗之间寻求平衡。[①] 第三，军队将维护自身经济利益视为首要任务。军队作为国家机器的重要组成部分，其存在的价值首先是防止国家体制外的任何力量对现存秩序的威胁和破坏，因而军队的存在本身并不阻碍民主转型。但是倘若民主转型或者日后可能出现的民主政府损害到了军队的利益，军队必然会站到民主的对立面。

对于埃及未来如何实现民主化，何时实现民主化，现在都难以预测。但要实现民主化，需要进一步壮大以世俗政党为代表的埃及政党的实力，需要将宗教势力纳入政治体系并使其在教俗中找到平衡，需要实现军队的职业化并剥离其经济利益。除了以上几点，实现埃及的民主转型还离不开包括埃及人民在内的埃及各方势力对于民主的坚定追求，以及各方势力的精诚合作与相互妥协。

（责任编辑：胡　洋）

① 陈明明：《所有的子弹都有归宿——发展中国家军人政治研究》，天津人民出版社，2003，第4页。

经济与发展

非洲研究　2019 年第 2 卷（总第 15 卷）
第 67－77 页

尼日利亚基础设施建设与经济增长相关性的实证研究*

林　云

内容提要： 尼日利亚是非洲目前第一大经济体，其经济增长模式日益受到关注。本文基于 1990—2014 年的数据，利用 VAR、协整检验和 Granger 因果关系检验等方法，对尼日利亚基础设施和经济增长的相关性进行实证分析。结果表明，电力和交通基础设施对尼日利亚经济增长有显著正向的影响，且存在双向的因果关系。为实现长期的经济发展，尼日利亚应继续加强三网一化建设，拓宽投融资渠道，加强中非基础设施产能合作。

关键词： 尼日利亚；经济增长；基础设施；三网一化；中非合作

作者简介： 林云，教授，浙江师范大学经济与管理学院，浙江省金华市迎宾大道 688 号浙江师范大学经济与管理学院（浙江金华，321004）。

尼日利亚位于非洲西部，是世界上最著名的资源型国家之一。2017 年尼日利亚石油出口、天然气储量位列非洲第一，待开发的矿产资源有 34 种。[①] 其中，石油行业是国家支柱产业，据尼日利亚国家统计局数据显

---

* 本文为国家社科基金项目（项目编号：19BGJ06T）和浙江省科技厅 2019 年度软科学研究计划项目（项目编号：2019C35046）的阶段性成果。

① 王晓红：《中非产能合作重点、难点及政策建议》，《中国国情国力》2019 年第 4 期，第 68—70 页。

示，政府财政收入的 85%、出口的 85%、外汇储备的 90% 以及国内生产总值近 1/3 来源于石油行业。作为占西部非洲 15 国经济总量 2/3 的“大块头”，尼日利亚 2013 年 GDP 超越南非成为非洲第一大经济体，世界排名 26 位。2014 年达到 5684.99 亿美元，为历年最高，其后 2015、2016、2017 年均有所下降，2017 年为 3757.5 亿美元，2018 年略微上升，达到 3972.7 亿美元，但仍旧未达到 2011 年的水平（4103.4 亿美元）。尼日利亚的经济增长模式备受关注，尤其是，由于石油及大宗商品价格波动剧烈，严重依赖石油等自然资源出口的尼日利亚似乎正在应验“资源诅咒”，李峰、吴海霞指出，尼日利亚的经济发展呈现“荷兰病”的种种特征，包括出口和财政过度依赖石油、去工业化和去农业化、储蓄不足、投资效率低下、基础设施短缺、贫困化增长等多重社会问题。[①] 破解“荷兰病”的对策在于推动经济多元化，发展农业、劳动密集型制造业、炼油等产业，加大基础设施和人力资源投资，提升制度质量和执行效率。

从国际经验来看，交通、基础设施及工业化对经济增长的促进作用无疑得到了多次证实。亚洲“四小龙”、中国、印度等都先后进行工业化转型，成功实现了经济非常规高速增长。本文研究结果也证实，这一战略对于推动尼日利亚经济发展是正确的。今后可以继续加强中非基础设施的合作，借鉴中国工业化、基础设施建设等方面的经验，拓宽投融资渠道，以期带来长期的经济增长。

一 相关文献简要回顾

阿绍尔较早关注基础设施与产出之间关系，通过对美国的实证研究，结论表明基础设施对产出有显著正向的影响，其产出弹性为 0.39。此后，有关基础设施与经济增长之间相关性的研究渐入高潮。[②]

在理论层面，基础设施促进经济增长的机理得到了较为广泛的阐释，比较常见的是以下三种观点：一种是成本结构效应角度。纳迪里和马姆

① 李峰、吴海霞：《尼日利亚经济增长机制和问题研究——基于荷兰病理论的分析》，《世界地理研究》2015 年第 3 期，第 42 - 50 页。

② D. A. Aschauer, “Is Public Expenditure Productive?”, *Journal of Monetary Economics*, 1989, 23, pp. 177 - 200.

尼斯[①]认为，公共基础设施投资和研发资本都对制造业产业的成本结构和生产效率产生显著的正向影响，不仅每个产业的成本曲线下移，而且要素需求也受到影响。第二种观点是从产业集聚的角度出发，认为完善的基础设施不仅降低了运输成本，也更便利地连接着前后关联产业，使得产业链的总体成本降低，要素流动的便利使得产业集聚的效率得以提升。卡斯特里斯-坎塔纳也指出，基础服务越差，越能阻碍集聚带来的收益，如专业化、劳动力池和知识扩散，继而影响信息流动、社会流动和知识溢出。[②] 柯等的研究表明，产业基础越好、吸纳劳动力越强、基础设施越完善的城市，高铁对地方经济的拉动力越强，也证明了集聚因素在基础设施推动地方经济增长中的中介作用。[③] 第三种观点是从基础设施投资的溢出效应角度出发，佩雷拉和安德瑞兹以及科恩和莫里森等都证明了公共基础设施的挤入效应和空间溢出效应，尽管不同的基础设施以及在不同的国家带来的溢出效应是不同的。[④]

在实证研究方面，从 20 世纪 80 年代末开始，有关基础设施与经济增长之间关系研究的文献日渐广泛，得到的结论也十分丰富。埃格贝里对 40 个国家 1992—2010 年的实证分析结果显示，交通基础设施支出和经济增长之间存在正向关系，但不同国家之间的作用差异较大。[⑤] 弗纳尔德发表于 AER 的论文对 1953—1989 年的美国产业进行分析，发现各产业对基础设施变化的反应不一致，修路的经济增长效应在交通依赖型产业和非交通依赖型产业之间的作用是相反的，交通依赖型产业的经济增长率对

---

① M. I. Nadiri, and T. P. Mamuneas, "The Effects of Public Infrastructure and R&D Capital on the Cost Structure and Performance of U. S. Manufacturing Industries", *Review of Economics and Statistics*, 1994, 76 (1), pp. 22 - 37.

② D. Castells-Quintana, "Malthus Living in a Slum: Urban Concentration, Infrastructure and Economic Growth", *Journal of Urban Economics* , 2017, 98, pp. 158 - 173.

③ X. Ke , and H. Q. Chen , et al. , "Do China's High-speed-rail Projects Promote Local Economy? —New Evidence from a Panel Data Approach", *China Economic Review*, 2017, 44, pp. 203 - 226.

④ A. Pereira, and J. Andraz, "On the Impact of Public Investment on the Performance of U. S. Industries", *Public Finance Review*, 2001, 31 (1), pp. 66 - 90; J. Cohen, and C. Morrison, "Airport Infrastructure Spillovers in a Network System", *Journal of Urban Economics*, 2003, 54, pp. 459 - 473.

⑤ B. R. D. K. Agbelie, "An Empirical Analysis of Three Econometric Frameworks for Evaluating Economic Impacts of Transportation Infrastructure Expenditures across Countries", *Transport Policy*, 2014, 35, pp. 304 - 310.

基础设施变化更敏感更积极，非交通依赖型产业的反应却是负向的。[①] 梅洛、格拉哈姆和布拉吉－阿尔达指出，已有文献中美国的基础设施产出弹性高于欧洲国家，公路的产出弹性高于其他基础设施，而方法和数据选择的不同可能是导致基础设施产出弹性差异性的原因。[②] 普拉丹等以及张学良的研究都表明，基础设施的差异可以解释区域增长的差异。[③] 娄洪指出，不仅纯公共性质的基础设施可以提高长期经济增长率，不同拥挤程度的公共基础设施也能够不同程度地提高长期经济增长率。[④] 张学良研究结果表明，中国交通基础设施对区域经济增长的产出弹性值合计0.05—0.07。[⑤]

在已有文献中，基础设施与经济增长之间的正向关系得到大量的验证，然而，也有少数研究指出两者之间呈负向关系，如莫奈尔[⑥]、加利[⑦]等。但总体而言，多数研究认为基础设施发展对经济增长起正面影响[⑧]。尽管在发展中国家，交通基础设施的带动作用并没有想象中明显。

但是相对而言，现有研究对经济增长是否促进基础设施投资并未给出统一结论。阿绍尔观察1967—1985年G7国家公共投资支出占GDP的比重发现，基础设施投资占GDP的比重并不恒定，G7国家公共投资

---

① J. Fernald, "Roads to Prosperity? Assessing the Link between Public Capital and Productivity", *American Economic Review*, 1999, 89 (3), pp. 618－638.

② P. C. Melo, D. J. Graham, and R. Brage-Ardao, "The Productivity of Transport Infrastructure Investment: A Meta-analysis of Empirical Evidence", *Regional Science and Urban Economics*, 2013, 43, pp. 95－706.

③ R. P. Pradhan, M. B. Arvin, and N. R. Norman, "The Dynamics of Information and Communications Technologies Infrastructure, Economic Growth, and Financial Development: Evidence from Asian countries", *Technology in Society*, 2015, 42, pp. 135－149；张学良：《中国交通基础设施促进了区域经济增长吗？——兼论交通基础设施的空间溢出效应》，《中国社会科学》2012年第3期，第60—77页。

④ 娄洪：《长期经济增长中的公共投资政策——包含一般拥挤性公共基础设施资本存量的动态经济增长模型》，《经济研究》2004年第3期，第10—19页。

⑤ 张学良：《中国交通基础设施促进了区域经济增长吗？——兼论交通基础设施的空间溢出效应》，《中国社会科学》2012年第3期，第60—77页

⑥ A. H. Munnell, "Infrastructure Investment and Economic Growth", *Journal of Economic Perspectives*, 1992, 6 (4), pp. 189－198.

⑦ K. H. Ghali, " Public Investment and Private Capital Formation in a Vector Error-Correction Model of Growth", *Applied Economics*, 1998, 30 (6), pp. 837－844.

⑧ 黄寿峰、王艺明：《我国交通基础设施发展与经济增长的关系研究》，《经济学家》2012年第6期，第28－34页。

支出占 GDP 的比重总体都呈现下降趋势。[①] 一些学者尝试验证基础设施投资与经济增长之间的双向因果关系，所得结论也各不相同，如普拉丹等[②]以及黄寿峰、王艺明[③]的研究都发现经济增长和交通基础设施的双向因果关系。而菲德克[④]并未发现经济增长对基础设施的因果关系。

总体而言，现有大部分研究对基础设施促进经济增长这一单向关系进行研究，且多数是以基础设施良好的发达国家为研究对象，较少关注经济增长对基础设施建设的促进作用，针对基础设施薄弱的发展中国家，尤其是非洲国家进行研究更是鲜少。但是在不多的研究成果中，如菲德克[⑤]对南非、摩勒和威克[⑥]对埃塞俄比亚的研究都表明，基础设施是非洲国家近期快速经济增长的主要原因，但并未对双向因果关系进行检验。

二 尼日利亚基础设施建设概况

20 世纪 80—90 年代，尼日利亚轨道交通运输体系几乎崩溃，驱动工业发展的希望落在了公路与航空上。尽管尼日利亚拥有 19 万公里的公路网，但这其中仅有 2.8 万公里是铺设了路面的公路。[⑦] 很长时间内，尼日利亚国内的交通运输方式主要靠公路，其次是水路和铁路，交通运输较为紧张。公路总长 194394 公里，已基本形成一个连接首都阿布贾和各

① D. A. Aschauer, "Is Public Expenditure Productive?", *Journal of Monetary Economics*, 1989, 23, pp. 177 - 200.

② R. P. Pradhan, M. B. Arvin, and N. R. Norman, "The Dynamics of Information and Communications Technologies Infrastructure, Economic Growth, and Financial Development: Evidence from Asian countries", *Technology in Society*, 2015, 42, pp. 135 - 149.

③ 黄寿峰、王艺明：《我国交通基础设施发展与经济增长的关系研究》，《经济学家》2012 年第 6 期，第 28—34 页。

④ J. W. Fedderke, "Infrastructural Investment in Long-run Economic Growth: South Africa 1875 - 2001", *World Development* , 2006, 34 (6), pp. 1037 - 1059.

⑤ J. W. Fedderke, "Infrastructural Investment in Long-run Economic Growth: South Africa 1875 - 2001", *World Development* , 2006, 34 (6), pp. 1037 - 1059.

⑥ L. C. Moller, and K. M. Wacker, "Explaining Ethiopia's Growth Acceleration—The Role of Infrastructure and Macroeconomic Policy", *World Development* , 2017, 96, pp. 198 - 215

⑦ 罗蒂米·阿马埃奇：《尼日利亚的交通运输与经济发展》，《中国公路》2017 年第 13 期，第 33—34 页。

州首府的交通网，利用率逾 90%。公路运输分别占国内货运量的 93% 和客运量的 96%。铁路总长 3557 公里，全国统一为 1.067 米轨距的单轨线。因年久失修，运行能力低。2006 年 8 月，尼政府宣布用 25 年完成铁路现代化改造，计划到 2043 年新建铁路 6000 公里。内河航线总长 3000 公里，全国有 8 个主要海港，占西非海运贸易的 68%。[①] 在空运方面，尼日利亚国有航空公司曾开设多条国内和国际航线，但由于经营不善，亏损严重，2005 年尼政府将其私有化。为了解决航空运输方面的问题，联邦政府制定了五大基本行动计划，包括机场特许权、重建国有航空公司、农联机场、建立维修养护检修组织、建立航空航天大学等。目前全国有隶属联邦民航局的 22 个主要机场，与 65 家国际航空公司签有航空协议。

尼日利亚政府已经充分认识到基础设施建设对于区域经济增长的重要作用，2014 年，尼日利亚出台了"2014—2043 年基础设施总体规划"，计划到 2043 年基础设施领域投资累计达 2.9 万亿美元，其中 48% 依靠私人投资。"三网一化"是指高速铁路、高速公路和区域航空三大网络及基础设施工业化，是尼日利亚乃至非洲改善基础设施与投资环境的重要基础，也是中非合作的重要内容。近年来，尼日利亚的交通运输能力提升速度相当快，据尼国家统计局数据，2018 年上半年，尼铁路运输业营业额为 11.6 亿奈拉，运送旅客 144.86 万人，运输货物 16.56 万吨。2018 年 3 月，拉各斯莱基深水港项目启动，该港口建成后将成为西非枢纽港口，水深 16 米，设计年吞吐量 150 万标准箱，并有望扩至 450 万标准箱。2018 年上半年，尼港口货物总吞吐量为 9662 万吨，同比增长 31.24%。[②]

尼日利亚位居非洲第一大经济体，但其电力基础设施建设仍显滞后。数据显示，20 个世界上最缺电力的国家中，13 个在非洲，而尼日利亚是其中较为严重的国家，约 55% 居民无电可用。[③] 薄弱的基础设施不仅影响着生产和生活，也严重影响了尼日利亚工业化进程和经济发展。

① 《尼日利亚国家概况》，中国一带一路网，2018 年 9 月 14 日，https://www.yidaiyilu.gov.cn/gbjg/gbgk/66281.htm。

② 《尼日利亚国家概况》，中国一带一路网，2018 年 9 月 14 日，https://www.yidaiyilu.gov.cn/gbjg/gbgk/66281.htm。

③ 王晓红：《中非产能合作重点、难点及政策建议》，《中国国情国力》2019 年第 4 期，第 68—70 页。

三 变量选取与模型构建

本文旨在揭示尼日利亚基础设施建设与经济增长之间的相关性及因果关系。根据研究目标及数据获取途径的不同，自变量选择会有所不同，参照大部分学者的做法，本文选择国内生产总值（GDP）衡量经济发展。同时考虑到“三网一化”有关数据的可得性以及为体现序列特征，本文主要选择两个指标，一是交通基础设施，用空中运输能力（AT）来表示；二是电力基础设施，用可用电人口比率（ELEC）来表示。

文中所有数据均来自世界银行。由于世界银行公开数据中尼日利亚可用电人口比率的统计始于1990年，终于2014年。在数据可得性的约束下，本文数据均选择1990—2014年共25年的年度数据。为了消除模型的自相关性，按照模型常见的做法，对所有变量均进行对数处理。

在模型检验方面，首先对序列数据的平稳性进行检验，如果模型残差序列是一个非平稳序列，说明因变量除了能被自变量解释的部分以外，其余的部分变化仍然不规则，随着时间的变化有越来越大的偏离因变量均值的趋势。这种非平稳序列的回归被称为伪回归。检验时间序列是否平稳，较好的方法是ADF检验。通常，按照AIC和SC取值最小的准则来确定时间序列模型的滞后阶数。然后对差分后的变量再进行一次单位根检验，直到通过检验为止。在单位根检验的基础上，可以对模型进行协整检验；VAR模型和协整检验的目的是判断模型的因变量和自变量之间是否存在长期稳定的均衡关系，还可以判断模型设定是否正确。在此基础上可以对有协整关系的因变量和自变量进行因果关系检验。Granger因果检验是经济计量学中常用的检验因果关系的方法，实质上是检验一个变量的滞后变量是否可以引入到其他变量方程中。如果一个变量受到其他变量的滞后影响，它们就具有Granger因果关系。

因此，按照计量经济检验的规范程序，本文依次进行模型的单位根检验（ADF）、协整检验（VAR）和因果关系检验（Granger检验）等，以期得到尼日利亚基础设施和经济增长间的长期协整关系和双向因果关系。

四　实证检验及结果分析

（一）单位根检验

ADF 检验法是进行单位根检验最常用的方法，本文运用 Eviews 8.0 软件，对因变量和自变量逐一进行 ADF 检验，检验结果如表 1 所示。三个变量的水平值在一定显著水平下均接受原假设，即序列数据不平衡，而一阶差分全部在 1% 的显著水平下拒绝原假设，因此可以判断模型为一阶单整，表明因变量与自变量之间可能存在协整关系。

表 1　各变量 ADF 检验结果

变量	t 值	P 值	结论
LNGDP	1.1944	0.997	不平稳
D（LNGDP）	-3.7583	0.010	平稳
LNAT	-0.3152	0.909	不平稳
D（LNAT）	-4.4158	0.002	平稳
LNELEC	-1.9529	0.304	不平稳
D（LNELEC）	-8.1994	0.000	平稳

（二）向量自回归模型（VAR）构建

运用 Eviews 8.0 构建 VAR 模型，如表 2 所示。按照 AIC 和 SC 值最小的原则，确定模型滞后阶数为 1 阶，即 VAR（1）模型。

表 2　VAR 模型滞后期

Lag	LogL	LR	FPE	AIC	SC	HQ
0	6.239	NA	0.001	-0.308	-0.159	-0.276
1	70.832	104.579*	0.000*	-5.603*	-5.006*	-5.474*
2	78.643	10.415	0.000	-5.490	-4.445	-5.263
3	86.311	8.0329	0.000	-5.363	-3.871	-5.039
4	91.978	4.318	0.000	-5.046	-3.106	-4.625

在 VAR（1）的基础上，进行 Johansen 协整关系检验，如表 3 所示。结果表明在 5% 的显著水平下，变量间存在唯一的协整关系。

表 3 Johansen 协整检验结果

原假设	特征根	迹检验		
		统计量	5% 显著性水平	P 值
无协整向量*	0.648	45.321	42.915	0.028
最多一个协整向量	0.496	21.341	25.872	0.165
最多两个协整向量	0.216	5.606	12.518	0.512

因此，对应的协整方程为：

LNGDP = 0.1135LNAT + 5.9730LNELEC （1）

（1）式表明，从长期来看，交通和电力基础设施都对尼日利亚经济增长有显著正向影响。这个结论再次验证了基础设施对于经济增长的推动作用，同时也证明了尼日利亚大力推进“三网一化”的国家战略是正确的。

（三）Granger 因果关系检验

在单位根检验和协整检验的基础上，通过变量间的 Granger 因果关系检验，可以更好地理解尼日利亚经济增长、交通与电力基础设施三者之间的互动关系。Eviews 8.0 检验结果如表 4 所示。

表 4 Granger 因果检验结果

原假设	滞后一阶			滞后两阶		
	观测数	F 值	P 值	观测数	F 值	P 值
LNAT 不是 LNGDP 的格兰杰成因	24	2.488	0.130	23	0.935	0.411
LNGDP 不是 LNAT 的格兰杰成因	24	10.563	0.004	23	5.390	0.015
LNELEC 不是 LNGDP 的格兰杰成因	24	13.446	0.001	23	10.256	0.001
LNGDP 不是 LNELEC 的格兰杰成因	24	5.343	0.031	23	1.468	0.257
LNELEC 不是 LNAT 的格兰杰成因	24	4.630	0.043	23	2.266	0.133
LNAT 不是 LNELEC 的格兰杰成因	24	5.320	0.031	23	4.714	0.023

由表 4 可以看出，通过 F 检验，具有因果关系的变量包括 GDP 和 AT，ELEC 和 GDP，AT 和 ELEC，即这三个变量两两具有因果关系，但不

可逆。交通基础设施促进了电力基础设施、电力基础设施促进了经济增长、经济增长促进了交通基础设施。

五 结论及建议

尼日利亚作为非洲第一经济大国，经济增长模式越来越多受到关注。本文基于VAR模型、协整检验和Granger因果检验，对尼日利亚基础设施与经济增长的关系进行实证分析，主要得到以下结论。

第一，尼日利亚基础设施和经济增长有长期稳定的协整关系，基础设施对经济增长有显著的正向影响。无论是交通基础设施，还是电力基础设施，都对经济增长有显著正向的影响。这个结论与菲德克①对南非以及摩勒和威克②对埃塞俄比亚的研究结论相一致，说明非洲国家要发展经济，必须加强基础设施建设，也说明尼日利亚目前“三网一化”的国家战略的正确性。

第二，尼日利亚基础设施和经济增长之间存在双向的因果关系。不仅基础设施能够促进经济增长，经济增长也能促进基础设施建设。交通基础设施建设能够增进电力基础设施建设，电力基础设施能够促进经济增长，而经济增长能够促进交通基础设施建设。

基于以上结论，对于尼日利亚经济转型与发展道路，本文提出如下建议。

一是应继续实施“三网一化”战略，尤其是加强交通和电力基础设施建设，推动长期经济增长。交通和电力基础设施建设是工业化及信息化的基础条件，但对于尼日利亚来说，现在已经成为制约经济增长的瓶颈，因此，必须增加对交通和电力基础设施建设的财政投入，提高资金的使用效率，带动经济增长。

二是应拓宽基础设施投入的资金来源，鼓励企业投资兴业。尼日利亚基础设施建设资金缺口较大，但由于基础设施的公共物品属性，民营企业投资动力显然不足。因此，可以借鉴中国在基础设施建设方面成功

---

① J. W. Fedderke, “Infrastructural Investment in Long-run Economic Growth: South Africa 1875 - 2001”, *World Development*, 2006, 34 (6), pp. 1037 - 1059.

② L. C. Moller, and K. M. Wacker, “Explaining Ethiopia's Growth Acceleration: The Role of Infrastructure and Macroeconomic Policy”, *World Development*, 2017, 96, pp. 198 - 215

的改革经验，拓宽融资渠道。例如，允许企业参与基础设施投资并获取适当回报，采取 BOT（建设——经营——转让的投资方式）或 PPP（公私合作的投资方式）等投资方式，吸引社会资本进入基础设施建设。

三是应更紧密地加强与中国的基础设施产能合作，优势互补，尽早实现经济增长模式的转变。2014 年，中国与非洲联盟签署了非洲“三网一化”合作框架谅解备忘录，为非洲尽早实现“2063 愿景”指出了现实的方向和路径，并承诺提供金融、人员、技术支持。中国与尼日利亚有着很好的产能合作基础，一方面，中国富足的基础设施建设产能、卓越的铁路、公路等基础设施建设技术以及经济快速发展的经验可以为尼日利亚提供可借鉴的经济发展模式，另一方面尼日利亚丰富的自然资源、充足的适龄劳动力以及成长潜力巨大的市场都是基础设施产能合作重要的条件。在优势互补基础上的产能合作一定对帮助尼日利亚尽早实现工业化以及经济增长模式的转变增添动力。

（责任编辑：张巧文）

非洲研究　2019 年第 2 卷（总第 15 卷）
第 78 - 90 页
SSAP ©，2019

中国与尼日利亚交通设施合作现状与未来

王　严

【内容提要】 目前，尼日利亚的公路、铁路、航空、水运与城市交通等交通基础设施发展滞后，与其非洲第一大经济体、非洲第一人口大国的经济社会现实不相匹配。尼日利亚联邦政府已经意识到基础设施对国民经济发展的重要性，制定了为期 30 年的《国家综合基础设施总体规划》，明确提出了交通基础设施各个领域的近期、中期与远期目标。本文认为，中国的“一带一路”倡议可以与尼日利亚《国家综合基础设施总体规划》相对接；“一带一路”倡议可以化解尼日利亚交通基础设施赤字现状，有助于尼日利亚早日实现其西非地区铁路中心、港口交通枢纽、航空中心的交通基础设施发展目标，中国与尼日利亚的交通基础设施合作仍大有可为。

【关键词】 尼日利亚；交通基础设施；一带一路；中尼交通基础设施合作

【作者简介】 王严，浙江师范大学非洲研究院尼日利亚研究中心副主任（浙江金华，321004）。

尼日利亚位于西非地区，是非洲第一大经济体，非洲第一大人口大国，世界第七人口大国。据尼日利亚国家人口委员会（National Population Commission）统计数据显示，2016 年，尼日利亚人口约为 1.93 亿，年均人口增长速度为 3.3%，41% 以上的人口为 15 岁以下。① 这表明，尼日利

① National Bureau of Statistics, *Demographic Statistics Bulletin* 2017, p. 11.

亚大量人口不久之后将变成劳动力，也就意味着尼日利亚需要为其国内年轻人提供大量的就业岗位。资源方面，尼日利亚是非洲第一大产油国（有时安哥拉产油量超过尼日利亚）。2016 年尼日利亚已探明的石油储量为 374 亿多桶，已探明的天然气储量为 1933 亿立方英尺。[①] 同时，尼日利亚还蕴藏有丰富的煤、石灰石、铁、高岭土、锡等矿产资源。尼日利亚主要依赖石油出口，其财政收入容易受到国际油价波动的影响。国内经济方面，服务业是尼日利亚实际生产总值的支柱，约占实际 GDP 的 60%，工业占 23%，农业部门占 21%。[②] 同时，尼日利亚与大多数非洲国家一样，落后的交通基础设施是其经济快速发展的主要制约因素之一。尼日利亚联邦政府已经意识到基础设施对国民经济发展的重要性，制定了为期 30 年的《国家综合基础设施总体规划》（Nigeria's National Integrated Infrastructure Master Plan，简称 NIIMP），明确提出了交通基础设施各个领域的近期、中期与远期目标。本文通过论述尼日利亚交通基础设施发展现状，解读 NIIMP 对尼日利亚交通基础设施发展的规划，展望中尼交通基础设施合作的前景。

一　尼日利亚交通基础设施发展现状

基础设施发展是促进社会经济发展的催化剂，而公路、空中运输设施、铁路、海运基础设施以及城市交通系统等交通基础设施又是基础设施中的基础。就国际层面而言，尼日利亚的交通基础设施在密度与交通基础设施状况方面都低于其他中等收入国家，其交通基础设施密度落后于印度、南非、肯尼亚、巴西等中等收入国家（详见表 1）。同时，尼日利亚交通基础设施的状况也落后于马来西亚、南非、肯尼亚等中等收入国家（详见表 2）。

表 1　尼日利亚交通基础设施密度国际比较

单位：千米

指标 \ 国名	印度	南非	肯尼亚	尼日利亚	巴西
每 100 平方千米公路里程	158	62	28	22	19

① Nigerian National Petroleum Corporation, 2016 *Annual Statistical Bulletin*, p. 2.

② Jacob Oduor, 2018 *African Economic Outlook Country Note-Nigeria*, p. 2.

续表

指标 \ 国名	印度	南非	肯尼亚	尼日利亚	巴西
每1000平方千米铁路里程	23	17	6	4	3

说明：公路数据来源于2010—2015年，铁路数据来源于2014年。

资料来源：Federal Republic of Nigeria, Economic Recovery & Growth Plan 2017 - 2020, p. 78。

表2　2016年尼日利亚交通基础设施状况国际比较

	铁路	公路	水运	航空
马来西亚	5.5	5.1	5.4	5.7
南非	5.0	3.8	4.9	6.0
土耳其	5.0	3.0	4.5	5.4
肯尼亚	4.2	2.8	4.2	4.8
印度尼西亚	3.9	3.8	3.9	4.5
加纳	3.5	1.8	3.7	4.0
尼日利亚	2.6	1.5	2.8	3.2

说明：数字越大表明基础设施状况越好，反之亦然。

资料来源：World Economic Forum Global Competitiveness Report 2016 - 2017。

具体而言，公路运输是尼日利亚主要运输方式，但尼日利亚公路密度小，路况差；尼日利亚曾拥有西非最好的铁路运输，由于政府不够重视，铁路走向萧条；尼日利亚航空业因改革迅速发展，但仍很难适应经济发展要求；尼日利亚港口运营欠佳，内陆水运体系有待开发。此外，尼日利亚大城市还缺乏综合性城市交通基础设施。

（一）公路运输是尼日利亚主要运输方式，但尼日利亚公路密度小，路况差

美国前总统肯尼迪（J. F. Kennedy）曾经这样论述过公路与经济发展之间的关系："美国有好的公路，并不是因为美国富裕，美国之所以富裕是因为美国有好的公路。"① 由此可见，公路对于国家经济发展的重要性。

① Alausa Tayo Ogunbiyi, "Addressing Nigeria's Infrastructure Deficit", February 3, 2017 http://www.punchng.com/addressing-nigerias-infrastructure-deficit/，最后下载日期：2018年5月14日。

公路运输对尼日利亚经济发展来说，尤为重要，公路运输约占尼日利亚货运与客运的90%。[①]

公路运输虽然是尼日利亚的主要交通基础设施，但是，尼日利亚公路无论是从公路密度还是路况方面来说，都比较落后，远远不能满足尼日利亚日益提高的国民经济发展需求。尼日利亚国家公路网络总长度约为20万千米，其中，联邦公路占18%（3.5万千米），州公路占15%（1.7万千米），地方政府公路占67%（15万千米），大多数地方政府公路没有铺设。就公路密度而言，尼日利亚目前的公路密度每平方公里0.21千米，高于西非地区平均水平，但是低于国际水准。尼日利亚的公路密度小，仅仅相当于印度公路密度的1/5。[②] 尽管联邦公路系统只占到整个国家公路网的18%，但却占到国家车辆和货物通行的70%。[③] 路况方面，尼日利亚的公路除了首都阿布贾、拉各斯个别大城市的路况比较好外，其他的路况都比较糟糕。据估算，尼日利亚联邦公路网40%状况堪忧（需要修复）；30%正常（需要定期维护）；27%路况比较好（仅需要日常维护）；3%道路需要铺设。在州公路层面，78%状况堪忧；87%的地方政府道路仍然被认为是路况差的。[④]

（二）尼日利亚曾拥有西非最好的铁路运输，由于政府不重视，铁路逐渐萧条

目前，尼日利亚铁路里程仅次于南非，位居非洲第二位。尼日利亚当前的铁路除了1987年才修建的Itakpe-Ajsokuta line（52千米）与Ajaokuta-Warri Line（274千米）的总长为326千米的标准轨距铁路，2016年开始运行的阿卡铁路（阿布贾—卡杜纳）是标准化现代铁路外，其他正在运营的铁路都是窄轨铁路，这些铁路网络大多数都修建于殖民统治时期，均存在着设备老化、管理不善等问题，以至于尼日利亚铁路运营

① National Planning Commission, Nigeria, *Nigeria's National Integrated Infrastructure Master Plan*, National Planning Commission Final Report, October, 2014, p. 52.

② National Planning Commission, Nigeria, *Nigeria's National Integrated Infrastructure Master Plan*, National Planning Commission Final Report, October, 2014, p. 15.

③ National Planning Commission, Nigeria, *Nigeria's National Integrated Infrastructure Master Plan*, National Planning Commission Final Report, October, 2014, p. 52.

④ National Planning Commission, Nigeria, *Nigeria's National Integrated Infrastructure Master Plan*, National Planning Commission Final Report, October, 2014, p. 52.

几度陷入瘫痪的境地。据尼日利亚铁路公司统计显示，1964年，尼日利亚铁路运输旅客110万余人，货运近300万吨，到21世纪初，这一数字变为客运160万人，货运10万吨。[①] 近年来，尼日利亚政府多次组织对其境内的窄轨铁路进行修复，并实施了沿海铁路、现代化铁路项目等一批新建铁路项目。

（三）尼日利亚航空业因改革迅速发展，安全达标，但仍很难适应经济发展要求

尼日利亚航空业自20世纪70年代开始发展，这主要得益于尼日利亚联邦政府在1970年颁布的《联邦航空发展计划》与20世纪70年代石油业繁荣所带来的国家收入的增长。这期间，尼日利亚将航空业大量地对外开放，吸引大量投资者。因此，从20世纪70年代起，尼日利亚航空业的运营商、机场与客运量迅速增长。目前，尼日利亚共有6个国际机场，11个国内机场。[②]

尼日利亚是非洲为数不多的安全达标而得以开通直航美国的非洲国家（还有佛得角、埃塞俄比亚与南非）之一。2010年8月，尼日利亚航空通过美国联邦航空管理（U. S. Federal Aviation Administration，FAA）与国际航空安全评议（International Aviation Safety Assessment，IASA）项目监管。

（四）尼日利亚港口运营欠佳，内陆水运体系有待开发

尼日利亚航海部门包括港口与内陆水运交通系统。

港口方面，尼日利亚目前有6个主要港口[③]和10个原油装货港口[④]。在尼日利亚实行港口改革之前，混乱、滞后的港口管理体系严重影响了其经济发展。2006年，尼日利亚主要港口的绩效参数在世界上是糟糕的，

---

① 《出海记丨又来一单！中国标准落地非洲成为当地铁路样本》，https://baijiahao.baidu.com/s?id=1600750448158255165&wfr=spider&for=pc。

② 6个国际机场分别为：Murtala Muhammed International Airport、Nnamdi Azikwe International Airport、Mallam Aminu Kano International、Port Harcourt International Airport、Akanu Ibiam International Airport与Sam Mbakwe International Cargo Airport，Owerri，11个国内机场分别为：Benin Airport、Iiorin Airport、Sokoto Airport Yola Airport、Ibadan Airport、Kaduna Airport、Katina Airport、Maiduguri Airport、Makurdi Airport、Minna Airport、Akure Airport。

③ 分别为：Tincan Island、Apapa、Warri、Port Harcourt、Onne与Calabar。

④ 主要为Escarvos、Bonny、Sapele、Forcados、Tuma、Okrika、FOT等。

甚至低于非洲标准。集装箱停留时间上，全球标准的集装箱停留时间约为7天，但大多数尼日利亚港口却多达30—40天；卡车周期上，全球最好的操作时间大约是1个小时，而尼日利亚大多数港口却大约需要一天的时间；集装箱起重机的工作效率上，2006年，阿帕帕港的数据是每小时12次，国际水平是每小时25—30次；普通货物起重机的工作效率上，尼日利亚主要港口是每小时8—9吨，国际标准是每小时30吨。①

尼日利亚内陆水运交通运输体系主要围绕着尼日尔河和贝努埃河两条大河，这两条河流的主要支流、小溪、潟湖与湖泊总长达到1万公里。但是，目前的通航里程只有3800公里。②

（五）尼日利亚大城市缺乏综合性城市交通基础设施

尼日利亚与大多数非洲国家一样，面临着城市化的一系列问题。其中最突出的一个问题就是日益增长的人口与落后的基础设施之间的矛盾。过去五十年来，尼日利亚城市人口年均增长率为6.5%，尼日利亚城市人口占总人口的比例由1967年的17.3%提高到2017年的49.4%，预计到2050年，尼日利亚70%的人口将居住在城市。③ 与迅速发展的人口相比，尼日利亚城市交通基础设施则发展缓慢。

城市交通由核心交通基础设施（公路、铁路）、公共运输基础设施（公交线路、人行道以及公交车站）与交通工具（公交车、出租车与摆渡船）等部分组成。

核心交通基础设施方面，尼日利亚的市内道路比较窄，由于城市排洪不畅，车道容易积水，严重影响城市交通性能，不但增加了车辆运营成本，还导致了交通堵塞。公共运输基础设施方面，尼日利亚缺乏人行通道、天桥、公交车站/候车亭等。交通工具方面，尼日利亚的市内交通工具大部分都是由二手车改造而成的出租车、类似于国内小面包车的公交车、摩托车以及改装过的摩托车（当地人称为keke napep）组成，只有

---

① World Bank, African Infrastructure Country Diagnostic, Country Report, *Nigeria's Infrastructure: A Continental Perspective*, Vivien Foster and Nataliya Pushak, February, 2011, p. 15.

② National Planning Commission, Nigeria, *Nigeria's National Integrated Infrastructure Master Plan*, National Planning Commission Final Report, October, 2014, p. 61.

③ 杨丽：《尼日利亚人口数量已排名世界第七》，中华人民共和国驻尼日利亚联邦共和国大使馆经济商务参赞处，2018年4月12日，http://nigeria.mofcom.gov.cn/article/e/i/201804/20180402731533.shtml。

拉各斯与阿布贾这样的大城市才有比较舒服的公交车，可以看到中国生产的宇通公交车。尼日利亚是世界上唯一拥有600万以上的人口密度，却没有有组织的市内交通系统的国家。①

尼日利亚联邦政府已经意识到基础设施对国民经济发展的重要性，制定了为期 30 年的《国家综合基础设施总体规划》，明确提出了交通基础设施各个领域的近期、中期与远期目标。

二 尼日利亚交通基础设施发展规划

尼日利亚计划在 2020 年，跻身全球前 20 大经济体行列。② 尼日利亚当前的交通基础设施与其国家发展愿景是不相匹配的。尼日利亚交通基础设施计划发展一种充分、安全、环境友好型、有效的、群众能支付得起的、可持续的综合性的交通运输系统，并达到国际交通基础设施基准评估要求。NIIMP 对公路、铁路、航空、航海与城市交通等交通基础设施做了详细的规划（详见表 3）。按照 NIIMP 2014—2043 年，尼日利亚需要 7750 亿美元的交通基础设施发展资金（包括新建、修复与维护）。③

表 3 NIIMP 交通基础设施发展规划

部门	发展规划		
	2018 年	2023 年	2043 年
公路	优化路况比较好的大多数高速公路的道路基础设施；提高尼日利亚经济中心之间的连通性/翻新、拓宽全国性的公路	改造所有主要经济路线；改造主要连接道路；重建 70% 的联邦与州道路	改造所有南北路线；改造所有东西路线；重修所有的联邦与州道路

① National Planning Commission, Nigeria, *Nigeria's National Integrated Infrastructure Master Plan*, National Planning Commission Final Report, October, 2014, p. 65.

② 臧洪朝：《尼日利亚总统：将投资科技创新促发展》，中华人民共和国驻尼日利亚联邦共和国大使馆，2016 年 1 月 12 日，http://nigeria.mofcom.gov.cn/article/jmxw/201601/20160101231500.shtml。

③ National Planning Commission, Nigeria, *Nigeria's National Integrated Infrastructure Master Plan*, National Planning Commission Final Report, October, 2014, p. 16.

续表

部门	发展规划		
	2018 年	2023 年	2043 年
铁路	改造铁路网络； 重视铁路客运与货运	继续铁路网络的再建与扩建工作，使所有的铁路服务都具有商业效益	修建主要城市之间高速铁路网络； 修建连接邻国铁路网，使铁路运输成为西共体之间的一种运输方式
航空	改造现有的机场； 在新建的机场中再新建 4 个候机楼； 提高机场与航线的安全性	升级、扩建国际机场； 按照国际民航局标准与其操作实践要求提高航空安全性	将尼日利亚建成西非地区航空枢纽
航海	提高内陆水道的运输能力； 提高沿海港口的性能与竞争性	提高港口生产力以进一步减少船只的周转时间； 提高港口的竞争性； 创建完全由私有部门参与的港口管理模式，提升市场准则； 提升港口安全性能	将尼日利亚建成西非地区港口枢纽； 所有的水道实现通航
城市交通	研发、运营与维护城市交通控制体系； 形成维护与不断提高交通服务质量的能力	提高所有城市土地使用规划与交通运输规划的综合性； 建立城市轨道交通基地：在拉各斯、阿布贾、哈尔伯特港、卡杜纳以及卡诺等人口超过 100 万以上的城市中引入城市轨道交通（Rail Mass Transit）	所有主要城市中运营城市交通； 所有人口达到 100 万以上城市实施城市铁路网络

资料来源：National Planning Commission, Nigeria, *Nigeria's National Integrated Infrastructure Master Plan*, *National Planning Commission Final Report*, October, 2014, p. 68。

（一）新建或改善公路状况，实现全国公路的互联互通

公路运输是尼日利亚交通运输的支柱。尼日利亚目前的公路密度每平方公里 0.21 千米，高于西非地区平均水平，但是低于国际水准。而且，尼日利亚公路的路况普遍都非常差或者比较差。按照 NIIMP 2014—2043 年，尼日利亚公路的修复、维护与新建所需费用达到3500 亿美元，其中，

2014—2018 年，需先投资 220 亿美元。[①] 尼日利亚公路建设的最终目标是实现尼日利亚 92 万多平方公里土地南北的互联互通、东西的互联互通，提高将全国主要经济中心连接起来的连接性，改造所有现有的联邦与州政府公路以提高公路运输的安全性与有效性。2043 年，尼日利亚计划改造公路里程达到 12 万千米，新铺设公路长度达到 11 万千米，新建 9.5 万千米公路。[②]

（二）对现有铁路系统进行改造升级，新建标准化现代铁路网，将尼日利亚打造成西非铁路枢纽

尼日利亚要实现海陆空综合性交通运输网络的话，运输成本相对较低的铁路运输必不可少，尼日利亚目前的大多数铁路线路设备都比较陈旧，需要大量进行改造，此外，为了实现其西非地区铁路交通枢纽的目标，尼日利亚也需要修建一批标准化现代铁路网。按照 NIIMP，2014—2043 年，尼日利亚铁路发展需要投资 7500 亿美元，其中大部分（约 300 亿美元）主要用于新建 6000 千米以上的标准铁路线路。2014—2019 年需要 50 亿美元。[③] 2043 年，尼日利亚计划新建 6000 千米标准化铁路，改造 2750 千米窄轨铁路，铁路站数达到 427 个，6 个港口实现铁路连接，实现 25 个机场与铁路连接，机车、火车、车厢总数达到 4.9777 万个。[④]

（三）改造并扩建现有机场，将尼日利亚打造成西非地区航空交通枢纽

为了满足尼日利亚日益增长的航空客运需求，尼日利亚计划对现有的机场基础设施进行改造与扩建。按照 NIIMP，2014—2043 年，尼日利亚航空发展需要投资 500 亿美元，这笔资金主要用于拉各斯、阿布贾、卡诺、埃努古、哈尔博特港与卡拉巴 11 座机场的改造与修复。2014—2018

---

① National Planning Commission, Nigeria, *Nigeria's National Integrated Infrastructure Master Plan*, *National Planning Commission Final Report*, October, 2014, p. 16.

② National Planning Commission, Nigeria, *Nigeria's National Integrated Infrastructure Master Plan*, *National Planning Commission Final Report*, October, 2014, p. 69.

③ National Planning Commission, Nigeria, *Nigeria's National Integrated Infrastructure Master Plan*, *National Planning Commission Final Report*, October, 2014, p. 16.

④ National Planning Commission, Nigeria, *Nigeria's National Integrated Infrastructure Master Plan*, *National Planning Commission Final Report*, October, 2014, p. 70.

年的短期投资需要50亿美元。[①] 尼日利亚航空业发展的目标是将尼日利亚打造成西非地区的航空交通枢纽，到2043年，实现1.1亿客运量的目标。[②] 安全方面，2023年，尼日利亚机场与航线安全达到国际标准。为了确保国内航空的交通管理与安全，尼日利亚联邦政府实施了一系列项目，其中最重要的是“尼日利亚领空雷达总覆盖”（Total Radar Coverage of the Nigerian Airspace，TRACON）工程与通讯塔工程（Mobile Tower Project）。

（四）充分发挥内河水运功能，扩大现有港口的吞吐量，将尼日利亚建成西非地区的航运交通枢纽

尼日利亚水运部门发展目标是发挥尼日利亚内河运输功能，扩大现有港口的吞吐量，并将尼日利亚建成西非地区水运交通枢纽，按照NIIMP 2014—2043年，尼日利亚水运业发展需要投资500亿美元，这笔资金主要用于海洋/港口基础设施与内陆水道建设上，以便使用国家的水资源运输产品与人员。[③] 2043年，尼日利亚可航行水道达到9000千米，客运与货运的各类运营船只达到14万艘；并实现全部港口的24小时作业；巡逻艇数量达到22艘；改造并维护34.2千米的港口公路。[④]

（五）提升城市交通服务质量，并在100万以上人口城市修建城市轨道交通网

尼日利亚城市交通发展规划的长期目标是不断提高城市交通服务的质量，其短期目标是养护城市地区道路，为了缓解城市道路的拥挤，引入客容量大的公交车，并实现公交车调度的现代化。中期目标是，在拉各斯、阿布贾、哈尔博特港、卡杜纳与卡诺等人口100万以上城市修建城市轨道交通。按照NIIMP 2014—2043年，尼日利亚城市交通发展共需要2750亿美元，其中2014—2018年需要20亿美元的投资。2043年，尼日

---

① National Planning Commission, Nigeria, *Nigeria's National Integrated Infrastructure Master Plan, National Planning Commission Final Report*, October, 2014, p. 16.

② National Planning Commission, Nigeria, *Nigeria's National Integrated Infrastructure Master Plan, National Planning Commission Final Report*, October, 2014, p. 71.

③ National Planning Commission, Nigeria, *Nigeria's National Integrated Infrastructure Master Plan, National Planning Commission Final Report*, October, 2014, p. 16.

④ National Planning Commission, Nigeria, *Nigeria's National Integrated Infrastructure Master Plan, National Planning Commission Final Report*, October, 2014, p. 72.

利亚将实现所有主要城市的城市交通基础设施功能，人口 100 万以上的主要城市中都建设城市轨道交通网，城市轨道交通网总里程达到 2000 千米，并在人口 100 万以上所有城市中增加公交车以满足人口需求。①

三 “一带一路”倡议与 NIIMP

习近平主席在 2013 年秋天提出“一带一路”倡议，“其核心内容是促进基础设施建设和互联互通，对接各国政策和发展战略，深化务实合作，促进协调联动发展，实现共同繁荣”。②

根据世界银行的数据，政府用于基础设施建设的资金每增加 1%，国内生产总值就会增加 1%。③ 旨在促进基础设施建设和互联互通的“一带一路”是中国与尼日利亚的国际合作平台。

（一）“一带一路”直接对接 NIIMP

尼日利亚制定了《国家综合基础设施总体规划》，明确提出未来三十年包括交通基础设施在内的尼日利亚基础设施发展的近期目标、中期目标与远期目标，所需要的资金以及具体实施步骤，需要的政策环境等内容，是尼日利亚第一份综合性的基础设施发展计划，是尼日利亚基础设施发展的国家政策、国家发展战略，其核心内容是促进尼日利亚国内以及西非地区的基础设施建设和互联互通。

“一带一路”与尼日利亚《国家综合基础设施总体规划》其核心都是促进基础设施建设和互联互通。可以说，中国提出的“一带一路”完全可以对接尼日利亚的《国家综合基础设施总体规划》。

（二）“一带一路”化解尼日利亚基础设施发展资金瓶颈

尼日利亚《国家综合基础设施总体规划》列出了尼日利亚未来 30 年

① National Planning Commission, Nigeria, *Nigeria's National Integrated Infrastructure Master Plan, National Planning Commission Final Report, October*, 2014, p. 73.

② 习近平：《开辟合作新起点 谋求发展新动力——在“一带一路”国际合作高峰论坛圆桌峰会上的开幕辞》，2017 年 5 月 15 日，新华网：http://www.xinhuanet.com/politics/2017-05/15/c_1120976082.htm。

③ Tayo Dguhbiyi, “Addressing Nigeria's Infrastructure Deficit”, February 3, 2017, http://www.punchng.com/addressing-nigerians-infrastructure-deficit/，最后下载日期：2018 年 5 月 4 日。

基础设施发展所需要的资金，其中，尼日利亚交通运输部门的投资需要7750亿美元（包括新建、修复与维修费用）。① 目前，尼日利亚基础设施发展资金主要来源于联邦政府、州政府与地方政府，并且依照这三级政府的年度预算支出，各级政府基础设施支出占尼日利亚基础设施总支出的50%—60%，私人资本支出占40%—45%，多边金融机构的资金支出比较少，不到1%。② 在尼日利亚各级政府的年度预算中，基础设施本来就少，再加上有些预算还经常无法全额拨付，影响基础设施建设进程，如2017年尼日利亚交通运输部仅收到310亿奈拉的财政拨款，仅占1920亿奈拉预算额的16.5%。③ 尼日利亚基础设施发展靠这种传统的政府融资模式，远远不能满足基础设施建设的资金需求，造成严重的基础设施赤字。尼日利亚基础设施赤字达到3000亿美元（相当于5.91万亿奈拉），占到尼日利亚GDP的25%。④ 事实上，世界上任何国家任何一个地区都曾在其经济起飞之前面临着基础设施赤字。如19世纪的美国、德国、英国、法国等开始工业革命的国家，20世纪的日本、新加坡、韩国等被称为“经济奇迹”的国家，都经历过基础设施赤字的状况。基础设施赤字并不可怕，主要是怎么解决基础设施赤字的问题，上述国家以及20世纪80年代初的中国都是利用产业园从发达国家吸引资本，以支持其基础设施建设。

“一带一路”的重要支撑是资金融通。亚洲基础设施投资银行、丝路基金、中非发展基金、中非产能合作基金与非洲中小企业发展专项贷款等融资平台可以为化解尼日利亚交通基础设施赤字挑战提供帮助。中国进出口银行为阿布贾城铁机车采购项目提供贷款，为尼日利亚现代化铁路项目提供贷款，为尼日利亚沿海铁路提供贷款。

---

① National Planning Commission, Nigeria, *Nigeria's National Integrated Infrastructure Master Plan*, Nationd Planning Commission Find Report, October, 2014, p. 16.

② Jacob Oduor, *2018 African Economic Outlook Country Note*, *Nigeria*, African Development Bank Group, 2018, p. 9.

③ 王浩：《尼日利亚〈先锋报〉：如何发展我们的铁路系统》，中华人民共和国驻尼日利亚联邦共和国大使馆经济商务参赞处，2017年12月28日，http://nigeria.mofcom.gov.cn/article/e/t/201712/20171202691723.shtml。

④ Anna Okon, "Nigeria Has N5.91tn Infrastructure Deficit - LCCI", May 6, 2016, http://www.punchng.com/nigeria-n5-91tn-infrastructure-deficit-lcci/，最后下载日期：2018年5月14日。

（三）“一带一路”助力尼日利亚成为西非交通基础设施枢纽

尼日利亚是中国在非洲重要的贸易伙伴国，2017年，中国与尼日利亚双边贸易额137.8亿美元，同比增长29.7%，尼日利亚是中国在非洲第三大贸易伙伴国，是中国在非洲的第二大出口市场，尼日利亚占中国与西共体贸易额的39%，占中国与非洲贸易额的8.1%。[①] 非洲是“一带一路”的自然延伸，作为非洲第一大经济体、西非地区大国的尼日利亚在对接“一带一路”倡议，实现西非地区基础设施互联互通上具有一定基础与优势。

在“一带一路”倡议下，中国与尼日利亚的交通基础设施合作不仅是“政策互通”“设施联通”，更是“民心相通”工程。中国对尼日利亚基础设施建设的帮助得到了尼日利亚政府与人民的一致认可，尼日利亚总统布哈里曾赞赏中国政府给予尼日利亚在建设铁路、公路与电力等基础设施方面的帮助，并表示，自尼日利亚独立以来，没有哪个国家像中国这样对尼日利亚的基础设施建设作出承诺，尼日利亚感谢中国人民对尼日利亚的全力支持。

（责任编辑：宁 彧）

---

① 刘克：《2017年我与尼日利亚双边贸易额137.8亿美元，同比增长29.7%》，中华人民共和国驻尼日利亚联邦共和国大使馆经济商务参政处，2018年1月24日，http://nigeria.mofcom.gov.cn/article/zxhz/tjsj/201801/20180102703047.shtml。

非洲研究　2019年第2卷（总第15卷）
第91－104页

中国与埃塞俄比亚会计制度比较研究*

金水英　陈　烨

内容提要：全球化进程中财务风险日趋显著，理解东道国与母国的会计制度差异能更好地管控境外财务风险，提高企业经营绩效。笔者调研发现，赴非投资企业普遍存在属地化程度不足，存在设立“内外账”现象，影响企业财务可持续发展。作为“一带一路”的重要试点国家，埃塞俄比亚已经成为中国对非投资的重要对象国。本文以埃塞俄比亚为例，比较分析两国会计制度差异。研究发现，中国会计制度自成体系相对完善，针对性和适应性强，埃塞俄比亚的会计制度主要服务于税收，会计实践和教育缺乏协同。最后本文基于两国会计制度差异提出相关赴埃经营建议。

关键词：会计演进；会计处理环境；会计模式；会计准则；埃塞俄比亚

作者简介：金水英（1976－），管理学博士，工商管理博士后，浙江师范大学经济与管理学院、中非国际商学院副教授（浙江金华，321004）；陈烨（1995－），浙江师范大学经济与管理学院、中非国际商学院研究生（浙江金华，321004）。

* 本文为浙江省软科学研究计划项目（编号2017C35059）、浙江省哲学社会科学重点研究基地（浙江师范大学非洲研究中心）课题（编号16JDGH137）的阶段性研究成果。

一 前言

自21世纪以来，中国政府坚持对外开放的基本国策，推进“走出去”战略，中非经贸合作不断迈上新台阶。2013年，习近平总书记提出“一带一路”倡议，该倡议的推进为中非共同发展创造了新的机遇。位于非洲东部的埃塞俄比亚作为“一带一路”的重要节点，是中国对非投资的重点对象国。然而，由于东道国政治、经济等因素的不确定性，埃塞俄比亚中资企业面临账务风险与经营困境。据笔者调研所得，赴非投资的中资企业因为不了解东道国会计制度及发展动态，存在“内外账”现象。[①] 账务处理是企业按照财务报表的编制要求对经济活动做出的真实记录。不管是“内账”还是“外账”，都是基于不同编制基础的真实记账方式。[②] 由于属地化程度不足，中资企业很难对“外账”进行充分监督，这会影响企业长期发展。同时满足我国监管需求及埃塞俄比亚相关部门监督的关键在于充分理解两国的会计差异。通过实地考察与文献查阅，目前尚未发现对两国会计制度进行比较分析的相关研究。基于此，本文对中国与埃塞俄比亚会计制度差异进行了比较研究，期望研究结果能有助于我国赴埃塞投资企业对东道国会计制度有更清晰全面的了解，进而提升管理决策水平，实现可持续发展。

二 中国与埃塞俄比亚会计制度演进的比较

（一）历史差异

我国会计发展历经古代、近代、现代三个阶段。古代原始社会，人们为了反映各种收支采用的是“结绳记事、刻石计数”等原始记录行为。在此基础上，我国于奴隶制时期出现官厅会计，意味着会计制度雏形的

① “内账”是指根据中国的会计法律、制度等进行会计核算；“外账”指委托当地代理记账机构依据埃塞俄比亚的会计制度、软件系统、核算本位币进行会计核算、申报纳税。

② 王娟：《论会计制度对企业技术创新的激励》，《会计之友》2017年第13期，第8页。

形成。封建社会会计发展迅速，单式簿记转换成复式簿记。而复式记账法的出现是近代会计产生的标志，结构上虽从“四柱清册”发展到“龙门账”，但均不完善，最终在“苏联模式”的影响下引进了西方的复式记账法。学者普遍认为现代会计时期始于“会计研究公报”的公布，也是在这一时期，我国会计制度及实务获得巨大发展。[①]

由于历史原因，埃塞俄比亚会计制度的发展与英美两国密切相关。其中，英国投资在西方会计制度向埃塞俄比亚转移方面发挥了重要作用。1905 年，埃塞俄比亚建立了阿比西尼亚银行，该行作为埃及银行的一个分支，受制于英国的金融监管。阿比西尼亚银行建立后，公司的财务报表均要求采用英国会计术语，员工培训也采用英国会计模式。[②] 长此以往，英国会计模式逐渐渗入埃塞俄比亚本土公司，这也意味着埃塞俄比亚近代会计开始发展。20 世纪 60 年代初以来，美国教育界在其会计学术界的助推下将本国会计教育成功地迁移到埃塞俄比亚高等教育中。据有关统计，由于这种美国文化的长期渗透，过去 50 多年中，埃塞俄比亚的会计教育一直以美国会计模式为导向。

（二）发展差异

2001 年我国企业全面实施《企业会计制度》，以规范会计核算。此阶段制度与准则并存，容易引起混淆，不利于会计工作的规范开展。为此，财政部于 2004 年和 2006 年先后颁布《小企业会计制度》和《企业会计准则》，标志了我国完整会计体系的正式建立。此后，为完善国家会计制度体系，财政部于 2014 年修订了四个准则，并新增三个准则，以更好地发挥市场在资源配置中的决定性作用。为进一步推进会计准则国际化，我国又于 2017 年对此前的准则进行了大幅修订。所以，会计成文法规的不断完善记录了我国会计制度的发展。

1991 年，埃塞俄比亚重新回到市场经济体系并按照新自由主义经济原则开始经济改革。作为试图通过重新调整国际组织的外援和贷款以努力减少贫困的国家，埃塞俄比亚一直将改革作为加入世界贸易组织

① 房慧、蔡晓晓：《中国会计发展史文献综述》，《财会学习》2016 年第 8 期，第 114 页。

② K . James, D. G. Mihret , and J. M. Mula , “Accounting Professionalization amidst Alternating Politico-economic Order of Ethiopia”, Social Science Electronic Publishing, March 2013, 11 (02), p. 6.

（WTO）的先决条件。[①] 而当时许多与会者提出：加入 WTO 需要有健全的会计基础设施。所以这场改革引起了该国对会计的高度关注，并大大提高了会计专业人才的需求量。[②] 此后，为适应经济体制改革的需要，埃塞俄比亚会计制度不断发展，最终以国际财务报告准则为主要参照标准。

综上，我国会计发展经历了漫长的过程，自成体系且相对完善，会计准则具有一定的强制性，这种强制性在一定程度上会削弱企业财务人员对会计处理方法的自主权。此外，我国会计实践与会计教育均与本国国情密切相关，因而具有较高的针对性和适应性。埃塞俄比亚的会计发展与英美两国密切相关，主要表现为其会计实践源于英国，会计教育却源于美国。埃塞俄比亚在会计改革中主要借鉴英美公司治理原则，然而这些原则并不能很好地反映发展中国家的现实。因此埃塞俄比亚的会计行业普遍存在会计实践和教育缺乏协同的问题，而协同效应对于会计的发展是至关重要的。在这种环境中，会计成文法规的强制性就相对较弱，企业财务人员对会计处理方法的选择权也相对较大。

三 中国与埃塞俄比亚会计处理环境比较

（一）经济环境比较

经济环境是影响会计制度发展的重要因素，中国与埃塞俄比亚的经济环境差异主要体现在经济变革和经济体制两方面。

1. 经济变革差异

1978 年以来的改革开放是我国经济变革的重大转折点。改革开放后，我国经济发展迅速，资本市场渐趋完善，这进一步推动了会计制度的发展。埃塞俄比亚经济变革与我国相比起步较晚。1991 年，埃塞俄比亚反对派阵线通过武装起义成功推翻军方政权，同时恢复与西方国家的互动交流。在世界银行及国际货币基金组织的技术和财政援助下，该国开始

---

① D. G. Mihret, K. James, and J. M. Mula, "Accounting Professionalization amidst Alternating State Ideology in Ethiopia", *Accounting Auditing & Accountability Journal*, June 2012, 25 (7), p. 1230.

② S. B. Peterson, "Financial Reform in a Devolved African Country: Lessons from Ethiopia", *Public Administration & Development*, August 2001, 21 (2), p. 138.

以市场为导向进行经济体制改革。因此，1991 年是埃塞俄比亚经济变革的重要转折点。[①] 如今的埃塞俄比亚虽然还是世界最大受援国之一，但经济变革后国家经济发展迅速，因其作为东非大国所具有的得天独厚的优势吸引着世界各地的投资者，尤其是中国投资者。纺织业、农产品加工业、建筑业等是埃塞俄比亚的重点产业，这些产业也得到了政府的支持。此外，埃塞俄比亚的经济发展离不开基础设施的建设。除了以上提到的重点产业，埃塞俄比亚的电力、航空、公路产业也在快速发展。

2. 经济体制差异

改革开放以来，我国建立社会主义市场经济体制，政府宏观调控是主要手段，市场则在资源配置中起基础性作用。在党的十八届三中全会及十九大的推动下，经济体制持续变革，市场在资源配置中的作用越来越突出，政府的调控作用相对弱化。埃塞俄比亚自 1991 年实行经济变革以来，市场经济逐渐取代原先的中央计划经济。当时，埃塞俄比亚新政府制定和实施了以市场为导向的经济新政策，以促进经济的恢复和发展。得益于经济体制的改革，埃塞俄比亚经济有了质的飞跃。

在比较两国经济环境的过程中发现，两国经济状况存在较大差距。一国经济的发展能够有效推动会计制度的发展，一般来说经济越发达，对会计的要求也就越高。[②] 而历史悠久的埃塞俄比亚发展至今却没有形成自己的会计制度，主要原因是其落后的经济制约了会计的发展。虽然近年来埃塞俄比亚经济年均增长率比较稳定，并已成为非洲 GDP 增速最快的国家之一。但受限于历史及经济变革起步较晚，尚未形成自成体系的会计制度。

（二）政治环境比较

一国会计指导思想主要受政治环境的影响，这种思想既包括理论上的，又包括实务上的。中国与埃塞俄比亚政治环境差异主要体现在政体和国家结构两方面。

1. 政体不同

人民代表大会制度作为我国根本政治制度，符合基本国情。在其影

---

① C. V. Caramanis, "The Interplay between Professional Groups, the State and Supranational Agents: Pax Americana in the Age of Globalization", *Accounting, Organizations and Society*, February 2002, 27 (4), p. 382.

② 赵睿智、于海洋：《经济环境对会计发展的影响》，《财会学习》2016 年第 1 期，第 129 页。

响下，体系完整的会计制度也基本适应市场经济的发展，并呈现出科学性、统一性等特征。埃塞俄比亚宪法规定，埃塞俄比亚实行三权分立和议会制，政教分离，国家元首为总统。各民族享有民族分离权且实行平等自治。民族分离权具体体现在假如有民族想要脱离联邦政府，只需该民族立法机构的投票数高于 2/3，且联邦政府在三年内组织的公投中赞成票超过一半即可。

2. 国家结构不同

中国属于单一制国家，全国只有一个立法机关、一个中央政府和一部宪法，所以国家凝聚力强，权力相对集中。埃塞俄比亚是一个以民族区域自治为基础的联邦制国家，除有中央政府外，各个组成部分（9 个民族州和 2 个自治行政区）也有自己的中央政权机关，因此国家权力相对分散。作为社会主义国家，当前的政治环境决定了我国会计必须坚持准则、实事求是，维护好国家和人民的利益。两国的差异主要体现在，我国会计制度由国家统一颁布，企业开展会计工作必须以国家颁布的会计制度为准绳。① 而埃塞俄比亚作为联邦制国家，国家权力相对分散，会计自主性就相对较强。

（三）社会文化环境比较

除了经济环境和政治环境，一国的社会文化环境也会对该国的会计制度产生深远影响。社会文化形成于国家漫长的历史发展进程，对会计制度的影响机制十分复杂。中国与埃塞俄比亚两国社会文化环境差异主要体现在文化特征和行为风格两个方面。

1. 文化特征不同

我国传统文化强调集体利益重于个人利益，该意识有助于增强团队的核心竞争力，但在一定程度上也会忽略个人的利益诉求。在我国，人们严格按照既定的规章制度办事，会计准则也由政府制定，企业必须严格按照准则进行日常业务处理，学界和实务界对准则制定修订的影响很小。拥有 80 多个民族的埃塞俄比亚历史悠久，大多数人信奉宗教。基于这种多元民族融合的背景，埃塞俄比亚的语言文化非常繁荣，主要体现于该国有 83 种语言和 200 多种方言，但在正式政治及经济活动中还是使

---

① 劳秦汉：《文化环境 · 会计人 · 会计实务与理论——兼论中西文化环境对会计的不同影响》，《会计研究》2001 年第 1 期，第 36 页。

用全球通用的英文。此外，埃塞俄比亚有着极为特殊的时间历法，受其影响，埃塞的会计年度也与一般国家有所不同。

2. 行为风格不同

在两国社会文化环境的比较中发现，在崇尚集体主义偏向折中思想的中国，个人利益诉求容易被忽视，会计核算和信息披露普遍倾向于保守和谨慎。而埃塞俄比亚人在待人接物上一般都直来直往，直言不讳，处理问题时对风险的接受能力也普遍比我国强。因此，这种民族性格使得埃塞俄比亚的会计确认和计量趋于乐观。

四　中国与埃塞俄比亚会计模式的比较

会计模式是指为了实现特定的会计目标而采用的一系列标准程序。由于各个国家的历史、政治、经济、社会文化环境都有差异，各国的会计模式也各不相同。本文主要对中国与埃塞俄比亚两国的会计模式导向、会计管理体制和会计规范体系进行比较研究。

（一）会计模式导向的差异

由于各国会计处理环境各不相同，因此在会计实践中对会计模式的要求也不尽相同，这就形成了具有本国特色的会计模式导向。会计模式导向是指一国对本国会计在社会经济发展中所发挥作用的基本定位。中埃两国会计模式导向的差异体现如下。

我国财政部于会计改革初期明确提出目标，其中很重要的一点是“要建立起满足国家管理调控和市场运行需要的会计信息管理体系”。[①] 由此可见，我国会计工作主要满足国家会计信息管理的需要，因此属于政府利益导向型。虽然现阶段我国会计模式还是以宏观经济为主导，但伴随着我国市场经济的持续发展及会计改革的不断推进，我国会计模式导向已经逐步从政府利益导向朝着政府利益和企业利益共同导向的方向转变。

虽然很长一段时间内，埃塞俄比亚的会计工作大多以美国通用会计准则（Generally Accepted Accounting Principles，简称 US GAAP）为准绳，

① 李玉环：《杨纪琬教授的会计制度思想》，《中国注册会计师》2017 年第 12 期，第 17 页。

但与美国投资人利益导向型的会计模式截然不同，埃塞俄比亚的会计模式仍然属于政府利益导向型。因为投资人利益导向型会计模式的形成对一国的经济发展有着非常严苛的要求，最重要的一点就是资本市场要足够发达，交易程序要足够规范，而显然对于埃塞俄比亚这样一个没有证券交易所的国度来说，这两点都是不存在的。埃塞俄比亚作为新兴的经济体，虽致力于发展当地资本市场，并计划于 2020 年开设证券交易所，但就目前的市场状况而言，尚未达到投资人利益导向型会计模式标准，因而依旧属于典型的利益导向型，企业会计信息主要服务于国家税收。

（二）会计管理体制的差异

会计管理体制是指一国根据自己所处的具体环境，对会计活动做出的一个比较系统的体制安排。中埃两国会计管理体制的差异如下。

我国会计管理体制遵循“统一领导、分级管理”的原则。国家统一的会计制度由财政部依据《会计法》制定颁布。虽然我国会计管理体制偏向于“集中与立法管理”，但各级部门并非没有制定适合本部门相关制度的权利。事实上，在不违背国家会计准则的前提下，各部门及地区均可制定适合自身发展的会计制度，但需要报财政部备案。

埃塞俄比亚没有真正意义上的会计管理体制。拥有规范会计立法权的两大机构为联邦审计局（Office of the Federal Auditor General，以下简称 OFAG）和埃塞俄比亚公务员大学（Ethiopian Civil Service College，以下简称 ECSC）。OFAG 成立于 1997 年，设立的最初目的是促进埃塞俄比亚会计和审计事业的发展。2004 年 1 月，OFAG 根据埃塞俄比亚的实际情况颁布了“职业会计师道德守则”。由于埃塞俄比亚没有专业会计机构，OFAG 就承担起管理会计工作的职责。因此，OFAG 填补了缺乏会计专业管理机构的空缺，主要负责制定相关标准、颁布职业会计师道德守则等。另一个有会计立法权的机构是 ECSC。ECSC 成立于 1995 年，成立初期设立了会计、经济、管理、城市管理、法律等方面的学位课程。2006 年，ECSC 开始重建，并明确其主要任务是制定标准和对专业会计师和审计师进行认证。[①] 现阶段主要通过其附属部门会计与审计认证机构（Institute

---

① TW Bank，“Ethiopia-Report on the Observance of Standards and Codes（ROSC）：Accounting and Auditing”，November 2007，p. 22，https://openknowledge. worldbank. org/bitstream/handle/10986/12244/703660ROSC0P100Auditing0ROSC0Report. pdf? sequence = 1.

for Certifying Accountants and Auditors，ICAA）管理国家会计工作。此外，虽然埃塞俄比亚也有会计自律组织——埃塞俄比亚会计师和审计师专业协会（Ethiopian Professional Association of Accountants and Auditors ，以下简称 EPAAA），但由于该机构的设立没有得到特定法律的支持，也不是国际会计师联合会（International Federation of Accountants，IFAC）的成员，因此 EPAAA 的约束能力还相对较弱。

（三）会计规范体系的差异

我国会计规范体系主要由会计法律规范、会计准则规范、行业会计制度规范、单位内部会计制度规范和会计职业道德规范五部分组成。以《会计法》为主体的会计法律规范在整个规范体系中起主导作用。会计准则规范为该体系做出核心指导。行业会计制度规范作为具体内容，是可操作性极强的规范，它的目的在于为某个行业制定适合的标准以提高企业的经济效益。所以，我国会计规范体系以会计法为核心，具有较强的系统性。

埃塞俄比亚经济发展起步较晚，尚未形成正式的会计规范体系。埃塞俄比亚《商法典》（The Commercial Code）和埃塞俄比亚税法是主要的会计相关法规。埃塞俄比亚“商法典”规范和约束了在埃塞俄比亚发生的一切商业活动和商业行为，其中也包括与会计相关的法规条例。但《商法典》的会计法规并不具体，没有说明财务人员在会计核算时应当遵守的会计准则，也没有说明违反相关法规将受到的处罚。埃塞俄比亚的税法称得上会计领域的核心准则。财务的主要作用就是服务于税法。埃塞俄比亚的“所得税法”规定，企业应纳税所得额应当按照根据公认会计准则编制的财务报表来确定。此外，所得税第 286/2002 号公告规定，应税营业收入应当在每个应税期间参照相关损益账户和损益表并且根据公认的会计标准进行确定。但埃塞俄比亚税法并没有明确说明这种公认的会计标准到底是什么。

因此，在比较中国与埃塞俄比亚两国会计模式的过程中发现，我国会计模式导向已经逐步从政府利益导向朝着政府利益和企业利益共同导向的方向转变，而埃塞俄比亚的会计模式导向仍属于典型的政府利益导向型；在会计管理体制方面，我国采取“统一领导、分级管理”的模式，而埃塞俄比亚并没有真正意义上的会计管理体制；我国已形成规范统一的会计体系，而埃塞俄比亚由于相对落后的经济，并没有专业的会计规范体系。因此在我国，人们严格地按照既有的法定的规章制度办事，国家会计准则也由政府制定，企业必须严格按照政府制定的会计准则进行日常会计处理。而埃塞俄比亚的会计制度并不统一，财务的主要作用是服务于政府税收。

五 中国与埃塞俄比亚会计准则的比较

自 2007 年 1 月 1 日起，我国上市公司统一执行新会计准则。此后，经过不断地调整和修订，新会计准则体系已基本实现与国际财务报告准则的趋同。

埃塞俄比亚《商法典》和其他有关部门的实体法律尚未明确指出财务人员应当遵守的会计和审计准则，例如 1992 年公共企业公告第 25 号（Public Enterprises Proclamation 25/1992）指出国有企业必须按照通用会计准则保留账簿（却没有规定编制财务报表时应遵循的会计准则），这种情况下通用的概念异常宽泛。而对于会计模式为典型政府导向型的埃塞俄比亚来说，财务主要服务于政府税收，因此财务人员在实际工作中参照的核心准则就是税法，但是税法也并没有明确规定编制财务报表时应基于哪种会计准则，而只给出一个模棱两可的概念——通用的会计准则。世界银行于 2007 年公开发布的埃塞俄比亚 ROSC 报告中指出，在 35 份经审计的财务报表中，17 份采用了国际财务报告准则（International Financial Reporting Standards，以下简称 IFRS），10 份采用了通用会计准则（未定义具体使用哪种通用会计准则），而另外 8 份没有指出采用任何原则或标准。因此埃塞俄比亚的会计制度并不规范，也不统一。

而笔者调查发现，在过去的很长一段时间内，埃塞俄比亚大多数企业基于 US GAAP 展开财务工作。但从 2018 年开始，当地许多会计师事务所开始组织员工培训 IFRS 的相关内容。近年来越来越多的外国企业选择赴埃塞俄比亚投资，因此在这种不断趋于国际化的投资背景下，根据 IFRS 编制的财务报表显然具有更强的可比性。此外，虽然埃塞俄比亚目前还没有正式成立证券交易所，但据有关人士介绍该计划已提上日程。因此埃塞俄比亚虽然市场经济较为落后，但正不断朝着国际化的方向发展。所以在经济全球化的大背景下，采用 IFRS 对埃塞俄比亚的经济发展更为有利。可见埃塞俄比亚采用的会计准则并不统一，而US GAAP和IFRS的应用最为广泛。总体来说，埃塞俄比亚会计准则是参照US GAAP与IFRS的基础上因地制宜修改后的结果，但并无成文和固定的形式。经调研，实际核算中埃塞俄比亚采用的会计准则与中国会计准则主要存在以下几方面差异。

（一）存货核算差异

中国核算存货，入账价值包括买价、相关税费、运输费、装卸费、保险费以及其他可归属于采购成本的费用。埃塞俄比亚当地财务制度基本相同，但由于从中国发往埃塞俄比亚的配件、原材料等大多与机器设备等固定资产一起运输，埃塞俄比亚的海关申报表无法分别核算各单位材料、配件的相关税费，诸如此类的问题最终导致运输费、装卸费、保险费及各项税费无法逐一分摊计入成本，只能根据相关发票上的金额进行分配。此外，对于存货发出实际成本，中国常采用先进先出法、加权平均法及个别计价法。但埃塞俄比亚对于存货发出成本，没有专门的财务核算方法，一种惯性处理方法是：根据存货期初价值及期末盘存的存货价值倒算存货发出成本，基本没有存货的入库、出库及材料账等原始资料的收集、保管等管理工作，这样就导致存货当期成本的确定带有一定的随意性，存在较大的财务风险。

（二）固定资产核算差异

首先在入账价值方面，两国处理差异的原因与上文存货一致，埃塞俄比亚对于进口固定资产入账价值的核算无法准确计算运输途中的相关费用和税费。其次是在固定资产折旧方面，中国通常采用年限平均法、工作量法、双倍余额递减法和年数总和法等方法。而埃塞俄比亚企业的惯性做法是将固定资产分为两类：其一，金额较大并且与生产相关；其二，金额较小与办公相关，两类固定资产采用不同的折旧率和净残值率。

（三）费用核算差异

中国会计准则按广义费用是否能计入成本将其分为可归属于成本的基本生产成本、辅助生产成本以及可归属于费用的销售费用、管理费用、财务费用（期间费用），埃塞俄比亚当地多数企业核算时仅分为基本生产成本和管理费用，前者通常核算材料费用，后者则核算人工、固定资产折旧及其他费用，因此对于费用的核算两国存在显著差异。

（四）其他差异

对于资产的期末计价，中国会计准则明确应当遵循谨慎性原则于会计期末计提减值准备，但埃塞俄比亚没有相应规定，通常处理方法是在实际发生坏账或固定资产毁损时，以法院或其他政府部门的相关支持文件予以核销。此外，对于建筑施工企业，中国常采用完工百分比法确认当期成本，而埃塞俄比亚当地的处理方法是与其发生的期间相配比。

以上就是两国实际业务处理中主要的差异所在。此外，由于埃塞俄比亚采用的会计准则不统一，而应用最广泛的属 US GAAP 和 IFRS。这两种准则的灵活性和适应性都比我国会计准则要高。因此，以这两种会计准则为工作准绳的财务人员在会计政策选择、计量模式和计量属性等方面均拥有相对较强的自主性。

六　对策建议

在对中国与埃塞俄比亚的会计制度演进、会计处理环境、会计模式以及会计准则四方面的比较研究中发现，由于两国在历史、经济、政治、社会文化等方面的差异，中国与埃塞俄比亚还存在着诸多会计差异。在中埃两国不断推进合作的大背景下，越来越多的中国企业选择去埃塞俄比亚投资。但这些中国公司的会计职位普遍倾向于选择中国人，由于属地化程度不足，从国内派遣的人员对当地会计和税法都了解甚少，即使是聘请了当地的会计师事务所，也无法很好地行使监督职能。因此，针对这一问题，对赴埃塞俄比亚投资企业提出以下建议。

（一）全面了解当地税法，降低纳税风险

由于埃塞俄比亚的财务主要服务于政府税收，而税法仅仅规定了财务报表的编制要按照公认会计原则，却没有详细到具体的会计准则，因此美国通用会计准则和国际财务报告准则都是埃塞俄比亚税法承认的准则。显然，如何在不违反税法的前提下达到利润最大化就成了财务工作者的重点目标。而要达到这一目标，就必须全面了解埃塞俄比亚的税法。

在合法的范围内，运用自己的职业判断、选择恰当的会计处理方法，合理避税并争取企业利润最大化。此外，全面了解当地税法还有利于规避纳税风险，因为埃塞俄比亚税法非常严苛。具体情形包括：未按期申报的企业将面临巨额的税收滞纳金和利息；逃税、漏税、虚假申报或少报等也会受到严重的处罚甚至判刑。因此赴埃塞俄比亚投资企业的财务人员必须全面了解当地税法，以规避纳税风险并实现企业利润最大化。

（二）深入学习国际财务报告准则，规避财务风险

经济全球化虽然促进了生产要素在全球范围内的流动，产生了一定的积极作用，但各种挑战也随之而来。很突出的一点就是全球化对会计信息可比性的要求越来越高。但是每个国家的会计准则都是根据本国环境的特点而制定的，而不同的会计准则会产生不同的会计信息，这就对跨国公司的会计工作造成很大的困扰。比如德国奔驰公司按本国会计准则进行核算，公司正常盈利，但在美国上市后按美国通用会计准则核算，就成了亏损。因此会计作为全球通用的商业语言，在全球化的背景下势必会逐渐趋于统一。而 IFRS 作为一种协调性的方案，逐渐被越来越多的国家所采用。埃塞俄比亚众多会计师事务所开始培训 IFRS 的现象也正好证明了这一点。所以，全面采用 IFRS 是埃塞俄比亚企业的趋势，因为该准则能增强会计信息的可比性，从而降低企业财务风险。因此赴埃塞俄比亚投资企业的财务人员必须深入学习 IFRS，以此规避财务风险。

（三）充分利用准则灵活性，实现利润最大化

埃塞俄比亚采用的会计准则并不统一，其中 US GAAP 和 IFRS 的应用最普遍。无论是 US GAAP 还是 IFRS，准则的灵活性和适应性都比中国会计准则要强。因为美国市场经济高度发达，政府对经济的干预很少，会计准则的发展极少受到政府的控制。在这种相对完善的资本市场中，企业在经营决策和会计处理时具有更大的选择权；此外 IFRS 中对会计处理方法的限制不像我国那么严苛，基于 IFRS 进行账务处理的财务人员拥有更高的选择权。因此赴埃塞俄比亚投资企业的财务人员必须深入学习这两种主流会计准则，了解两种准则的异同，在会计核算中充分运用准则的自由性，选择恰当的处理方式，最终实现企业利润最大化。

（四）强化财务人员属地化管理，助推公司长远发展

埃塞俄比亚国家税制、法律体系不断完善，其对外资企业的会计核算、财务管理也愈发严格。了解埃塞俄比亚的法律法规，按照当地会计制度进行核算、纳税已是大势所趋。中资企业的财务人员应尽早适应埃塞俄比亚的财务管理体系，提升自身专业技能。不仅要熟练掌握当地会计核算软件，提高会计电算化的水平和能力，还要加强学习东道国语言文化以减少交流障碍造成的时间成本。企业也应当加强对财务人员的培训投入，通过聘请当地专业会计师对财务人员进行系统岗前培训，加快员工融入当地工作环境的速度。此外，由于每一个项目的“外账”皆独立核算，自负盈亏，但申报纳税时又是合并纳税，两者存在管理错位。在符合埃塞当地法律法规的同时，为权衡、协调项目群的相关利益，建议中资企业增设“属地化”管理机构，以公司利益最大化为目标，统一协调地区财务工作。

（责任编辑：张巧文）

非洲研究　2019 年第 2 卷（总第 15 卷）
第 105 - 121 页

马达加斯加投资环境与中国投资者权益保护*

张泽忠　陈莉娟

【内容提要】 马达加斯加拥有独特的投资优势，但其投资环境也存在较大风险。本文分析了马国对外资的主要投资促进与保护法律规则，探讨了深刻影响外国投资者抉择、生产经营和人身财产安全的政治、经济、司法和社会投资环境，提出了促进和保护中国在马国投资的因应之策。

【关键词】 马达加斯加；投资环境；中国投资者

【作者简介】 张泽忠，副教授，国际法学博士后，江西师范大学政法学院、马达加斯加研究中心（江西南昌：330000）；陈莉娟，江西南昌人，副教授，江西师范大学外国语学院副院长、马达加斯加研究中心常务副主任（江西南昌：330000）。

马达加斯加（Madagascar，简称“马国”）是世界第四大岛国，地广人稀，投资要素禀赋突出，拥有良好气候、丰富的自然资源和充足低劳动力成本的人力资源，特别有利于农业、养殖业、旅游业、矿产业及能源开发等产业的发展，对外国投资者具有较强的吸引力。

---

* 本文系作者 2016 年 7—8 月在马国实地调研的成果。在马国实地调研过程中获得了马达加斯加孔子学院、我国马达加斯加商务参赞、华人华侨的热心支持，在此表示衷心感谢！调研结束后，马国于 2018 年举行了新一届总统大选。安德里·尼里纳·拉乔利纳（Andry Nirina Rajoelina）当选。拉乔利纳总统提出了新的国家发展战略和一些投资新政策，对马国的投资环境意义重大。见张泽忠、陈莉娟《拉乔利纳重返马岛政坛，迎发展新希望》，罗林主编《国别和区域研究》2019 年第 4 期，社会科学文献出版社，2019。

目前马国是中国实施走出战略的主要目标地之一，也是中非合作论坛、共建“一带一路”重要成员。近年来中马双方的经贸往来日益密切，中国不仅是马国连续多年的第一大贸易伙伴和第一大进口来源国，而且还是马国的主要投资来源国，投资领域涵盖农业、矿产、纺织、房地产、商业贸易、旅游酒店、电子装配、娱乐服务。马国政府近年来虽然不断努力改善投资环境，但仍存在诸多投资法律风险，值得中国投资者的重视。

一 马国主要投资促进与保护法律规则

马国对外资奉行投资自由原则，《马达加斯加投资法》（以下简称《投资法》）[①]、《免税区及免税企业法》[②]、《矿业大规模投资法案》及其修正案[③]等法令、政策规定了外国投资者在马国投资的基本准则，以改善马国的投资法律环境。

（一）投资准入

在行业准入方面，实行投资自由原则。马国《投资法》规定，任何马国的或外国的自然人或法律实体，在遵守马国现行法律法规前提下，均可在马国境内自由进行投资和设立企业。不过，在银行、保险、矿产、石油与天然气、通讯、医疗/医药等少数领域须经过批准后方能经营。[④]

在投资区域上，对外国投资者没有限制，在马国任何区域都可以设立公司、营业地点。在投资金额方面，没有明确要求外国人的最低投资金额和注册资金，不过在实际操作中一般会要求缴纳1000万阿里亚里（约合人民币18.65万元）以上的股本金。

① 《马达加斯加投资法》系马国于2008年1月14日颁布的第2007-036号法令“sur les investissements à Madagascar”。

② 见Act No. 2007-037 of 14 January 2008 on Free Zones and Enterprises in Madagascar; Decree 2015-1096 of 7 July 2015 on the implementation of Act 2007-037 Free Zones and Enterprises in Madagascar。

③ Loi n°2001-031 du 8 octobre 2002 établissant un régime spécial pour les grands investissements dans le secteur minier Malagasy (LGIM); modifiée par la Loi n°2005-022 du 17 octobre 2005.

④ 参见《马达加斯加投资法》第二条。

（二）投资待遇

外国投资者享有与马国国民同等的投资待遇，不限制其在公司的股份比例，可100%持有公司股权，并在许可的范围内自由投资。同时，外国投资者可依其母国与马国签订的《投资促进与保护协定》享受更广泛的投资权利和优惠待遇。对于已享受了《投资法》规定的优惠待遇的外国投资者，可自动享受以后马国新法令所给予的更优惠待遇。①

（三）税收优惠

根据《免税区及免税企业法》，对于在政府规定的免税区，从事出口的加工制造、服务产品生产或劳动密集型生产的企业，只要其生产的95%的产品用于出口，可享受特别的税收优惠。②

（四）投资便利化

马国为促进投资专设有“经济发展局”（the Economic Development Board of Madagascar，EDBM）。EDBM设立“一站式办事窗口”（one-stop shop），政府相关部门及公共机构派驻EDBM的代表负责颁发外国投资者入境签证，职业签证，公司的登记、变更与注销，免税区企业证明，土地权属证，税务号码与统计编号，特许行业的开业许可证及其他项目批准文件等，为外国投资者提供高效率一站式服务。③

（五）投资保护

《投资法》规定，马国尊重外国投资者的财产，不对外国投资者资产国有化、征收和征用，但为了公共利益需要除外。在发生国有化、征收或征用时，将给予公平、合理的补偿。④ 同时，马国允许外国投资者将其税后利润、红利、薪酬等正常收入以及外籍员工的收入、赔偿金和储蓄自由转移、汇出。⑤

---

① 参见《马达加斯加投资法》第三条。

② 孙楚尧：《马达加斯加免税区、免税企业及工业区调研报告》，http://www.mofcom.gov.cn/article/i/jyjl/k/201408/20140800714507.shtml，2016/11/2。

③ 参见《马达加斯加投资法》第九条关于EDBM的职责的规定。

④ 参见《马达加斯加投资法》第四条。

⑤ 参见《马达加斯加投资法》第五条。

（六）外籍员工及签证

马国政府不限制企业雇用外籍人员的数量，但是在申请劳务签证或居留签证时，需要用工单位说明招聘该外籍人员的具体理由。《投资法》规定，外国投资者可自主招聘为满足企业正常运行所需的专业外籍员工，但这些外籍员工应申请职业签证。[①]

（七）不动产政策

凡在马国注册并由外国人或属于他们经营管理或控制的外资企业，在满足以下两个条件时就有权购买马国不动产：一是在签署不动产转让文件之前已获得EDBM核发的“土地取得许可证”；二是不动产必须专用于从事商业活动（不允许购买后再转让）。外国自然人或外国公司不能直接购买马国土地，但他们可在无须事先得到批准情况下通过租赁方式获得土地，期限最长不超过99年。[②]

（八）多元争端解决机制

除非各方已同意或愿意寻求其他方式解决，外国投资者与马国之间产生的争议，马国拥有管辖权。这类争议可依据下列司法或仲裁程序予以解决：一是马国与投资者母国之间签署的《投资促进与保护协定》；若没有签署协议，则可依《关于解决国家和他国国民之间投资争端公约》（ICSID）解决。当然外国投资者还可提交马国适格的司法或仲裁机构解决。[③] EDBM也可以“调解人”身份就企业间或企业与政府间的纠纷进行调解。

二 马国投资环境的挑战

马国政府近年来虽然竭力通过税收、关税、金融和社会激励措施，以便建立并维持一个良好投资环境，但其国内的政治、经济、社会治安、

---

① 参见《马达加斯加投资法》第十七条。

② 参见《马达加斯加投资法》第十八条。

③ 参见《马达加斯加投资法》第二十一条。

司法环境复杂，令人担忧。[①]

（一）政治环境

不像非洲大陆许多国家那样，马国自 1960 年独立至今没有发生长期、大规模的战争或战乱，但尽管如此，马国的政治环境却不容乐观。

1. 党派林立

马国实行多党制，由于成立政党的程序较为简单，导致目前政党众多，至 2018 年有 195 个大大小小的政党，每个政党其实就是一个利益集团，为了利益相互倾轧。[②] 影响力较大的政治派别包括：（1）支持前总统埃里·拉乔纳里马曼皮亚尼纳总统的多数联盟（PMP）：由支持前总统埃里的拉瓦卢马纳纳派、过渡政府副总理阿组派、过渡政府总理维达尔派、火炬领袖社、绿党及部分独立议员组成；（2）支持总统安德里·尼里纳·拉乔利纳的联盟（MAPAR）：由总统拉乔利纳的“马达加斯加青年准备着”（TGV）、“争取变革民主共和人士联盟”（UDR－C）等政党和政党联盟组成；（3）前总统马克·拉瓦卢马纳纳创立的“我爱马达加斯加党”。

2. 政权更替频繁

马国实行由国民议会（L’Assemblée Nationale）和参议院（Le Sénat）组成的两院制，为国家最高立法机构。国民议会议员通过普选并按照党派得票比例产生。参议员的 2/3 由国民议会议员和市镇委员选举产生，其余 1/3 为经济、社会和文化界代表，经合法成立的组织和集团提名，由总统任命。政府为国家最高行政管理机构，制定和执行国家政策。1992 年 8 月经公民投票通过的《宪法》规定总统为国家元首、武装力量的最高统帅，由全民直接普选产生，任期 5 年。

但是，马国近年来政局进入动荡期。2009 年 1 月，马国朝野矛盾激化，首都塔纳市等多地发生严重骚乱和流血冲突。3 月 17 日，时任总统马克在部分哗变军队压力下被迫交权并流亡国外。反对派领导人、原塔纳市长拉乔利纳宣布自任总统，成立临时政府，但遭到非盟、南部非洲发展共同体（Southern African Development Community，SADC）的反对，

① 例如，马国在世界正义项目（WJP）发布的“2017—2018 年法治指数报告”中排名也不高，其中在 21 个非洲国家中排名第 16 位，在全球 113 个国家中排名第 98 位。

② 《前总统扎非党派支持议会弹劾总统》，《中非日报》2016 年 6 月 3 日，第 A2 版。

马国被中止成员国资格，美国、法国、欧盟等主要国家也谴责拉乔利纳违宪夺权。临时过渡政府执政一直持续至2014年总统埃里通过普选上任。但如前所述，新总统因系政治派系斗争激化背景下被选出来的，执政困难重重。

马国每任新总统上台，基本上都延续之前的法令政策，保护和承认外国投资者在前任政府时期合法获得的权益，亦不会贸然直接拒绝履行或否认前政府所签署的投资合同和达成的投资项目。然而，新政府上台后，原有合作项目的执行力度会受到影响，例如新组成的内阁官员需重新花时间去推动原有的合作项目，或者在项目投资过程中产生新的障碍，甚至对于普通民众反对声音强烈的合作项目予以重新审查。因此，对外国投资者来说，马国政局动荡会影响其投资计划及项目的实施。

同时，近年来，马国遭遇总统选举“逢选必乱”的魔咒。2002—2003年、2009年马国总统更替，以及2018年大选期间，出现了许多暴乱、动乱、打砸抢事件，包括华人在内的外国投资者财产被席卷一空的现象时有发生。[①]

3. 执政效率低下

马国晚近上台的政府执政能力及经验不足，缺乏雷厉之风和高效的行政管理能力，并且在现行的政治体制下，缺乏强势的政府，导致长时间处于弱政府管理状态。例如2016年5月29日，马国高等法院裁定，给时任总统埃里15天的时间收集证据证明自己执政有方，驳回议会的弹劾议案。[②] 马国近四年内先后更换了4位总理，而每次总理的变更就伴随着众多部门部长的更替。频繁的政治变动直接导致马国的各个部门（甚至上下级部门）都无法形成高效决策机制。例如2016年1月，马国时任总理让·拉韦卢纳里武召集水资源部长、塔纳市长及萨姆瓦（Samva）垃圾清理公司经理召开会议，商议塔纳垃圾问题。然而有关部门、负责人却相互推卸责任，最后只有水资源部长出席会议，以至于会议无法如期举行。[③]

近年来因内阁政府在政治、经济上建树乏善可陈，民怨上升，各类

① 刘杰：《旅马华人华侨故事——我在马达加斯加35年（三）》，http://sanwen.net/a/mozgrbo.html，最后下载日期：2016年10月16日。

② 《马国高等法院给总统15天时间力自己“执政有方”》，《中非日报》2016年6月3日，第A2版。

③ 《中非日报》2016年1月23日，第A2版。

罢工、罢课事件迭起，恶性事件频发，严重影响社会稳定和发展。例如2015年6月15日马达加斯加航空公司员工开始举行罢工，这场罢工引发了马达加斯加近年来最大规模的航班停飞，该国绝大多数国内航班和部分国际航班被迫取消。甚至出现警察将抓获的犯罪嫌疑人送往法院审判时，因法院书记员、监狱工作人员正在罢工而无法得到审判和惩处的现象。①

4. 深受法国影响

马国虽然于1960年6月获得独立，但法国对马国的政治影响力仍然十分强大，马国是法语国家组织的成员国。例如2009年3月19日临时过渡政府总统拉乔利纳②在接见法国大使时明确表示，马国和法国有“共同的历史”，马国和法国将“永不分离”。③

马国政府自独立后执行亲法政策，同法国签订了多项合作协定，法国在外交、国防、财政、教育等方面保留了许多特权，法国有权在马国建立军事基地和驻军，法国垄断资本仍然控制着马国的工矿、农牧、金融、商业和外贸。直到20世纪70年代后期，马国政府才通过国有化或征收方式，收回法国控制的主要经济部门，并实行不结盟的对外政策。

马国现行的民主政党制度、立法制度、司法制度、各项法令都完全效仿法国，与法国几乎无异；法语是马国的官方语言，马国信息、文化传播的电视台、报纸媒体都主要用法文；法国在马国有侨民约2.6万人，在马文化、教育、卫生等领域具有较大影响。法国在马国设有文化中心，每年向马提供数量可观的赴法学习、进修或培训奖学金名额。法国际电台在马设有调频转播台。马国的精英阶层大部分都接受过法式教育或在法国留过学；许多具有法、马双重国籍的人士思想上是亲法的。

（二）经济环境

马国近十多年来产业政策不清晰，缺乏产业政策引导，导致经济无序发展和停滞不前。

---

① 《马警方逮捕3名盗窃电表嫌疑人，却因法院书记员罢工无法得到法律制裁》，《中非日报》2016年5月4日，第A7版。

② 2019年1月19日，拉乔利纳在最新一届大选中，再次当选总统。

③ 白景山：《马总统表示马达加斯加和法国“永不分离”》，http://news.xinhuanet.com/world/2009-03/20/content_11038229.htm，2016/9/25。

1. 马国经济以农业为主，工业基础薄弱

据2014年公布的数据，马国GDP 106亿美元，人均GDP 449.4美元，GDP构成中农业占33%、工业占13.1%、服务业占53.8%。该国有72%的人口居住在农村，其中86%的人口直接依赖于农业。稻谷是农业收入的主要来源，占农业收入的41.9%。有200万的家庭主要收入来自农业。

工业基础较为薄弱，没有支柱工业产业。马国是一个以农业为主的国家，工业GDP只占全国的15%左右。受制于资金不足、电力短缺、道路交通状况差等问题，没有建立自己的重工业体系。农产品加工业在马国工业企业中占的比重较大，产品包括食油、罐头、面粉、糖、木薯粉、肉食及鱼类。

2. 马国财政困难，是世界最不发达国家之一

马国在2002—2007年的年均GDP增长率达7%，但经过2009年暴乱后，马国最近几年的GDP约为100亿美元，经济增长降至2015年的3%。同时通货膨胀率也居高不下，2015年第一季度达到7.9%①，加上货币贬值等因素，实际增长应为负数。根据世界银行2015年的购买力平价标准，马国人均日消费能力为1.12美元，远低于国际人均每日1.9美元贫困线，70%的人口营养不良。

近年来马国的国际收支一直是逆差，其形成的原因一方面是因为资本的外逃，另一方面是因为该国产业结构的问题。马国出口的多是农业产品、纺织品，附加值较低。在埃里总统执政期间，财政入不敷出，困难重重，尚未看到马国经济好转或获得重要发展的迹象。②

3. 缺乏良好的投资基础设施

（1）道路交通基础设施较落后

马国道路交通基础设施等硬件较落后，全国只有3万公里公路，而且只有1.2万公里沥青路面，22%的道路维护良好，40%状态尚可，38%路况糟糕。③ 目前只有连接各个省的90%国道才有柏油路或水泥路，省道

① 《马达加斯加2015年第一季度经济形势》，《中非日报》2015年6月20日，第A7版。

② 马国MMM党主席Organes表示，现政府执政两年来，经济没有发展，社会治安越来越乱，穷人越来越多，政府腐败问题越来越严重。参见《MMM党派希望政府改善马国目前局势》，《中非日报》2016年6月25日，第A7版。

③ 驻马达加斯加经商参处：《马达加斯加将进行国家公路修复工程》，http://china.huanqiu.com/News/mofcom/2014-08/5099138.html。

都是土路、泥土路，农村40%的道路无法通行。[①] 同时，马国铁路运输状况也滞后，目前只有两条铁路运输线，总长度为895公里，且只有铁路东线在勉强运行（仅运输货物）。这些状况导致全国的货物、设施、资源的运输成本居高不下。

（2）电力匮乏

马国虽然水资源丰富，但电力不足，无法满足生产生活需要。目前马国全国约有500兆瓦的电力供应，但实际能用的只有不到400兆瓦，没有形成全国统一联网，主要城市各自设有独立电网，农村基本上没有通电。全国只有13%的人口能够使用上电，是世界用电人口比例最低国家之一。所以对于能耗较大的投资项目是一个重大挑战。[②]

（3）水利基础设施滞后

整个马国的水利基础设施因缺资金，年久失修，现在大都无法正常使用。例如马国最大湖——阿劳特拉湖（Lake Alaotra）所在的安巴通德拉扎卡省，虽然拥有较多的水域，分布着一二十座水库，兴建了许多水渠，但大部分因长期失修而塞满了淤泥，大都淤塞，丧失其原有的引水灌溉功能。

4. 缺乏产业政策引导和推广系统

马国政府缺乏清晰的发展及扶持政策，特别是在农业方面，每届政府上台虽然会提出要大力发展农业，以解决粮食安全问题，但因缺乏农业发展的战略思想，导致极少去制订一个具体的农业发展规划。同时，马国缺乏强有力的农业推广系统，目前只有农业部负责农业推广系统，农业科研机构也寥寥无几。

（三）社会环境

1. 社会发展层次严重两极化

马国近现代复杂的发展历史，导致即使在经济全球化的时代，马国仍存在现代民主政治与原始传统文明混合交叉共存的现象。一方面，马国在法国殖民统治时期引进了西方民主意识及制度，出现了经济方面总体较为落后但民主意识很强的现象。另一方面，马国除首都及一些较大

① 《马国路况糟糕，致“民不聊生”》，《中非日报》2015年6月10日，第A2版。

② The World Bank in Madagascar, http://www.worldbank.org/en/country/madagascar/overview, 最后下载日期：2019年1月22日。

城市外，偏远地区仍存在大量部族，大的族群又有许多更细的分支群体，他们在传统和信仰方面存在很大差异，原始的意识较为普遍，时至今日绝大部分仍生活于自己古老的传统、信念中。

2. 各级官员腐败成风

马国经济落后，国家贫穷，财政收入低，导致各类国家工作人员工资收入很低，入不敷出。在此情形下，掌握政府审批权力的各级行政官员，如负责税务稽征、社会治安的警察和宪兵，以及掌控司法权力的检察官和法官等，往往利用手中的权力，进行权力寻租。贪污腐败现象已经渗透到生产和生活的各个部门，"近年国家财政预算中的约 40% 都被贪污"。[①]

这种官员普遍腐败现象导致国际社会对其投资环境的评价很低。根据反腐败国际组织——"透明国际"公布的 2015 年全球"贪腐印象指数"（Corruption Perceptions Index，CPI）显示，在全球 167 个国家中，马国排名第 123 位，"透明国际"公布的 2015 年全球"政府反贪腐指数"（Government Defense Anti-Corruption Perceptions Index）显示，马国在全球排在 E 级。[②] 这表明马国是世界廉洁程度较低的国家，官员腐败和官僚主义严重导致政府行政能力和效率低下，这严重影响到马国的贸易、投资环境。

3. 治安环境差

马国的社会治安日益恶化，尤其自 2009 年马国发生政治危机以来，伴随着总统和议会选举等党派政权利益争斗，除经常发生社会动乱、骚乱、示威游行以表达对政府的失望和贫穷状态的不满，还经常发生持枪暴徒为非作歹、损害居民生命和财产安全的抢劫、偷盗事件。例如马国南部盗牛贼经常流窜作案、任意肆为，甚至有的村庄村民被迫在屋外睡觉，目的不是保卫自家财产，而是在歹徒光临时方便逃跑。

4. 非政府力量影响力大

马国地方上除了一些镇政府机构、基层村委会等正式现代国家行政机构外，还有属于体制外的贵族、酋长、族长等传统权威，他们在当地影响力很大，具有较高的权威。他们一直是"天然的统治者"，运用体现

① 《MMKT 协会举行示威游行，抗议政府腐败》，《中非日报》2016 年 5 月 25 日，第 A7 版。

② "透明国际"将"政府反贪腐指数"（Government Defense Anti-Corruption Perceptions Index）分为 A、B、C、D、E 和 F 六个级别，A 代表最清洁，F 代表贪腐最严重，http://government.defenceindex.org/countries/madagascar/。

当地文化、传统和遗训的原则，以及道德准则、道德说教来要求违法者承担责任，用地方和传统的权威来解决争议。许多这样的机构和个人在他们各自的社区里对争议的解决发挥着重要的作用，并且在法律多元化的宪法体制下与国家法院具有同等的尊严。

此外，宗教在马国也是一股不可忽视的社会重要力量，主要有本地传统宗教、基督教、天主教、伊斯兰教、佛教等。它们在各个区域设立分社、次分社，形成了一张错综复杂的宗教力量网。宗教领袖的声望很高，对本教的信徒具有较大的影响力。

（四）司法腐败严重

马国法律及法律体制较为健全，这些法律条款及司法体制均沿袭或参照法国。马国现约有2000余部法律，涉及宪法、民商事法律、外商投资性法律、刑事法律、程序性法律等。在司法体制方面，马国设有三级司法审判体制，初审法院5个，每个省各1个；上诉法院5个，每个省各1个；在首都设有最高法院和最高宪法法院。至2015年底马国约有1000位法官。

但在司法机构适用法律方面，却存在大量的司法腐败现象，经常出现裁判不公现象，导致外国投资者在马国维权艰难。这种司法腐败反过来还助长了马国治安环境的恶化、恶性事件的发生、黑势力的形成。

三　中国企业在马国投资面临的主要挑战

自1972年11月6日建交以来，中马双方先后签订了《经济技术合作协定》和《相互促进和保护投资协定》。近些年来，我国对马国的各类投资逐渐增多，2009—2017年，中国对马投资存量年均增长18.56%。[①] 截至2018年底，中国对马国直接投资存量7.66亿美元，占对非洲投资总额的1.77%。目前我国是马国第8大投资来源国，主要投资领域涵盖农业、矿产、纺织、房地产、商业贸易、旅游酒店、电子装配等。

---

① 中国驻马国大使馆经济商务参赞处：《2017年我对马达加斯加投资额创纪录》，http://mg.mofcom.gov.cn/article/jmxw/201811/20181102811353.shtml，最后下载日期：2018年11月25日。

（一）投资促进机制缺失

1. 中马双方尚未签订避免双重征税协定

“避免双重征税协定”（Double Taxation Avoidance Agreements，DTAA）对于促进中资企业在马国投资具有重要作用，可以消除双重征税和认可税收饶让，降低“走出去”企业的整体税收成本，提高国际竞争力。然而我国尚未与马国签署避免双重征税协定。目前国内许多投资者通过在中国香港、开曼群岛、英属维尔京群岛（BVI）等“避税天堂”注册公司后再转投马国，这也说明税负是影响中国投资者对马国投资的重要因素。

2. 融资支持机制缺失

中国民营投资者在马国投资矿产、农业、基础设施建设项目时往往需要投入较大资金。但根据中国现行的融资贷款政策，国家开发银行或其他商业银行向企业发放融资贷款时，要求它们提供在中国境内的有效担保，不接受它们在马国发展多年所累积的固定资产、无形资产和厂房等有价值的资产作为担保。这造成它们往往无法顺利获得项目所亟需的资金。

（二）缺乏向担保机构寻求分散投资政治风险

目前少数中资企业在投资马国水利、道路基础设施等大型项目融资时，要求马国政府提供主权担保（以东道国信誉、国库作为担保），并寻求中国出口信用保险公司（简称“中国信保公司”）的投资政治风险担保。其他大部分中资企业由于中国信保公司的保费较高，未向中国信保公司投保来规避政治风险。

另外，截至目前，没有任何一家中资企业利用多边投资担保机构（MIGA）或其他国际机构来分散对马国的投资风险。而西方发达国家私人投资者在马国投资水电、火电站等重大项目时，除要求马国政府提供主权担保、财政担保外，大都会寻求MIGA、世界银行或非洲银行等国际机构来承担政治风险损失。

（三）中国投资者本身的投资方式及做法值得反思

1. 在项目投资时不重视其他利益攸关者

中国投资者鉴于马国当前的政治、治安、司法环境较差，有的投资者认为只要项目获得马国政府的认可就可以获得投资保护。事实上若忽视或轻视与项目密切相关的当地百姓等其他利益攸关方，即使项目获得了政府的认可或批准，也不意味着拟投资的项目就成功了，原因在于这种做法会导致投资项目不接地气，得不到其他利益攸关方的支持而失败。

2. 部分投资项目过于冒进

部分中国投资者在马国投资项目时急于求成或追求短平快，出现急进或冒进投资，期望在短时间内获得投资收益。为此他们往往一次性投资过多，甚至在未实际进入生产阶段就开始投入大量劳工、设备物资。而这容易被当地反对派所利用，引起不必要的非商业性投资风险。

3. 对当地成分重视不足

部分中国投资者在项目实施中，往往从中国国内招募较多的员工。虽然马国在雇用外籍员工方面限制较少，但这种不重视招募当地员工的做法不仅让企业难于快速融入当地社会，而且还因当地政府、群众无法从中受益而遭到阻碍，容易发生以环境破坏等各种理由来阻碍投资项目运营。

4. 履行企业社会责任意识有待加强

部分中小私人投资者在马国投资矿产等重大项目时，在获得政府审批后对之前向当地政府所作有关修建医疗所、学校、修路、打井等的承诺，出现不履行或拖延履行的现象，影响后续的投资经营活动和企业形象。

5. 缺少危机公关意识和机制

马国党派利益之争剧烈，当局政府许可或支持的项目，往往会出现反对派唆使人员进行滋事，并让新闻媒体在电视、报纸上故意抹黑，进行负面性的舆论渲染。而中国投资者极少聘请当地公关团队，导致在项目发生此类危机时，无法及时公关以平息事端，甚至导致投资项目也被迫停业整顿。

（四）商人之间有时出现恶性竞争

在马国从事经贸的中国商人有时出现相互恶意或无序竞争。部分商人在马国不追求相对固定回报率，只求有钱挣，这导致一些行业中国商人介入后，价格和利润出现下跌。例如，马国首都塔纳市中国城的服装与纺织品、手机等电子产品在几代中国商人苦心经营后，近些年因相互抑价竞争，导致经营越来越困难。

更严重者，还出现因中国商人之间恶意竞争，导致失去整个行业经营权的极端事件。“华人水产业协会”成立后，各会员单位的效益增长明显。然而该协会运行一年多后，极少数新到马国经商的中国商人为抢占、垄断当地螃蟹等水产品市场而采取的行为，引发了马国政府发布相关水产品新法令，结果导致绝大部分协会会员企业因未达到政府的养殖场建设要求而被吊销了出口许可证，协会名存实亡了。

四 促进和保护中国投资者权益的因应之策

在当前马国的投资环境下，为更进一步促进与保护中国投资者在马国的权益，有必要采取以下因应措施。

（一）推动建立经济贸易合作区或工业园区

现在中国投资者在马国的经济、投资、商业活动较为分散，尚未形成规模效应和完整的上下游产业链。同时，中马双边贸易长期不平衡，中国对马国存在较大的贸易顺差。在此情况下，为尽快落实《北京行动计划（2019—2021 年）》，我国可积极与马国共同设立经贸合作区、经济特区或工业园区，并鼓励和支持中国企业参与园区规划、设计、建设、运营和管理，帮助马国吸引投资。

首先，设立经济贸易合作区或工业园区要充分考虑地理位置、区位优势、人口、基础设施状况、资源优势、中长期投资收益回报率等因素。鉴于马国的国情，拟定位为涵盖货物贸易、服务贸易和投资在内的综合性合作区，促进农业、能源和资源、新技术等领域的发展。

其次，鉴于马国地广人稀，土地、农业资源丰富，可在马国建立农业技术示范中心，并鼓励湖南省针对马国农业提出的“一省一国”合作模式，打造集农业技术培训、农作物种植示范、良种繁育推广、畜禽养殖加工、农产品加工、农业机械化服务、农产品贸易、电商物流一体化的农业产业园区。

（二）推动投资促进与保护机制建设

第一，尽管目前中国对马国投资体量较小，但为了鼓励中国各类企业到马国投资，促进投资税负公平，为中马投资提供有利的税收环境，我国应尽快根据《北京行动计划（2019—2021 年）》关于商签和落实避免双重征税协定的要求，与马国商签避免双重征税协定，并开展更密切税务合作，解决中马双方跨境纳税人涉税争议。

第二，为解决境外融资难的问题，我国的金融机构、中非基金等有关各方可积极探索有关境外融资贷款和境外抵押的贷款机制，包括国内商业银行在非洲分支机构接受当地抵押物以及中非基金为境外融资提供担保等。

第三，在投资政治风险防控方面，积极引导中国信保公司适当降低保费，将适格投保人范围扩大至由中国投资者实际控制的境外企业（如中国港澳台地区、BVI、开曼群岛）。出台有关境外投资风险防范机制的操作指南，除引导投资企业注重项目投资前的法律、财务和行业可行性研究调查，识别商业风险和项目本身营利性外，还要重视东道国（马国）的政治风险防范，包括尽可能向中国信保公司投保和要求东道国提供主权担保，重视与 MIGA、世界银行、非洲银行等国际机构的合作。

第四，马国的法律体系复杂且晦涩难懂，为此可尝试在我国驻马国的使领馆或经商处增设“法务处”。该法务处的工作人员不仅应熟悉马国的投资环境，而且也应熟悉马国的法律和司法制度，定期为中国境外企业提供当地法律风险防范指导服务。这对于落实我国提出的加强境外企业法律保护具有重要意义。

第五，进一步加强领事保护机制。我国可与马国商签双边领事条约，为我国行使领事保护提供国际法律依据。同时驻外使领馆、经商参赞处除重点关注在马国的中资国有企业或较大型的私人投资者，也要加强对其他中国私人投资者的保护。

（三）投资者要加强投资风险防范和转变投资方式

首先，应加强项目风险的法律尽职调查。中国投资者在马国投资时，除对马国的基本法律制度、产权制度、对外国投资者的市场准入制度、交易制度、不动产制度、外汇政策、税收政策、劳工政策、环保政策以及法治水平或司法独立性和可操作性等事宜进行全面调查之外，不能忽视对马国政治风险的调查，切忌在未调查清楚并制订有效的防范措施之前就盲目投资。中资企业可选择的防范措施包括向中国信保公司、MIGA 等投保，还可在合同中订立“庇护机制”、“合同锁定”和“保险转嫁”等条款，以规避马国政治风险。

其次，同各方建立良好关系。中国投资者既要与马国政府建立良好的关系，也要重视项目的其他利益攸关方。在马国进行矿产开采、农业种植的中国投资者，尤其要与当地村民建立良好的关系，照顾到他们的利益，同时与当地酋长、族长、宗教领袖等保持良好的关系。另外，对于在马国投资大中型的项目，要避免冒进或急功近利的投资思维。

再次，重视属地化和履行社会责任。中国投资者的优势主要体现在拥有资金、技术和管理经验，但本地化经验不足，因此，要尽可能在马国实现属地化管理，包括招聘普通员工和一定数量的高级管理人员；制订技术培训计划并付诸实施；聘用当地律师、会计师、税务师等专业人才；在当地采购能够供应的配套材料。同时，积极履行所承诺的社会责任，包括修建学校、医疗机构、道路、打井等当地百姓亟须的民生工程。这些属地化和社会责任措施既可以让中国投资者尽快融入当地社会，也可使企业合法合规经营，让当地百姓受益，从而长远地保护自己的投资利益。

从次，重视公关与舆论宣传。鉴于马国复杂的投资环境，难免出现危机事件，因此要重视舆论宣传、危机公关。投资较大的企业，最好组建自己的公关团队。公关团队日常可以宣传企业的正面形象，设立开放日，邀请当地政府官员、民众、村代表、媒体代表来参观投资项目所取得的成果。通过这种展示活动可让当地民众更真实地了解到项目给当地经济方面和履行社会责任方面带来的益处，并通过马国主流媒体的声音传播企业正面形象。

最后，提高中资企业与员工自身安全与守法意识。中资企业需要在全面了解马国的法制、安全问题后，建立安全工作小组，制订相应的预警机制和应急预案；加大针对安全的投入，如施工现场营地采取安全保护措施。同时，中资企业要积极了解和遵守马国的法律法规以及相关国际法，依法纳税，及时为员工缴付社保和医疗保险。

（四）规范华人行业协会

目前在马国成立有中资企业家协会、京城华侨总会、华商总会、顺德商会、塔马塔夫华侨总会、顺德联谊会、马达加斯加华人华侨协会、水产业协会、南通商会等华人华侨商会组织。其中除水产业协会真正属于同一行业领域的协会组织外，其他则属于跨行业华人之间信息沟通交流的一种联络会或联谊会，且这些商会组织相对独立运行发展，真正走入马国主流社会的不多。鉴于此，为避免华人之间因信息不通而造成恶意竞争，更好地协调同行业的利益和纷争，有必要借鉴水产业协会的有益经验，经营同一行业产品的华商成立行业商会或协会，以便相互之间加强信息沟通，价格协调和纷争解决。在这方面可由我国驻马国的经商处给予积极引导。

（责任编辑：周　军）

非洲研究　2019年第2卷（总第15卷）
第122－134页

中国的非洲地理研究：意义、进展与展望*

——以浙江师范大学为例

蒋国俊　吴　涛　章明卓　解雪峰

【内容提要】 非洲面积广袤、资源丰富，但开发程度低，发展诉求强烈。目前，我国对非地理研究逐渐深入，国内各高校也成立了非洲地理相关研究中心和院所，其中浙江师范大学系统围绕非洲自然资源与环境、非洲产业与经济、非洲社会与文化、非洲科技与中非科技合作四大主要方向开展非洲地理研究工作，并取得了一定的成果。本文基于中国非洲地理研究的成果与经验，总结了非洲地理研究的特点和非洲地理研究的薄弱环节，提出了非洲地理研究的发展方向，以期对我国非洲地理研究的未来发展有所启示。

【关键词】 非洲；地理；资源；协同

【作者简介】 蒋国俊，浙江师范大学党委书记，教授，博士生导师，主要从事海洋及海岸带生态环境演变、非洲地理研究（浙江金华，321004）；吴涛，浙江师范大学地理环境科学学院讲师（浙江金华，321004）；章明卓，浙江师范大学科学研究院院长，副教授（浙江金华，321004）；解雪峰，浙江师范大学地理环境科学学院讲师（浙江金华，321004）。

---

* 本文在蒋国俊教授在2019中国地理学会（华东地区）学术年会上的主旨报告基础上修改而成。

作为发展中国家最集中的大陆，非洲始终在中国外交中占据基础性地位。[①] 2013 年以来，习近平主席、李克强总理都曾访问过非洲，加之连续 29 年中国外长新年首访非洲，凸显了非洲对中国发展的战略意义。在中国外交总体布局中，中非关系是“撬动中国与外部世界关系结构的一个支点”，对于中国外交环境之改善与国际地位之提升，具有不可替代的独特作用。[②] 与此同时，中国积极倡导构建人类命运共同体，构建新型国际关系，也为非洲发展提供了新路径，中非合作将是非洲摆脱西方支配宿命的机会，必将开创非洲发展的新纪元。

新中国成立 70 年来，国内学者对非洲地理的研究经历了引进、消化、吸收、创新的发展道路。[③] 经过我国非洲地理研究工作者的不懈探索和研究努力，取得了一定成绩，但与西方国家相比，我们的成果仍较少。在“一带一路”倡议背景下，非洲大陆势必成为我们关注的焦点，非洲地理研究今后的发展方向和研究重点内容如何？非洲地理研究的薄弱环节如何突破？这些都是国内地理学界关注的焦点。

一 非洲地理研究的意义

地理学是研究地理要素和地理综合体的空间分异规律、时间演变过程及区域特征的学科，它具有综合性、交叉性、区域性的特点，旨在“探索自然规律，昭示人文精华”。[④] 从地理学的角度考察，非洲是一块我们需要深入认知的大陆。

（一）非洲面积广袤，地理景观多样

非洲有 3020 万平方公里土地，约是中国、美国、欧洲面积之和。同时，非洲是“热带大陆”，大部分地区位于南北回归线之间，赤道横穿大

① 傅莹：《张德江委员长访问非洲是中国对非重要外交行动》，中国网新闻中心，2013 年 9 月 13 日，http://www.china.com.cn/news/txt/2013-09/13/content_30020381.htm，最后访问日期：2019 年 5 月 18 日。

② 刘鸿武：《中非关系 30 年：撬动中国与外部世界关系结构的支点》，《世界经济与政治》2008 年第 11 期，第 80—88 页。

③ 甄峰、尹俊：《非洲地理研究综述》，《西亚非洲》2011 年第 5 期，第 31—35 页。

④ 傅伯杰：《面向全球可持续发展的地理学》，《科技导报》2018 年第 2 期，第 1 页。

陆中部，高温地区面积广大，自然地理要素的纬度地带性分布规律显著，形成了非洲大陆南北对称的自然带分布格局。非洲是“高原大陆”，高原发育广泛，海拔 500—1000 米的高原占全洲面积的 60% 以上，有东非高原、埃塞俄比亚高原、南非高原等。非洲地貌类型多样，有刚果盆地、乍得盆地、尼罗河上游盆地等；有世界第一长河尼罗河、世界流量第二大河刚果河、西非生命源泉的尼日尔河、赞比西河等；有阿特拉斯山脉、德拉肯斯山脉等；有坦尼喀湖、马拉维湖、基伍湖、爱德华湖、艾伯特湖等。并且，非洲裂谷体系发育，东非大裂谷延伸 6437 公里。这些自然地理单元都为地理学研究提供了独具特色的研究对象和研究内容。

（二）非洲自然资源丰富，但开发程度低

非洲拥有全世界铂族金属储量的 90%、铀和铬铁矿储量的 20%、锰矿和铝土矿储量的 30%、钒和钛储量的 20% 以上、金刚石储量的 60%、钻石储量的 52.4%、金资源量的 50% 以上和磷矿储量的 42%，此外铅、锌、锑、重晶石等矿产资源储量也很可观，非洲已探明的原油和天然气储量分别为 166 亿吨和 13.86 万亿立方米，均约占世界 8%。[①] 而且，大多数矿产品位高、分布连续、易于规模化开采。[②] 受历史、自然地理、经济发展等诸多因素的影响限制，非洲大陆矿产资源的勘探和开发程度差异大。非洲多数国家的地质勘探研究程度都处于中等到较低水平，非洲矿产资源找矿潜力依然很大。[③] 非洲是全球矿产资源开发最有潜力的地区，其资源总价值占全球的 23%，但产量价值却仅占全球的 9%，具有极大的开发潜力。[④]

（三）非洲总体贫困，但发展诉求强烈

全球 50 个最不发达国家，非洲占 35 个[⑤]，非洲总人口 12 亿，“全球

① 谢锋斌：《中国对非洲矿业投资浅析》，《中国矿业》2015 年第 24 期，第 1—6 页。

② 顾学明：《中国与非洲矿产资源经贸关系研究》，博士学位论文，中国地质大学，2012。

③ 郝献晟、郭义平、王淑玲：《非洲矿产资源勘查开发的机遇》，《国土资源情报》2009 年第 4 期，第 14—18，33 页。

④ 王诗烨：《“一带一路”背景下我国矿产企业在非洲“走出去”战略分析》，《新经济》2018 年第 1 期，第 56—61 页。

⑤ 肖艳：《中国与中低收入发展中国家经贸合作新战略研究》，博士学位论文，对外经济贸易大学，2014。

底层10亿人”6亿在非洲，近60%的非洲城市人口居住在贫民窟地区。[①] 非洲GDP总量约2.5万亿美元（与印度相当），制造业总量仅占全球1.5%，不含南非则仅占全球0.7%。[②] 到2000年，《经济学人》仍称非洲为“没有希望的大陆”，贫穷、落后、内战、政局混乱、援助依赖以及“失败国家”是形容非洲的关键词。

但是，自2013年以来，非洲联盟开始着手制定规划未来50年发展的《2063年议程》，旨在50年内建成地区一体化、和平繁荣新非洲（这也被称为“非洲梦”）。《2063年议程》明确提出：“到2063年非洲制造业占GDP比重50%以上”；到2020年，非洲各国人口超过100万的城市将增长至59个；到2050年，非洲的城镇化率将上升至61%。[③] 非洲将技术变革作为非洲经济增长的新引擎和缩小与发达国家差距的借力点，数字经济增长迅猛，预计到2025年非洲数字经济对GDP的贡献将达到3000亿美元。随着非洲工业化、城镇化、数字化不断推进，非洲中产阶级快速崛起，数量已达4.2亿人（非洲发展银行预测）。非洲日益增大的中产阶级消费的增加意味着到2030年非洲居民消费支出有望达到2.2万亿美元。[④] 如今“崛起的非洲”“充满希望的大陆”“非洲的世纪”已成为西方媒体赋予这个地区的新标签。

非洲正在推进的工业化、城镇化、数字化必将极大改变我们对非洲的传统认知，为非洲地理研究提供了丰富的时代命题。

（四）非洲社会多元，但次区域合作普遍

地理学上通常把非洲分为东、西、南、北、中五大区域。有时也可以从地理人文角度，分为北非五国和撒哈拉以南非洲。北非五国

① 《非洲发展问题与非洲合作前景》，华立视界，2019年1月28日，https://mp.weixin.qq.com/s?_biz=MzA4NjQyNjEwMg%3D%3D&idx=2&mid=2650493797&sn=1baad47cc7b01d0e82b921a6e7454eb0，最后下载日期：2019年6月20日。

② 《非洲应该抓住经济发展的新机遇》，中国社会科学院经济研究所，2018年10月17日，http://ie.cass.cn/academics/economic_trends/201810/t20181017_4705970.html，最后下载日期：2019年5月17日。

③ 楼世洲、彭自力：《非洲国家科技十年战略发展规划述评》，《非洲研究》2016年第8期，第141—151页。

④ 《能否到2030年消除非洲的极端贫困?》，非洲开发银行，2014年8月13日，https://www.afdb.org/en/blogs/afdb-championing-inclusive-growth-across-africa/post/can-africas-extreme-poverty-be-eliminated-by-2030-13424/，最后下载日期：2019年6月20日。

（包括埃及、利比亚、突尼斯、阿尔及利亚、摩洛哥）人口构成中有 70% 以上为阿拉伯人（属白种人），人文历史、经济发展、宗教风俗等与撒哈拉以南非洲有很多不同。[①] 受原殖民体系影响，非洲也分为英语非洲和法语非洲。但实际上斯瓦希里语、豪萨语等当地语言也在大量人群中使用，并形成了不同的语言文化圈。非洲国家文化差异大，但是次区域合作普遍，已形成北非撒哈拉地区的萨赫勒－撒哈拉国家共同体、西北非地区的阿拉伯马格里布联盟、中部非洲经济与货币共同体、西非国家经济共同体、南部非洲发展共同体、东非共同体等次区域组织。因此，在许多时候不能用一个整体的逻辑来看非洲，甚至除了地理与少数政治观念外，“非洲”通常是一个过于宽泛、抽象与模糊的概念。

二　中国非洲地理研究的历史回顾

新中国成立以来，中国学者对非洲地理的研究经历了引进、消化、吸收、创新的发展道路。[②]

（一）20 世纪 50—70 年代，国内非洲地理研究学界以评介相关文献为主

这一阶段主要有三类学术成果：第一类是编译类成果，如《非洲矿产地理》[③]《西非洲：自然环境及其经济利用》[④]等。第二类是编写有关非洲地理的基本资料，如 1955 年外交部欧非司首先组织编写了《非洲概况》，对非洲国家的地理、经济、社会等情况做了概述性介绍。此后，世界知识出版社编《非洲列国志》[⑤]、李汝燊等编著《非洲》[⑥]、世

① 王文：《非洲很穷？还不起中国人的债？是时候消除对中非关系的这些误解了》，上观新闻，2018 年 8 月 21 日，https://www.jfdaily.com/news/detail? id = 101117，最后下载日期：2019 年 5 月 18 日。

② 王建：《新世纪中国中东非洲研究展望——访中国社会科学院西亚非洲研究所所长杨光》，《西亚非洲》2000 年第 1 期，第 6—8，78 页。

③ 罗津：《非洲矿产地理》，苏世荣译，商务印书馆，1959。

④ 邱奇：《西非洲：自然环境及其经济利用》，马阵超、高学源译，商务印书馆，1963。

⑤ 世界知识出版社编《非洲列国志》，世界知识出版社，1957。

⑥ 李汝燊：《非洲》，中国青年出版社，1961。

界知识出版社编《非洲手册：概况部分》[①]、中国社会科学院西亚非洲研究所编《非洲概况》[②] 等一批介绍非洲发展概况的成果相继问世。第三类是学术专著，如《非洲地理》[③]、《非洲自然地理》[④] 等。

（二）20 世纪 80 年代以后，部门地理、资源地理研究开始拓展

苏世荣等编著的《非洲自然地理》[⑤]，是一本系统阐述非洲地区自然地理特征、地理分区的重要著作，被广泛引用；曾尊固等编著的《非洲农业地理》[⑥]，在当时大洲层面农业地理研究资料极其缺乏的情况下，无疑具有里程碑的价值，堪称非洲农业地理研究的经典成果；张同铸等编著的《非洲石油地理》[⑦]，主要阐明了非洲石油（天然气）资源及其禀赋条件，非洲石油工业发展的历史背景和发展阶段，非洲石油业的开采、提炼和贸易情况，以及它的发展变化和原因分析。另外，还有文云朝主编的《非洲农业资源开发利用》[⑧]，姜忠尽撰写的《非洲之旅》[⑨]，等等。

（三）21 世纪以来，非洲成为我国地理学界境外研究的重点和热点区域

进入 21 世纪以来，全球化尤其是中非深度合作，拉近了中国和非洲之间的距离，构筑中非命运共同体已成为双方的共识。随着中非合作的深入开展，中国“一带一路”倡议的实施，非洲成为我国地理学界境外研究的重点和热点区域。浙江师范大学非洲研究院组织编写的“当代非洲系列”，如：骆高远《当代非洲旅游》[⑩]，罗福建、黄新民《当代非洲交通》[⑪]，朱华友等《当代非洲工矿业》[⑫]，叶玮、朱丽东《当代非洲资源

---

① 世界知识出版社编《非洲手册：概况部分》，世界知识出版社，1962。

② 中国社会科学院西亚非洲研究所《非洲概况》编写组编《非洲概况》，世界知识出版社，1981。

③ 鞠继武：《非洲地理》，新知识出版社，1955。

④ 卢村禾：《非洲自然地理》，商务印书馆，1959。

⑤ 苏世荣等编著《非洲自然地理》，商务印书馆，1983。

⑥ 曾尊固编著《非洲农业地理》，商务印书馆，1984。

⑦ 张同铸等编著《非洲石油地理》，科学出版社，1991。

⑧ 文云朝主编《非洲农业资源开发利用》，中国财政经济出版社，2000。

⑨ 姜忠尽：《非洲之旅》，21 世纪出版社，1993

⑩ 骆高远：《当代非洲旅游》，世界知识出版社，2010。

⑪ 罗福建、黄新民：《当代非洲交通》，世界知识出版社，2010。

⑫ 朱华友等：《当代非洲工矿业》，浙江人民出版社，2013。

与环境》[①]，李伯军《当代非洲国际组织》[②] 等，较为系统地阐述了非洲大陆地理环境要素的发展与变迁。由南京大学姜忠尽主编的《非洲农业图志》[③] 是国内第一部专题性非洲农业地理专著。全书内容涉及广泛，着重研究非洲农业地理现象的空间分布规律和地域组合特征，包括气候、植被、人口、农业史、农产品加工、农产品贸易、营养安全等诸多方面。南京大学黄贤金、甄峰主编的《中非资源开发与中非能源合作安全研究》丛书，是近几年来在非洲地理与资源研究领域的一项重大成果。该丛书共 7 册，分别为《中非合作能源安全战略研究》[④]、《非洲农业与农村发展——非洲九国野外实地考察研究》[⑤]、《非洲港口经济与城市发展》[⑥]、《非洲渔业资源及其开发战略研究》[⑦]、《非洲土地资源与粮食安全》[⑧] 和《现代非洲人文地理》（上下册）[⑨]。该系列丛书对非洲矿产、土地、渔业、水资源、港口、城市等自然资源和人文资源与经济社会发展问题进行了综合研究，紧密围绕非洲资源开发及中非能源合作中的核心问题，由地理科学、城市与区域经济、政治学、管理学等多领域、跨学科的专家团队共同完成。而《非洲经济地理与区域发展研究资料汇编》[⑩] 是南京大学非洲经济地理研究室自 1964 年到 1984 年编印的《非洲经济地理参考资料》和《非洲地理》等共 32 期论文的汇编，成果涉及非洲国别研究、非洲资源、非洲能源、非洲矿产、非洲农业、非洲工业、非洲交通、非洲人口、非洲环境等诸多研究领域，综合性强，覆盖面广，具有相当高的学术价值和非常重要的现实意义。

（四）伴随着学科发展，非洲地理研究队伍不断壮大

随着非洲地理研究的开展，国内各高校也成立了非洲地理相关研究

---

① 叶玮、朱丽东：《当代非洲资源与环境》，浙江人民出版社，2013。

② 李伯军：《当代非洲国际组织》，浙江人民出版社，2013。

③ 姜忠尽主编《非洲农业图志》，南京大学出版社，2012。

④ 姜忠尽、刘立涛：《中非合作能源安全战略研究》，南京大学出版社，2014。

⑤ 姜忠尽、甄峰、刘成富：《非洲农业与农村发展——非洲九国野外实地考察研究》，南京大学出版社，2014。

⑥ 甄峰、秦萧、蹇嘉：《非洲港口经济与城市发展》，南京大学出版社，2014。

⑦ 张振克、任则沛：《非洲渔业资源及其开发战略研究》，南京大学出版社，2014。

⑧ 黄贤金、李焕、赵书河：《非洲土地资源与粮食安全》，南京大学出版社，2014。

⑨ 姜忠尽：《现代非洲人文地理》，南京大学出版社，2014。

⑩ 张振克：《非洲经济地理与区域发展研究资料汇编》，江苏人民出版社，2019。

中心和院所。例如：北京大学于1963年成立亚非研究所，1998年成立了非洲研究中心。作为中国高校第一个研究非洲问题的机构，北京大学非洲研究中心以非洲的区域综合研究为研究方向，涵盖政治、经济以及国际关系、历史、社会文化等方面。南京大学于1965年设立非洲经济地理研究室，1992年改名为非洲研究所，以研究非洲人口、环境、区域经济为特色，把传统的非洲地理研究拓展到中非关系中重大现实问题的研究。华东师范大学于1985年成立非洲史研究室，2011年更名为非洲研究所，主要侧重非洲历史文化、非洲教育问题等研究。云南大学于1998年成立云南大学亚非研究中心，2007年更名为非洲研究中心，侧重于从文化的角度研究非洲，并结合本校研究优势，对非洲本土知识、民族问题、发展问题、环境问题、减贫问题、恐怖主义等展开研究。浙江师范大学于2007年成立非洲研究院，为国内高校首家综合性、实体性非洲研究机构，并在此基础上于2008年成立非洲地理研究中心、非洲交通研究中心。2016年，浙江师范大学成立了“非洲科技问题研究中心”，同年获批中国科协“一带一路”国际科技组织合作平台建设项目。建院以来，非洲研究院以高起点、国际化的举措，努力按照全覆盖的原则，积极推进非洲大陆的政治、经济、社会、历史、教育等全领域的综合性研究，取得许多重要成果。与此同时，在综合研究的基础上，积极拓展对非洲重点国别、重点领域、热点专题、焦点议题的深入研究，围绕国家发展大局与中非合作大势，以“当代非洲发展问题”与“新时期中非合作关系”为重点研究领域，深入开展基础理论与应用对策研究。经过多年发展，浙江师范大学已经构建起非洲学术研究、涉非人才培养、非洲国际汉语教育、对非校际交流四方良性互动、整体推进的对非工作格局，逐渐成为国内非洲问题研究的学术重镇、国家对非工作的重要智库、涉非人才培养的重要基地和对非民间外交的重要力量，成为中国高等学校中最重要的非洲研究机构。

三 浙江师范大学非洲地理研究现状

自2008年成立非洲地理研究中心以来，浙江师范大学围绕非洲资源与环境、非洲产业与经济、非洲社会与文化和非洲科技与中非科技合作四大方向较为系统地开展非洲地理研究，形成了一支稳定的研究队伍，并聘请了尼日利亚、南非、马里、索马里等非洲国家的研究人员。

（一）主要研究内容

1. 非洲自然资源与环境

国内非洲自然地理研究主要涉及干旱区生态环境与人地关系、人口增长与环境问题、土地资源与粮食安全等方面。在这一领域，浙江师范大学在对非洲资源与环境相关资料梳理的基础上，围绕非洲水资源的时空分布与利用这一核心，从地理学、历史学、人类学等多学科视角审视非洲水资源、水安全问题，重点研究了水资源在非洲经济发展、种族冲突等方面的影响。积极参与“南方国家可持续发展科学技术委员会”（现有26个成员国，全部都是发展中国家，现任主席为加纳总统）等国际组织的相关活动。近年来，在“中国经验、中国智慧、中国方案”的理念引领下，着重将我国特别是浙江生态环境研究和实践经验与非洲地理研究结合，与非洲同行合作，讲好浙江和中国的“绿水青山”故事。2018年浙江师范大学在津巴布韦成功举办了“中非水文明国际研讨会”，以水为主题，将水利工程建设与水资源、水环境、水污染治理等自然要素和水资源管理、水文明等人文要素相结合，试图通过多学科的思维碰撞，产出一批成果。

2. 非洲产业与经济

国内非洲经济地理研究的领域，从介绍非洲农矿资源空间分布与组合、工农业发展布局，逐渐向能源地理、能源安全、中非能源合作等领域拓展。

近年来，浙江师范大学重点围绕农业发展与政策研究、中非区域一体化、非洲农业与基础设施建设、中非经贸合作等领域开展研究。农业是非洲经济社会发展的头等大事。浙江师范大学受农业部、国家开发银行等单位委托先后开展毛里求斯、莫桑比克、刚果（金）、苏丹等国的农业发展、农业政策、中非农业合作开发区建设等调研，提出了中非农业合作模式和发展路径建议。在非洲区域经济一体化研究方面，主要对南部非洲发展共同体成立30年来区域一体化进程、问题、展望进行梳理和研究。在中非经贸与中非合作方面，主要根据中非的资源禀赋、市场需求、产业结构等方面的互补性，提出中非合作建议，为政府的对非合作政策制定、企业对非经贸合作等提供决策咨询。

3. 非洲社会与文化

国内非洲人文地理研究重点关注非洲的贫困问题、人力资源开发、城市化发展、开发区建设等领域。非洲族际政治的冲突与整合是非洲社会文化领域的重大理论和现实问题，浙江师范大学在这一领域重点开展了非洲族群文化、宗教问题、社会变迁、国际关系等方面的研究，拓展了非洲人文地理研究领域。

4. 非洲科技与中非科技合作

科技合作是中非新型战略伙伴关系的重要组成部分，是实现创新与技术转移的必要路径。开展对非洲各国科技状况的调查与研究，探索中非科技合作新模式、新领域，已成为非洲地理研究的新方向。2016 年浙江师范大学承担中国科协“一带一路”国际科技组织合作平台建设项目以来，重点开展了以下工作：一是梳理非洲地区科技组织的总体情况与运行机制，建立非洲科技组织信息数据库；二是调查整理非洲和重点国家科学技术发展的历史与现状，以及在科学、技术与创新领域的政策走向、能力建设等方面面临的挑战及国际科技合作需求；三是研究提出中非科技组织合作的新模式（过程嵌入模式、顶层介入模式、项目引领模式）和优先领域。

（二）研究特点

1. 凸显地理学实地考察研究传统

目前我国非洲地理研究主要以翻译、描述和资料收集为主，实证考察研究属于个别案例。浙江师范大学近年来一个重要的举措是积极鼓励学者深入非洲，开展非洲地理研究。包括：高级访学、实地调查、研究生合作培养。在这方面浙江师范大学拥有比较好的平台和基础：先后在喀麦隆、坦桑尼亚、莫桑比克和南非建立了 4 所孔子学院，是我国在非建立孔子学院最多的高校。浙江师范大学与非洲 80 余所重要研究机构和大学签署协议，建立了较为紧密的合作关系。此外，浙江师范大学还是商务部、教育部、外交部教育援外基地。迄今为止，为非洲培养了 3000 余名部长、高校领导、科研人员等高级人才。其中，中非共和国总统就曾在浙江师范大学参加培训。以上资源为浙江师范大学校地理专业研究人员赴非开展实践考察与合作研究提供了服务平台、人脉资源和落脚点。

2. 走跨学科协同研究的路子

浙江师范大学以 2013 年获批浙江省 2011 协同创新中心为平台，由科学研究院、国际处等职能部门负责协调非洲研究院、地理与环境科学学院、中非商学院等二级学院和研究机构的地理、历史、教育、科技等不同研究方向人员组成跨学科研究团队，实现了信息、资源共享，协同创新，共同发展。

3. 运用多种平台载体

浙江师范大学在非洲地理及相关研究领域先后获批了 12 个省部级科研平台和团队。这些平台为该校的非洲地理研究提供了筹集资源服务国家战略的渠道、成果展示与报送渠道、发布与信息传递渠道。其中，发布与信息传递渠道包括中非智库论坛、中非经贸合作论坛、中非科技合作论坛；成果展示与报送渠道包括非洲地区发展报告、中非经贸发展报告、非洲科技问题发展报告等三大系列报告。

4. 瞄准国家战略和时代需要

非洲地理研究要服务于国家战略需求，主动承接国家各部委、地方政府、企业的委托项目，解决实际问题，研究成果成为国家和企业决策的重要依据。同时，地理研究也要瞄准非洲发展中亟须解决的问题，如我们开展的种族问题、水资源问题、疾病问题等研究都是基于非洲自身发展的需要。在此基础上，更要运用地理学的视角，关注中非的地理差异和发展的互补性，寻求中非合作路径，如矿产、能源、产业、环境等方面的合作。

四 非洲地理研究的思考与展望

尽管我国的非洲地理研究取得了一定成绩，但同美国、英国、法国等发达国家相比较，我们的研究力量还相对薄弱、成果还不多。鉴于此，非洲地理研究的发展需在以下几方面着重考虑。

（一）基于地理研究的区域性——开展多尺度区域研究，彰显特色性、综合性

当前，我国对非洲地理的研究领域还较为笼统，主要以非洲整个大洲为研究对象，阐述非洲的资源与环境、非洲旅游、非洲工矿业、非洲交通等问题。鉴于非洲内部巨大的自然和人文差异，还需要进一步加强对非洲各次区域、国别的研究。特别要关注以非洲次区域合作组织、非

洲各语言文化圈为单元的地理研究，使非洲研究走向深入。

要彰显非洲地理研究的区域特色，可加强非洲地理与我国地理的对比研究，将我国地理研究成果推向非洲，解决非洲资源环境面临的问题。如我国西北风沙防治、沙漠化治理、干旱区水资源管理、盐碱地治理、农牧交错带的生态演变、高原生态环境研究、自然灾害风险评估等成功经验推向非洲国家，促进非洲的可持续发展。可根据国家需求和构建人类命运共同体的历史使命，研究非洲迫切需要解决和面对的领域，如：世界政治经济格局变化对该地区的影响、宗教和民族问题对现代化进程的影响、地区冲突问题、可持续发展问题、大国的非洲战略以及中国与该地区国家关系等重大问题。① 分析非洲城市化动力、机制、格局及乡村发展，进而有针对性地提出城市化与乡村发展路径，发挥中国近些年来在城市化战略中积累的成功经验和有效策略，无疑会为中非在经济、社会、基础设施领域的合作提供相应的理论与实践参考。

（二）基于地理研究的实践性——借助在非平台、加强实证研究

地理学研究注重实证调研与地理综合考察，但是，当前的中国非洲地理研究大部分仍然是依靠国际统计资料以及西方研究文献，缺乏一手研究资料，也制约了非洲地理研究成果国际价值的体现②。要充分利用我国在非洲设立的孔子学院、产能合作区、中资企业等平台，并积极寻求与非洲高校、科研机构合作，通过共建科研基地，为开展野外考察、田野调查提供落脚点。

（三）基于地理研究的空间信息化——借助 3S 技术构建非洲地理研究大数据

非洲大陆距离我国遥远，且基础设施薄弱，交通不便。非洲大陆大部分地区的自然条件恶劣（大面积无人沙漠、草原、雨林），大范围的野外实践调查开展难度大。因此，运用 3S 技术（遥感、地理信息系统、全球定位系统）开展非洲地理研究显得至关重要。例如运用 3S 技术开展非洲干旱区自然资源调查、非洲生态环境演化、非洲人类活动演化趋势等

① 王建：《新世纪中国中东非洲研究展望——访中国社会科学院西亚非洲研究所所长杨光》，《西亚非洲》2000 年第 1 期，第 68—78 页。

② 甄峰、尹俊：《建设以非洲地理研究为特色的非洲学——南京大学非洲地理研究成果回顾与展望》，《人文地理》2012 年第 3 期，第 136—140 页。

研究。同时，3S 技术本身具有数据获取容易、数据质量高、更新周期短等优点。对于非洲地理研究来说，3S 技术从地理要素的信息资料获取，到时空分析处理，都具有明显的优势。随着非洲地理研究的持续开展，地理空间信息数据库的完善，基于这些海量信息进行非洲地理大数据分析研究必将成为非洲地理研究的发展趋势。

非洲地理研究任重而道远，随着老一辈非洲地理学者相继退休，非洲地理研究的研究队伍总量不足，中青年的学术梯队建设迫在眉睫。[①]要积极引入和利用非洲地理学者的智力资源，为非洲地理研究提供多维视角。同时，我们不得不承认非洲地理研究面临条件艰苦、路途遥远、语言复杂、信息不畅等问题，许多研究成果和资料的获取非常不易，这就需要学界共同开展平台建设、资源库建设，共享研究信息和资源。

（责任编辑：杨　惠）

① 甄峰、尹俊：《非洲地理研究综述》，《西亚非洲》2011 年第 5 期，第 31—35 页。

社会文化与教育

非洲研究　2019 年第 2 卷（总第 15 卷）
第 137－152 页
SSAP ©，2019

莫桑比克华文教育的历史、现状与挑战*

郭建玲

【内容提要】 莫桑比克华文教育的历史可以追溯至 20 世纪 20 年代，1975 年因莫桑比克国家独立后的政治原因中断，21 世纪后中华国际学校成立，华文教育得到重新推动。莫华文教育经历了华语作为母语教学向华语作为第二语言教学的转变，但华校的经费筹集、运转与管理方式等方面与过去相比没有太大变化，与莫其他国际学校相比差距甚大，面临可持续发展的巨大挑战。中非合作全面升级，为非洲华文教育带来新机遇。应从教育国际化的角度将莫桑比克华文教育纳入中国参与非洲教育治理的合作范畴，给予更系统的教育资源支持，形成与孔子学院有机互动、齐头并进的机制，为汉语和中华文化在非洲的推广发挥更大作用。

【关键词】 莫桑比克；华文教育；教育国际化

【作者简介】 郭建玲，文学博士，浙江师范大学国际文化与教育学院教授、副院长，汉语国际教育、汉语国际传播专业硕士生导师，莫桑比克蒙德拉内大学孔子学院中方院长（浙江金华，321004）。

莫桑比克位于非洲东海岸，1975 年脱离葡萄牙近 500 年的殖民统治获得独立。据历史学家考证，中国与莫桑比克的交往始于元代，元代旅行家汪大渊很可能是抵达莫桑比克的第一个中国人，他两次航海远游，到达“加将门里”，即今日莫桑比克的克利马内，对此地优越的地理条件

* 本文系浙江省哲学社会科学重点研究基地浙江师范大学非洲研究中心自设资助项目（项目编号：15FZZX23YB）成果。

留下了颇为深刻的印象和生动的描绘。[①] 明代郑和下西洋出使非洲，也曾抵达莫桑比克中北部，葡萄牙殖民政府旧都莫桑比克岛至今还完好保存着郑和船队途经此地时沉没的中国瓷器。

莫桑比克华文教育的历史起步于 20 世纪 20 年代，1975 年莫桑比克国家独立时因政治原因中断，21 世纪后中华国际学校成立，华文教育得到重新推动。华文教育在莫桑比克经历了华语作为母语教学向华语作为第二语言教学的转变，但华文学校的经费筹集、运转与管理方式等方面与过去相比没有实质性改变，与莫桑比克其他国际学校差距甚大，面临可持续发展的巨大挑战。李安山的《非洲华人华侨史》和剑虹的《莫桑比克华侨的历史与现状》对莫桑比克华文教育的历史有所涉及，但只是作为华侨移民史的一部分，对华文教育的办学宗旨、教学内容、课程设置与教材等核心内容未作深入考察，也缺乏对华文教育现状、困境及出路的关注。这些，正是本文着重论述的内容。

一 莫桑比克独立前的华侨学校：华语作为母语教学，民族认同感强烈

中国人移民莫桑比克的历史可以追溯至 19 世纪 50 年代[②]，早期华侨集中在葡属东非贝拉港（当地华侨习称为“卑拉”或“卑罅”）和洛伦索 - 马贵斯（当地华侨习称为“罗连士麦”或简称“罗埠”，今莫桑比克首都马普托）两地，主要从事木匠等手工业、商业或在蔗糖、采矿、铁路公司工作，凭坚韧不拔、吃苦耐劳的精神生存并扎根下来。1885—

① 李安山：《非洲华人华侨史》，中国华侨出版社，2006，第 59—62 页。

② 第一批中国劳工 30 人自澳门出发，于 1858 年 2 月 19 日抵达莫桑比克岛，其中包括 8 名木匠、12 名石匠、4 名铁匠、4 名铜匠和 2 名泥水匠，任期为 8 年。社会学与文化人类学博士爱德华·梅德罗斯（Eduardo Medeiros）对地方官如何周到接待这批华工有详尽的描述。参见《莫桑比克华人社会：1858 - 1957》，*Primavera* 杂志 2003 年第 1 期。爱德华·梅德罗斯是葡萄牙籍社会与文化人类学家，对莫桑比克华人历史尤其是贝拉的华人历史有较为深入的研究。梅德罗斯在贝拉完成了小学和中学教育，是 20 世纪年代末贝拉反殖民运动和反萨拉查主义运动的活跃人物，1972 年获得布鲁塞尔自由大学社会学/人类学专业本科学位，1976—1998 年任教于蒙德拉内大学和马普托师范大学，创建人类学系，1996 年获得科英布拉大学社会和文化人类学博士学位，1998—2007 年任教于埃武拉大学社会学系，创立了非洲研究中心。

1900 年间，欧洲列强在非洲大肆扩张，葡萄牙鼎力建设东非，大批廉价的华工从中国沿海地区被招募至莫桑比克，参与 1886—1894 年和 1892—1898 年马普托至南非边境以及贝拉至津巴布韦边境跨国铁路的修筑，以及新首都马普托的市政建设，华侨数量逐渐增加。

华侨教育在莫桑比克迟至 20 世纪 20 年代才起步，较南非、马达加斯加、毛里求斯等东南非洲其他国家要晚。贝拉的华侨教育始于 1929 年，中华学校由协进社创立，当时华侨子女入校人数很少，学校不得以兼收当地学生以学费维持校务，到 1929 年底的时候，大部分出生于贝拉的华侨子女已经在该校就读，有教师 1 名，学童 20 余人。由于协会规章制度中并没有涉及协会成员子女的教育，对葡萄牙殖民政府来说，从协会成立的主要目的及其运作范围来看，学校办学活动是不合法的，因此该校没有得到葡萄牙殖民政府的认可。1929 年经济危机对贝拉影响颇深，华侨“失业者十之七八”，大部分回国或转到其他地区，人数几乎减半，“所余者仅三四百名间，十之二为妇孺”。由于华侨回国的多，而中华学校经费又无着落，学校不到一年的光景就停办了，华侨子女只好入葡校肄业。抗战期间，由于国内战火纷飞，避难定居于贝拉的华侨越来越多，学龄儿童数量迅速增加，几经波折的华侨小学终于成立，虽校舍很小，设备简单，但入读的华侨学生有数十名之多，年龄在 5—12 岁，教材使用与国内同步的《复兴国语》，由一名侨胞担任教员。虽然老师不懂国语，只能用粤语教学，但学生经过一年的学习，已经体会到民族文化的趣味，不复说以前的黑语土谈，初收教育成效。此后学校三移校址，校务也不断扩大。到四五十年代，经过非洲各地华侨的募捐努力，最后建成新的两层教学楼，有设备齐全的教室、体育场、电影院、综合场所等，学校重视体育教育，开设乒乓球、羽毛球、武术教学，培养出了不少运动员，在体育赛事中也斩获不少荣誉。到 1966 年，华侨小学学生人数达到 157 名，其中包括 84 名女生和 73 名男生，有 6 名中国教师，来自中国大陆和台湾，均拥有正规资格。学校的教学活动没有得到任何政府的补贴，完全依靠华人协会和华侨捐款，学校为学生免费提供教材。20 世纪 70 年代初，华侨小学扩建，以一层的商店收入贴补学校开支，解决了多年来的财务问题，改进提高了学校的全面办学能力。[①]

① 关于贝拉华侨学校的研究，参见八股《葡属卑罅华侨学校教育概况》，见《中华小学三周年纪念特刊》；李安山：《非洲华侨华人史研究》，中国华侨出版社，2006，第 326 页；爱德华·梅德罗斯：《贝拉的中国学校（1929—1975）》，https://macua.blogs.com/moambique_para_todos/2014/07/as-escolas-chinesas-da-beira-1929 - 1975 - por-eduardo-medeiros.html。

马普托的华侨教育起步较晚。20 世纪 20 年代，已经在非洲扎根并日渐富裕起来的华侨，掀起了兴办华侨学校的热潮。当时，洛伦索 - 马贵斯有华侨五六百人，主要从事制糖、采矿、铁路及商业。虽然曾经有热心教育的侨胞提倡建立华侨学校，但因多方滞阻，一直未能实现。1929 年中华民国外交部特派非洲专员莫次南在此地视察时，此地有一所私塾式学校，名为“智仁学校”，有教师 1 人，学生 20 名。1935 年夏，中华民国外交部特派梁宇皋专员到非洲各地视察侨务，看到数十学龄华侨子弟流浪街头，颇为不满，因而提议成立“中华小学”。当时，侨胞对这一建议大力支持，出钱出力，由中华民国政府侨委会师资班毕业的章罗桥到莫桑比克负责校务各部的筹划工作，教员也由侨委会选派充任。

1936 年元旦，中华小学借中华会馆正式开学，开学典礼由捐地建设中华会馆的华人先驱贾阿桑（Ja Assam）举办。学校的办学宗旨，是“收容此辈侨童，灌输祖国文化，授以谋生技能”，使他们“得受祖国文化之熏陶，得知祖国语言及习惯”①，在国家民族的更高层面上亦“裨益匪浅”②。学校只招收华侨子女，不对外开放，第一学期学生人数为 55 人③，第二学期为 62 人，全部为广东籍华侨子女。年龄自 5 岁至 17 岁均有，其中以 8 岁和 16 岁者居多，男女生比例分别为 53% 和 47%。中华小学的学制为小学 4 年，高小 2 年，实行的是母语教学，课程分配遵照中华民国政府所规定的华侨学校课程标准，参酌当地环境编制。每学期授课 1170 分钟，其中国语占 30%，常识占 12%，算术占 12%，体育占 6%，音乐占 7%，劳作占 8%，游艺占 7%，课外作业占 6%，公民训练占 5%。课本完全采用复兴版，即由中华民国教育部审定、商务印书馆出版发行的新课程标准系列教材。《复兴国语教科书》初小课本八册，供小学四学年使用，由沈百英、沈秉廉等富有经验的教育大家编写，王云五、何炳松等出版家和历史学家校订，内容融科学、人文、伦理、政治、经济为一体，注重体格、品行的训练，以养成健全公民为目的，语言平易，寓教于乐，图文并茂，趣味性很强。④ 如第二册第一课《我们再来造》，上文下图，整篇课文不到 40 个字，且复

① 宋发祥：《中华小学三周年纪念特刊序言》，1939 年 2 月。宋发祥时为中华民国驻南非约翰内斯堡总领事馆总领事。

② 章罗桥：《中华小学三周年纪念特刊自序》，1939 年元旦写于罗埠中校宿舍。

③ 至三月时，除去一女生结婚转学，一女生无故退学，二男女生回国外，有学生五十一人。《中华小学三周年纪念特刊》。

④ 沈百英、沈秉廉编著《复兴国语教科书》初小第二册，商务印书馆，1935。

现率很高："玩具多，玩具好，大家拿玩具，造个小学校。野猫太可恶，跑来就撞倒，大家说：'不怕！不怕！我们再来造！'大家一同做，嘻嘻哈哈笑，一个小学校，造得更加好。"完全是儿童日常生活的样貌，也是绝佳的儿童文学，细节生动，妙趣横生。采用复兴版教材，既保证了中华小学的华文教育与国内基础教育在教学内容和教学标准上的一致，使在莫华侨子弟与国内学龄儿童享受同样标准的母语教学，也使那些回国的学生能顺利地继续学业。1937 年第二学期，中华小学添授葡文课程，每星期 10 个小时。这一方面是为了学校能达到莫桑比克教育部门关于设立葡语课程的规定，以便学校在当地顺利注册登记；另一方面，也是考虑到学生高小毕业后能进入马普托市葡萄牙人设立的葡文学校再续学业，将来出校后也多得一种谋生的技能。

由于学生清一色来自广东，中华小学教学语言多用粤语，而非国语。为了提高学生的母语水平和对民族文化的认识，中华小学除了课堂教学外，还定期举行国语朗诵、演讲、戏剧表演、作文等类型多样的比赛，由高级学生负责校刊、级刊，记录学校日记。演说比赛最初采用广东话，后改为国语。1936 年 5 月 31 日举行的国语演说比赛，参与面广，反响热烈，来宾达 200 多人，占全罗埠华侨的一半，演说者为第二年级学生，演说的题目有历史故事、自然科学、笑话等，其中自然科学故事占 60% 多。戏剧表演除每星期一个小时的娱乐会外，还在纪念日或节日举行专门的表演。1938 年"双十节"由中年级学生公演抗战名剧《放下你的鞭子》，精彩逼真的表演令侨胞深为感动，当场解囊捐款者不乏其人。学生还连续十周参加西人航空学社表演戏剧，每次 20 人表演歌舞，观众"称赞不已"。

中华小学创办于抗战前夕，学校尤其重视学生的爱国主义思想教育和精神动员工作，学生校服一律童子军装。训育处逢"七七""八一三""九一八"等纪念日，组织学生募捐队向外募捐，并要求每名学生写信慰劳前线战士。学生的优秀作文登载于校刊、级刊和《侨声报》。《中华小学三周年纪念册》收录的学生习作，这类题材的作文占了大半，如梁银优的《"九一八"告同胞书》、赵公然的《看了"抗战大全"影片以后》、周胜来的《华侨学生怎样爱国》、周锦来的《在抗战中怎样做儿童》、曾玉莲的《怎样争取最后胜利》等。在这些文章中，国民和海外华侨的双重身份，是学生们发表见解的两个基本立足点，阐发作为中华民国国民的普遍责任以及海外华侨如何作为，爱国主义和民族认同情感非常强烈。

除了科学卫生常识的说明文、寓言和儿童故事之外，学生习作中尤其值得关注的是写景叙事的记叙文。如梁银优的《游乡村记》、《我的家》，赵玉莲的《船埠乘凉小记》，赵公谋的《乡村的风景》，梁银秀的《乡村偶写》等。照录其中一则如下：

> 早晨起来，和几位同学到麦田离去，出发的时候，是早上七时，在路上看见有一个牧童，骑在一头牛的背上，吹着小小的短笛子，他那样子像快乐得很，到了田里的时候，望见麦苗青青绿绿，风吹成波，再上前过了麦田去，又望见有一片豆田，到了豆田的旁边，看见豆花盛开，形像蝴蝶，有许多蝴蝶在花间飞舞着，在豆田之间，终日恋花，又有许多蜜蜂，终日采花，奔走很忙。
>
> 又过了豆田外，忽然看了一条河，河中三五小舟，来来往往，岸上有一片的青草和野花，树木数枝，小鸟飞到树上唱歌，“青草软如绵，野花如黄金，不用一钱买，采来衣上簪”，更有蝴蝶飞舞着；又有一牧童，挂了许多书在牛角上，手上拿了一本书，骑在牛的背上读，我想：他是以己为师的，也是一个好学的牧童，更把头一望对面，有一座山，山上的草都是很青绿，真是山呀！河呀！都是很好的风景，我们从早上出发，一直玩到晚上五时才回来，心里真是快活极了。①

与读者的期待出入甚大，这些记叙文不仅没有丝毫的“异国风情”，完全看不出莫桑比克的生活风貌，不论是主题还是行文“套路”，与国内同龄学生的作文没有太大的区别。甚至风景，如学生写到的桃红柳绿、牧童短笛、小河泛舟、寒冷得令人瑟瑟发抖的冬天，都不是东南非洲莫桑比克应有的风物和气候，而是一派“华夏风光”。中华小学定期组织野游和远足，学生家庭所居住的环境与当地社区也并非隔绝，学生按理有充分的当地生活体验，之所以这样的“套路”，显然是从学校和课本习得的版本，从中也反映出了中华小学母语教学的效果。1937 年，中华小学决议发起非洲华侨学校学生会考，后来是否如期推行不详。就学生的作文水平而言，可以料想，中华小学的学生水平应至少处于中上位置。

如果说华侨教育不仅仅局限于母语的教学，还包括与中国文化相关的一些课程以及中国人国际形象的塑造，那么，中华小学在体育教育方

---

① 赵公谋：《乡村的风景》，原文标点符号使用不规范，为保留原貌，照录。

面的训练和突出成绩是值得关注的。学校除了每天十分钟的早操、下午最后一堂课的课外运动，还定期举办乒乓球、篮球、足球等各种体育比赛，参加国际性的体育赛事。1937 年 2 月 17 日马普托英人海员工会举行第一届乒乓球公开赛，参加者有英国、葡萄牙、瑞士等国人百余名，中华小学选派的四名学生“攻守有术，应付得法”，夺得男女双打冠军和女子双打亚军，为异邦人士所称赞。1937—1938 年，中华小学女子篮球队连获马普托国际女子篮球冠军赛冠军荣衔。1937 年的首届比赛为马普托空前之举，观众人山人海，热闹情形前所未有。中华队在六支球队中战绩骄人，首场比赛 10 比 0 狂扫五月一日队，第二场 6 比 0 大胜礼士波队，令观众“惊服不已”，彻底洗濯了“东亚病夫”之耻。[①]

中华小学开办一年后，“成绩卓著，为全非洲华侨所称颂”。学生人数逐年递增，1937 年上学期 55 人，分三年二年一年上下四级；下学期 58 人，增加一级。1938 年上下学期均为 62 人。据统计，1938 年马普托华侨共有儿童（从出生起至 17 岁止）189 人，男童 102 人，女童 87 人，学前儿童 120 人，学龄儿童 62 人。[②] 也就是说，马普托的所有学龄儿童均入中华小学就读，彻底改变了华侨子弟流荡街头的状况。至 1938 年底，中华小学开办三年，成绩斐然，初小毕业一班，学生 60 余人，成为东南部非洲华侨教育的典范。1939 年 2 月，道经马普托的约翰内斯堡总领事宋发祥充分肯定中华小学的办学成绩，“设立仅阅三载，办事之精神，极为饱满，学生之成绩，复见斐然，朝气勃勃，如日东升，不可遏止，自此精益求精，则前途之光明远大，未可限量也”。[③] 到 20 世纪六七十年代，马普托华侨规模达到 3000 人左右，中华小学学生规模也从开始一个班 20 人左右，增加到中后期每班有 40 人左右，逐渐发展为六个年级，300 多名学生的涵盖初级小学和高级小学的完全小学。

莫桑比克人民争取民族独立的战争期间，动荡的时局使贝拉和马普托两市一些有钱的华侨开始撤离，以防不测，纷纷将子女送至其他国家学习。1975 年，莫桑比克独立，新成立的人民共和国实行社会主义制度，推行资产“国有化运动”，贝拉和马普托的华侨学校办学场所被政府没收，华侨家庭所拥有的农场、商店、工厂等私人资产也均被收归国有，

① 《中华小学三周年纪念特刊》“聊胜于无”栏目。

② 《中华小学三周年纪念特刊》。

③ 宋发祥：《中华小学三周年纪念特刊序言》。

财产受到巨大冲击。随后新政府颁布公告，要求在莫外籍公民必须一个月内选择国籍以确定身份。这两条政策迫使绝大部分华侨撤离至葡萄牙、巴西等葡语国家，华侨人数锐减，两地的华侨学校因此关闭。

贝拉华侨小学和马普托中华小学的华侨教育主要表现为以下几个特点：①只面向华侨子女的母语教学，主要目的是保存民族文化和民族语言，注重学生的思想教育和爱国主义教育，有很强的民族认同感，具有相对的封闭性和排外性，在后来的课程设置中，因地制宜地加入了葡语教学，以利华侨子弟的生存和发展；②华侨有相当大的自主权，学校的教师资格、课外活动、教科书的选编及授课时间均由华侨自己处理；③创建及发展过程有政府参与，得到国民政府侨委会的支持，师资主要由国内政府公派；④办学经费没有固定来源，除了中华会馆等华侨社团出资外，需各个方面的捐助；⑤注重学生体格锻炼，在国际体育赛事中的突出成绩，一定程度上改变了中国人“东亚病夫”的国际形象。总而言之，莫桑比克华侨教育的发展在东南部非洲起到了示范性作用。

二 中华国际学校：汉语作为第二语言教学的新阶段

21 世纪以来，经历了长达 16 年内战和社会主义向资本主义的改制，莫桑比克开始进入平稳发展时期。随着中非合作论坛的召开，以及中莫全面战略合作伙伴关系的缔结，大批中资企业和个体商人到莫桑比克寻求商机，除了留下来的老侨及其后代，新侨逐渐成为莫桑比克华人的主体。据不完全统计，目前在莫华人有三万人左右，绝大部分集中在马普托。

中华会馆几经周折，经过多方努力，于 2005 年重新回到华人手中。2016 年 7 月，中华会馆决定重新开办华文学校，并于同年 12 月举办中华国际学校筹款募捐活动，在中国驻莫桑比克大使馆、在莫中资企业和华人华侨的捐赠下，次年 2 月，中华国际学校在中华会馆正式开学。为了吸引生源，招生条件宽松，对象不限于华裔子弟，只要年龄符合，均可入学。第一学期有新生 7 人，年龄 4—9 岁不等，均无汉语基础，合班入读小学一年级。至 2018 年第二学期，学生人数增至 20 人，截至 2019 年第一学期，学生人数为 27 人，以非华裔（印巴裔和当地学生）为主，以葡语为母语，华裔子弟仅 5 人，且基本没有汉语基础，家庭交流语言也多为葡语。中华国际学校是经莫桑比克教育部注册的全日制学校，实行中葡双语课程设置，上午以葡语授课，教授莫桑比克教育部核定的葡语课程，下午以汉语授课，课程包括中文、数学、阅读、音乐、武术，此外，每周还有两节英语课。与中葡双语的课程设置相应的，学校在环境布置、文化活动的组织等方面，突出了中莫双文化的特点。教室和过道两侧墙壁装饰了中国结、中国画、中国谚语等，以及莫桑比克当地的木雕和绘画、重要节日介绍等。学校既组织学生欢度中秋、春节等中国传统节日，如参加中华会馆一年一度的华人元宵晚会，也组织学生庆祝"非洲日"等莫桑比克重要节日，体现了文化交流融合的特点。

与独立前的华文学校不同，因为教学对象的语言状况以及家庭语言面貌为非汉语，中华国际学校的汉语教学不是作为母语的教学，而是作为第二甚至第三语言的教学。学校中文师资紧缺，最初面向社会招聘，但因莫桑比克教育部师资审核手续烦琐、流程冗长，导致教师无法顺利通过审核及时上岗。2018—2019 学年中华国际学校有 3 名中文教师，其中 1 名是来自蒙德拉内大学孔子学院的汉语国际教育硕士专业志愿者，2 名由国务院侨办选派的中学数学老师和高校音乐老师，任期分别为一年和两年，均无小学教学经验。因学生日常交流语言为葡语，教师均不会葡语，课堂教学使用英语媒介语，由当地会英语的助教协助翻译，教师队伍的流动性和授课语言的局限很大程度上影响了汉语教学的质量。

学校根据学生年龄段，将中文课程分为学前班、1—3 年级班、4—5 年级班共三个班，学前班中文课教材使用《美猴王汉语（幼儿）》，1—3 年级班使用《中文》第 1 册，4—5 年级班使用《中文》第 2 册。《美猴王汉语》是为英语国家 1—3 年级学生编写的少儿汉语教材，幼儿版教材内容以拼音和词语教学为主，以专题形式出现，如数字、颜色、动物等，不涉及汉字的书写，没有相应的口语句子练习和儿歌等延伸内容，也缺乏配套的练习册或活动手册，不够立体，趣味性不足，课堂教学需要教师做较多的拓展补充。根据教学反馈，学前班后改用国家汉办重点规划教材《汉语乐园》。《汉语乐园》共三级，每级分 A 和 B 两册，有课本、活动手册、词语卡片，每册另配练习册和 CD，内容和形式活泼生动，练习种类丰富，全彩色印刷，非常精美，适合非华裔儿童的汉语教学，教师使用起来更为得心应手。1—5 年级使用的是暨南大学贾益民教授主编的《中文》教材修订版及配套练习，由国务院侨办委托编写，是目前海外使用最为广泛的华文教育教材。这套教材是为海外华侨、华人子弟学习中文而编写的，有主课文和练习册，遵循由字、词、句、篇章循序渐进的编写原则，知识比较系统，练习量也比较大。但正如教材名称“中文”所显示的，“识字领先”的特点使整本教材总体上更像国内的小学语文教材，设定的是有一定母语口语基础的学习者，不太适合中华国际学校以非华裔学生为主、汉语作为第二甚至第三语言的教学。中华国际学校面临汉语教材严重匮乏的现实问题，受经费限制，教材主要依靠蒙德拉内大学孔子学院和国务院侨办这两个渠道的赠书，可选范围非常有限，且大部分可选教材只能保证教师用书，无法保证学生人手一册。之所以选用《中文》教材，一个最现实的原因是，这套教材国务院侨办赠书数量充足，完全可以保证所有学生的需求。

除了缺乏师资、教材，办学经费来源不稳定等，生源不足是中华国际学校目前面临的最大问题。学校在独立前“中华学校”的名字上加以“国际”二字，其用意是突出中外文化的交融，扩大汉语的接受面和影响力，既吸引新侨及华裔子弟，也为对汉语和中华文化感兴趣的当地及外国学生提供学习机会。但事实上，面向这几类学生的汉语教学在目的和内容上是不完全一样的，面向新侨子弟的汉语教学主要是母语教学，甚至是与国内同轨同步的语文教学，侧重于中文的阅读和写作。面向华裔子弟的汉语教学视其母语状况，可能是母语教学，也可能是外语教学，具体到莫桑比克，华裔子弟母语是葡萄牙语，基本没有汉语基础，汉语教学是一种作为第二语言的教学。办学宗旨和教学对象的不明确，导致中华国际学校始终未摆脱招生困境。一方面，汉语作为第二语言教学无法满足新侨子弟对母语教学的需求。与过去的老侨扎根莫桑比克不同，新侨更多是将莫桑比克当作个人发展的过渡站，流动性较大，他们一般倾向于将子女留在国内接受教育；即使带到莫桑比克，考虑到孩子以后回国学习或者到别国学习的发展规划，也倾向于选择以英语教学的国际学校，如美国国际学校、马普托国际学校等。中华国际学校无论是葡语课程还是作为第二语言教学的汉语课程都无法满足新侨的需求，对新侨没有吸引力。另一方面，葡语教学缺乏竞争力影响了华文教育对华裔子弟的吸引力。马普托的葡语学校种类颇多，收费高、质量好的有葡萄牙国际学校，收费中等的有各类私立葡语中小学，其中包括 Kitabu College 这样名列前茅的私立学校，免费的有公立学校。葡萄牙国际学校完全采用葡萄牙的课程体系，按照莫桑比克对国际学校的规定，葡语教师均有在葡萄牙受过教育或培训的经历。中华国际学校的 10 来名当地葡语教师，无一人有在葡萄牙受教育或培训的经历。教师的资质难以达标，教学水平和教学质量难以得到保证。经测试，中华国际学校学生的葡语水平比同类葡语学校同龄学生平均分要低 1—2 分（总分 20 分），不及格（低于 10 分）比例较高。[①] 对于已经扎根莫桑比克的华裔而言，让子女享受到高质量的葡语教育，是未来求生谋发展的必要投资，尽管他们有学习汉语和中国文化的内在需求，葡中双语教学具有一定的吸引力，但缺乏竞争力的葡语教学质量影响了中华国际学校的招生。据不完全统计，马普托华裔子弟有 3000 人左右，但目前就读于中华国际学校的华裔子弟不仅人数少，而且多为参与中华会馆事务管理或与中华会馆感情深笃的老侨的后代。

通过历时性的考察，可以发现，中华国际学校总体上仍然延续的是七八十年前中华学校的办学模式：①办学力量依托华人社团中华会馆，借用会馆作为校址，由中华会馆主要负责学校的管理和运转；②经费靠筹集，依靠华人华侨、使馆和中资企业的募捐；③创办及发展过程没有政府的直接参与，在师资和教材赠书等方面依靠国务院侨办和蒙德拉内大学孔子学院的有限支持；④华文课程设置有自主权，不受莫桑比克教育部的规定。尽管招生对象不局限于华裔子弟，将汉语作为第二语言甚至第三语言来教学，这样的定位，是中华国际学校应莫桑比克华人华侨现状以及教育国际化需求做出的调整；但依靠华人华侨自发的“民间”力量办学的华文教育旧有模式，已经跟不上莫桑比克国际教育市场的发展，缺乏竞争力。

三　挑战与机遇：华文教育应纳入中国参与非洲教育合作的范畴

与莫桑比克其他国际学校相比，中华国际学校起步晚，历时短，目前面临可持续发展的巨大挑战。解决困境的途径，是参照莫桑比克现有其他国际学校的办学模式，从教育国际化的角度将华文教育纳入中国参与莫桑比克乃至整个非洲教育合作的范畴。

① 笔者与中华会馆会长夫人、中华国际学校负责人吕萍女士的会谈，时间为 2019 年 6 月 3 日，地点为马普托中华会馆。

莫桑比克是联合国公布的世界最贫穷国家之一，公立教育基础薄弱，教育资源匮乏，全国实行七年制义务教育，国民识字率低，人均受教育 1.6 年。基础教育以官方语言葡萄牙语作为教学媒介语，英语作为中学必修科目，法语为选修科目。莫桑比克有为数不少的外籍学生（跨国公司高管、外交官、非政府组织工作人员等的子女），国际学校作为有益的补充，为这部分学生以及莫桑比克当地中上阶层家庭对教育国际化的需求提供了完美的教育解决方案。

国际学校分布在莫桑比克主要城市，包括马普托、马托拉、贝拉、楠普拉、西莫尤等，主要则集中在首都马普托。目前马普托有国际学校近 10 所，规模较大的有：①美国国际学校（American International School of Mozambique，简称 AISM），由美国大使馆及其工作人员于 1990 年创办，提供美式教育，教学语言为英语，遵循典型的美国学校日历（课程从 8 月中旬开始到 6 月中旬结束），采用国际文凭课程，自 2003 年以来全面采用 IB 课程体系，涵盖学前教育至大学预科。学校因得到美国国务院海外学校办公室的认可和支持，从而获得美国中部各州学院和学校协会的认可。2018 年，该校有来自 51 个国家的 620 名学生，其中 20% 来自美国和莫桑比克，其余来自其他国家。学生毕业后几乎无一例外地进入有竞争力的四年制大学，2016—2018 年毕业生分别被美国、英国、加拿大、荷兰、德国、南非、阿联酋、中国香港、意大利、比利时、奥地利等国家和地区的本科院校录取。[①] ②法国国际学校（L'Ecole française de Maputo，简称 EFM），创建于 1979 年，在法国外交部的拨款主持下运行，在课程设置、教学宗旨和组织规则上与法国本土现行标准一致，幼儿园提供英法双语教育，也教授葡语课程，小学和高中阶段还提供葡萄牙语、英语、西班牙语、德语和法语的国际语言认证。学校在法国现行学习计划、语言开放性与莫桑比克文化间取得了良好平衡。[②] ③葡萄牙国际学校（Escola Portuguesa de Moçambique），根据葡萄牙和莫桑比克两国政府间根据 1995 年 6 月 25 日（莫桑比克独立纪念日）签署的第 241/99 号法令设立，于 1999—2000 学年正式开学，由葡萄牙教育部管理，是葡萄牙公共教育网络的有机组成部分，遵循葡萄牙教育体系的指导方针和课程设置，葡语师资须有葡萄牙教育或培训经历。学校提供学前至 12 年级的教育，

① 马普托美国国际学校官网，https://www.aism.co.mz。

② 马普托法国国际学校官网，http://www.efmaputo.fr。

2018—2019 学年学生总数为 1522 人。[①] ④马普托国际学校（Maputo International School，简称 MIS），由莫桑比克教育部和外交部于 1975 合作创办，是非洲国际学校协会成员，从幼儿园至大学预科（3—18 岁）全面采用英国剑桥课程体系，为外籍和莫桑比克学生提供英式教育服务，有来自 40 多个国家的 600 多名学生。⑤柳树国际学校（Willow International School），经莫桑比克教育部认证的非营利性教育机构，招收学前至 12 年级的学生，目前有学生 1300 多人。学校遵循莫桑比克课程规定，并采用剑桥体系，英语授课，有葡语课程，学生毕业同时授予剑桥和莫桑比克双文凭，被印度、俄罗斯、南非、土耳其等国高校录取。[②] ⑥格兰德国际学校（Grandeur International School），教学语言为英语，幼儿至六年级课程采用美国马里兰州巴尔的摩的卡文特[③]课程，初高中部使用剑桥课程。[④] ⑦恩科河滨国际学校（Enko Riverside International School），创办于 2016 年，是快速发展的非洲国际学校连锁机构恩科教育（Enko Education[⑤]）在莫桑比克的分支，招生对象为 11—19 岁的学生，实行 IB 教育，目前有学生 150 余人，教师 20 多人，是剑桥大学合作伙伴，毕业生 100% 升入大学，被美国的耶鲁大学、加拿大的多伦多大学等顶尖大学录取。

可以发现，这些国际学校遵循美国、英国、法国、葡萄牙等欧美国家的课程模式，小学教学通常为英语，或补充其他语言，学校一般还提供国际认可的认证，如国际文凭课程（IB 课程）。它们通常都有政府部门或教育集团的直接支持，获得所属教育体系在全球范围内提供的统一或类似标准的教育资源，因此，学生可以在各个国家同一系统的国际学校轻松过渡衔接。比如，马普托法国国际学校是由 135 个国家的 494 所教学机构组成的法国海外教育网络中的一个部分，学校由直属法国外交及欧洲事务部的公立机构法国海外教育署（AEFE）统一管理，不仅接受该机构提供的法语教育资源的有力保障，而且定期接受该机构的官方考核，

---

① 莫桑比克葡萄牙国际学校官网，http://www.epmcelp.edu.mz。

② 柳树国际学校官网，http://willow.org.mz/。

③ 卡文特学校是马里兰州巴尔的摩著名的私立学校，建于 1897 年，历史悠久、教学成就卓越。

④ 格兰德国际学校官网，http://www.gis.edu.mz/。

⑤ 截至 2019 年 6 月，恩科教育集团在非洲 7 个国家（布基纳法索、喀麦隆、科特迪瓦、莫桑比克、塞内加尔和南非）共有 12 所学校，在未来 5 年计划在 20 个非洲国家增开 30 所学校。

通过认证的学校在课程设置、教学宗旨和组织规则上与法国本土现行标准一致，在该校就读的学生无须通过考试便可转入其他法国学校继续学习。[1]在莫桑比克教育和文化资源的国际竞争市场上，这些国际学校作为各国在全球教育领域合作治理的参与者和实践者，往往与本国的语言推广机构建立了有机的合作互补关系，如法国国际学校与法语联盟、剑桥体系的国际学校与英国文化委员会等，促进了英、法、葡等语言和文化、价值观在莫桑比克的传播，有效提升了所属国家的文化软实力。

相比较而言，缺乏成熟的教育体系和政府部门“雄厚的”背景支撑、沿用华人华侨办学旧有模式的中华国际学校，无论在智力、财力还是人力方面，都无法形成在国际教育市场上可以匹敌的竞争实力。事实上，包括华文教学在内的汉语作为第二语言的教学，在莫桑比克乃至整个非洲有可持续发展的机遇和较为广阔的需求市场。首先，莫桑比克与中国结成了全面战略合作伙伴关系，近年来高层之间互访和会谈频繁，随着莫桑比克经济形势的向好以及“一带一路”建设在莫桑比克的逐步推进，莫桑比克的华人华侨数量在保持稳定的情况下可能会出现新的增长点，华人华侨对子女在莫桑比克接受与国内教育体系相接轨的高质量教育资源有迫切的需求。其次，随着中国的飞速发展以及国际地位的提高，以及蒙德拉内大学孔子学院在当地影响力的逐渐扩大，越来越多的莫桑比克人和外籍公民希望学习汉语，莫桑比克赴华留学生的数量也逐年增加。目前蒙德拉内大学孔子学院的教学对象主要是大学生和社会人士，汉语尚未被莫桑比克教育部正式纳入国民基础教育体系，孔子学院中小学教学点将汉语作为选修课，学时也非常有限。中华国际学校如能调整办学模式和办学思路，采用 IB 教育或剑桥体系等成熟的国际教育体系与中国教育体系的双轨制，实行英汉双语教学，不仅可以满足华裔子弟的教育需求，也为对汉语和中国文化感兴趣，甚至未来可能将中国作为留学目的国的当地学生提供新的选择。最后，莫桑比克政府因教育治理能力较为低下，对国际学校办学持较为宽松的政策，但对汉语进入国民基础教育体系持相对谨慎的态度；莫桑比克的国际学校普遍收费高昂，如美国国际学校年学费为 2.5 万美元，剑桥体系的学校往往名额紧缺，供不应求，如马普托国际学校需提前半年报名，才能保证入学资格，这些因素也为中华国际学校提供了发展空间。

---

① 法国海外教育署官网，https://www.aefe.fr/。

虽然莫桑比克华人总体数量不大，但华文教育在莫桑比克的发展历史与现状，以及面临的挑战和机遇，在非洲国家仍然具有相当大的代表性。[①] 考察莫桑比克华文教育的上述几个方面，对思考非洲华文教育的整体发展以及中国如何在教育领域与欧美各国一道参与非洲的教育治理与合作，将提供一定的启示；对于我国在新时代参与全球教育治理有一定的启示。随着中国国力的持续增强，中非合作不断深化和全面升级，为非洲华文教育带来新的机遇，不仅现有以华侨教育为主体的华文教育需求日趋增大，中国也逐渐成为非洲学生首选的留学目的国，成为非洲国家医、农、矿等各类专业教育的国际供给方。[②] 在此形势下，我国应从教育国际化的角度将非洲华文教育纳入中国参与非洲教育治理的合作范畴，给予更系统、更强大的教育资源支持，形成与孔子学院有机互动、齐头并进的机制，为汉语和中华文化在非洲的推广发挥更大作用。首先，非洲绝大多数国家为非重点侨居国，我国应借鉴法国、葡萄牙等国家在莫桑比克教育资源的供给模式，采取“自上而下”的合作路径，借助中非合作论坛机制和“一带一路”倡议框架，通过中非国家政府间尤其是教育部门间的高层合作，签订相关协议，为华文教育的推进与发展在政策上提供有力保障。在这方面，法国国际学校、葡萄牙国际学校“自上而下”、统筹管理的经验值得借鉴。其次，在经费上，以政府拨款和公共资金为主，同时发挥华人华侨和中资企业的积极作用，新建或利用条件相对成熟的华文学校改建，建构非洲华文学校共同发展的网络。最后，在管理上，通过建立国际交流合作与国内统筹协调两大机制，打造教师、教材、课程、教法的规范化、标准化、专业化体系，开展本土教材研发、华文师资培训、标准化考试与认证等工作，全面提升非洲华文教育的发展水平。[③] 师资培养主要依靠国内高校的汉语国际教育本科及研究生专业，使汉语国际教育专业成为海外华文学校师资的摇篮，并结合本土教

① 参见吕挺《非洲中国新移民华教需求与供给模式浅析》，《侨务工作研究》2016 年第 2 期，http://qwgzyj.gqb.gov.cn/hwjy/188/2763.shtml。

② 据教育部 2019 年 4 月 12 日发布的统计数据，2018 年共有来自 196 个国家和地区的 492185 名各类外国留学人员到中国学习，其中，非洲学生总数为 81562 名，占 16.57%，仅次于亚洲，位居第二，而且，学历生的比例高于非学历生。参见中华人民共和国教育部官网，2019 年 4 月 12 日，《2018 来华留学统计》，http://www.moe.gov.cn/jyb_xwfb/gzdt_gzdt/s5987/201904/t20190412_377692.html。

③ 参见国务院侨办主任裘援平在第三届世界华文教育大会开幕式上的主题报告《发展华文教育，振兴华文学校》，2014 年 12 月 19 日。

师培养和灵活的实习生制度，以弥补师资的短缺。课程上，采用华文教育与 IB 或剑桥体系双轨制，在高中阶段采用国际化程度更高，也更加成熟的 IB 中文课程（包括面向母语为汉语学习者的 A 类课程和汉语非母语学习者的 B 类课程），不失为一条切实可行的短期道路。

总之，我国如能通过华文学校参与非洲国际教育市场的共同治理，既可以突破目前非洲华文教育受制于经费、师资等各方面资源匮乏的现实瓶颈，使华文学校成为汉语和中华文化在非传播的重要角色；还可以以非洲为重点和试点，加快中国教育的国际化进程，有效提升中国高等教育在非的吸引力，从而积极落实中非合作论坛成果以及“一带一路”倡议，促进中非人文交流，为深化双多边合作在语言和文化上积累坚实的民意基础。

（责任编辑：王　珩）

非洲研究　2019年第2卷（总第15卷）
第153－161页

南非“ACE：数学素养课程”教师培训计划及其启示*

朱　哲　陆吉健　田果萍

【内容提要】“核心素养”已成为当下国内深化基础教育课程改革的关键，本文采用文献分析法对致力于学生数学素养养成的南非数学素养课程教师培训进行研究。主要研究对象为南非夸祖鲁－纳塔尔省高级教育证书（Advanced Certificates of Education）“ACE：数学素养课程”教师培训计划以及Obonjeni地区的具体实施情况。最后，得出对教师进行核心素养培训的启示：优化并保障教师的参训，提升培训生源质量；应充分做好培训的需求调研，设计有针对性的培训内容等。

【关键词】教师培训；培训计划；数学素养；数学课程；南非

作者简介：朱哲，男，浙江绍兴人，浙江师范大学教师培训学院副教授，硕士生导师，主要从事数学课程与教学论研究（浙江金华，321004）；陆吉健，男，浙江台州人，杭州师范大学经亨颐教师教育学院，主要从事数学课程与教学论研究（浙江杭州，311121）；田果萍，女，山西朔州人，山西大同大学数学与计算机科学学院副教授、硕士，主要从事数学课程与教学论研究（山西大同，037009）。

* 本文系浙江省2011协同创新中心“非洲研究与中非合作协同创新中心”2016年资助项目“非洲国家中学数学课程发展研究”（项目编号：16FZZX04YB）的阶段性研究成果。

“核心素养”已成为当下国内深化基础教育课程改革的关键。发展学生的数学素养是数学教育的重要目标，在我国目前教育实践中，数学素养教育还是缺失的。[①] 相对国内而言，南非较早地设立了基于提升学生数学素养且与数学课程平行的数学素养课程[②]。鉴于师资是数学素养课程实施的关键与难题，南非总结了先前数学素养课程的实施状况以及教师培训方面的经验教训，于 2010 年出台了教师培训资格最低要求政策，南非相关的高等教育培训机构也重新审视了教师培训课程。笔者通过深入剖析南非夸祖鲁 - 纳塔尔省（Kwa Zulu Natal）高级教育证书（Advanced Certificates of Education）即“ACE[③]：数学素养课程”教师培训计划，以及 Obonjeni 地区的培训实践，展现南非数学素养课程的教师培训情况，以期为我国核心素养理念下的教师培训提供借鉴。

一 南非“ACE：数学素养课程”教师培训计划产生的背景

1994 年南非民主政府成立后实施了多项教育改革举措，1997 年启动的《2005 课程》改革，强调以学习结果为本。针对《2005 课程》，2003 年南非颁布了两个平行的高中数学课标（《高中数学课程标准》和《高中数学素养课程标准》）。这是南非数学素养课程教师培训计划的起源。

2010 年，在南非夸祖鲁 - 纳塔尔省 Obonjeni 地区有 6080 名学生注册参加 12 年级的数学素养课程考试。考虑到教育部门规定的教师与学习者比例 1∶30.6，仅 Obonjeni 区就需要 199 名 12 年级的数学素养课程教师。[④] Obonjeni 有 141 所学校提供数学素养课程，但只有 71 所学校的 92 名教师

① 黄友初：《学校教育中数学素养教育的构建》，《教师培训研究》2016 年第 2 期，第 86 页。

② 陆吉健：《高中数学课程标准内容综合评价与国际比较研究》，硕士学位论文，浙江师范大学，2016，第 57 页；张维忠、陆吉健、陈飞伶：《南非高中数学素养课程与评价标准评介》，《全球教育展望》2014 年第 10 期，第 46 页；陆吉健、刘艳平、张维忠：《南非高中数学素养课程与数学课程的起源、发展及启示》，《浙江师范大学》（自然科学版）2015 年第 8 期，第 296 页。

③ ACE 为南非教育高级证书（Advanced Certificates of Education）的简称。

④ Bansilal S., Goba B., and Webb L., et al., “Tracing the Impact: A Case of a Professional Development Programme in Mathematical Literacy”, *Africa Education Review*, 2012, 9 (1), p. 112.

参加了A大学（2006年）或B大学[①]（2007年和2008年）的“数学素养课程”教师培训计划。在参加A大学和B大学培训的92名教师中，只有67名（73%）顺利结业，具体如表1所示。

表1　南非Obonjeni地区数学素养课程参训教师后续情况跟踪统计

	教数学素养课程	不教数学素养课程	不在该区授课	晋升	去世	辞职	总计
A大学	9	16	13	1	0	0	39
B大学	24	10	16	1	1	1	53
总计	33	26	29	2	1	1	92

对能够追踪到的63名教师进行追踪研究后发现，只有33人目前在该区教授数学素养课程，26名教师未教授该课程，29名教师已不在该区授课，另有4名教师则是晋升、辞职或去世了。这63名教师，分布在Obonjeni地区的23所学校，只占Obonjeni地区所需的教授数学素养课程学校的16%。

Obonjeni区所需的数学素养课程教师人数为199人，加入该培训计划的教师人数为92人，缺口约为53.8%，完成该培训计划的教师人数为67人，培训完成率约为72.8%，最后在该区进行数学素养课程教学的教师人数为33人，仅占教师需求总计划的16.6%。这一比例在当时南非各地“数学素养课程”教师培训中具有一定的代表性。这一现象引起了南非民众的担忧，所以南非政府制定了教师培训资格最低要求政策，以及“ACE：数学素养课程”教师培训计划。

二　“ACE：数学素养课程”教师培训方案及实施

“ACE：数学素养课程”教师培训计划，是由南非夸祖鲁-纳塔尔省教育部门责成省内A和B两所高校，面向全省起草设计并实施的。[②] 这一

① 说明：相关资料中，因顾及可能带来的影响，并未公布A大学和B大学的名称。

② L. Webb, B. Sarah, and J. Angela, et al, “ACE: Mathematical Literacy Qualifications——Some Insights from KZN”, Seventeenth National Congress of the Association for Mathematics Education of South Africa (AMESA), 2011, p. 158.

计划，是南非许多高等教育机构为了重新激励教师有效地进行数学素养课程教学，设计并实施的培训项目中比较具有代表性的一个。

（一）课程模式

A大学的数学素养教师培训课程是“3+1”的四模块形式（每个模块为30学分）。前三个模块侧重于数学素养课程内容知识，并按10、11、12年级进行分类，拓展了当时数学素养教科书的内容。第四个模块为数学素养课程的教学模块，衔接了数学素养的课程内容和具体的教学。B大学的数学素养教师培训课程是“4+2+2”的八模块形式。前四个模块是数学素养课程内容知识，分别为数量和数量关系、函数关系、空间和图形以及数据处理。教师可以开发自己的学习材料，并利用学校教科书作为补充材料。第五个模块是讨论数学素养课程教学方面的数学教学与数学素养教学。第六个模块是旨在改善教师反思实践的研究性模块。此外，还有两个一般的教育研究性模块，是由所有ACE学员（不分学科）进行研究，也可以理解为两个通用的教育研究性模块（涉及理论和实践两方面），具体如表2所示。

表2 南非“数学素养课程”教师培训具体内容

<table>
<tr><th></th><th>教师培训模式</th><th colspan="2">教师培训具体内容</th></tr>
<tr><td rowspan="4">A大学</td><td rowspan="4">“3+1”模式</td><td>1. 10年级数学素养课程内容知识</td><td rowspan="3">依托数学素养教科书进行内容展开</td></tr>
<tr><td>2. 11年级数学素养课程内容知识</td></tr>
<tr><td>3. 12年级数学素养课程内容知识</td></tr>
<tr><td colspan="2">4. 数学素养课程教学模块，衔接课程内容和具体教学</td></tr>
<tr><td rowspan="8">B大学</td><td rowspan="8">“4+2+2”模式</td><td colspan="2">1. 数学素养课程数量和数量关系内容知识</td></tr>
<tr><td colspan="2">2. 数学素养课程函数关系内容知识</td></tr>
<tr><td colspan="2">3. 数学素养课程空间和图形内容知识</td></tr>
<tr><td colspan="2">4. 数学素养课程数据处理内容知识</td></tr>
<tr><td colspan="2">5. 数学素养课程教学方面的数学教学和数学素养教学</td></tr>
<tr><td colspan="2">6. 旨在改善教师反思实践的研究性模块</td></tr>
<tr><td colspan="2">7. 一般的教育研究性模块：理论研究</td></tr>
<tr><td colspan="2">8. 一般的教育研究性模块：实践研究</td></tr>
</table>

（二）培训方式

这两所大学的教师培训方式，都是通过一个级联（cascade）的培训导师群体来教授全省的参训教师。A 大学的培训导师在集中授课之后，每周六还要深入到相关领域进行辅导。B 大学采用分组教学和周六辅导的混合培训方式。表 2 中的所有模块都会在一个学期中涉及，同时会在整个学期通过作业和测试等方式进行连续评估。在这两个项目中，除了 B 大学的旨在改善教师反思实践的研究性模块，其余的模块都以考试的形式进行终结性评估。参照以上几种评估结果做出最终的考核。

（三）课程定位

南非数学素养课程有其不同于数学课程的定位：在使学习者成为自我管理的人、积极奉献的劳动者和积极参与民主政治的公民的同时，提供分析问题并运用数学解决问题的机会，并协助学习者通过媒体中传播的数学成为精明的消费者。① 其定位主要指向自我管理、数学问题解决、媒介数学学习和消费应用等外化指向，与我国“双基”和情感态度价值观等内化指向的数学素养理念是截然不同的导向。我国数学素养是指学生为了满足自身发展和社会发展所必备的数学方面的品格和能力，是数学的知识、能力和情感态度价值观的综合体。② 南非数学的分级课程设置，与同为南半球、英联邦国家的澳大利亚分四级设置（《专业数学》《数学方法》《基础数学》《普通数学》等四个科目课程）③ 有着类似的个性化教育指向。这在一定程度上值得我们借鉴，从而促进国内数学素养及其课程在内化指向优势下的外化应用。

三　“ACE：数学素养课程”教师培训计划的效果

2015 年进行的相关统计研究表明，在南非夸祖鲁 - 纳塔尔省进行

① 张维忠、陆吉健、陈飞伶：《南非高中数学素养课程与评价标准评介》，《全球教育展望》2014 年第 10 期，第 46 页。

② 何小亚：《学生“数学素养”指标的理论分析》，《数学教育学报》2015 年第 1 期，第 16 页。

③ 孔凡哲、崔英梅、严家丽等：《科目分层凸显高中特色 一以贯之突出课程本质——澳大利亚高中数学课程标准的最新特点及其对完善我国高中标准的启示》，《全球教育展望》2014 年第 3 期，第 106 页。

ACE项目培训的时候，学校里学习数学素养课程的10年级、11年级和12年级学生共有67358名。按规定的师生比例，至少还需要2207名数学素养教师。事实上，在2142名注册报名的教师中，实际参加培训的总人数是1739人，最终结业的人数是1596人（成功率为74.5%）。[①] 结业的教师人数还是略低于所需要的数学素养教师的人数。

总体而言，"ACE：数学素养课程"教师培训的效果比较好，主要体现在以下方面。

（一）加深了参训教师对数学素养课程的认知与理解

在参训教师的实际体验方面，培训促进了教师对生活中数学相关的内容，以及数学素养课程和数学课程的认知。Thembela在2013年的访谈研究表明，参训教师对于生活中和数学相关性很大的某些概念原本不是很清楚，培训激励了教师进一步努力学习并优化自己的教学。[②] 如一位教师在访谈中提到自己在与培训导师交流的过程中，当询问培训导师"什么是棱镜"时，培训导师就表现出非常惊讶的神态。同时，在得知多面体教学中可以利用透明材料（如玻璃、水晶等）做成的棱镜作为教具时，也表示"这是一个对我很难的主题，不知道该如何向学生们解释"。但这一经历促使她在教学上更加努力，从而让数学概念在现实生活中能够得到更好的应用，表示"这是我学到的新东西，它帮助了我很多"。另一位教师在访谈中谈道，"培训让我意识到了社会上所有人学习数学素养课程的重要性，而不是只满足于学会纯数学的内容"以及"（数学素养和数学课程）这两个课程追求的目的是不同的"，等等。

（二）促进了参训教师对教学策略的思考和改进

Thembela的2013年的访谈研究还表明：培训能促进参训教师对教学策略的思考。"培训所提供的教育课程也在试图帮助我们使用正确的课堂教学策略，因为即使一个外行人也能很容易地看到数学素养课程与日常生活的联系，所以需要正确的课堂教学策略来进行数学素养课程的

① S. Bansilal, L. Webb, and A. James，"Teacher Training for Mathematical Literacy: A Case Study Taking the Past into the Future", *South African Journal of Education*, 2015, 35 (1), p. 7.

② T. E. Thembela, "An Exploration of the Role of the Advanced Certificate in Education on the Professional Development of Mathematical Literacy Teachers", Durban: UKZN, 2013, p. 9.

教学”。[①] Brijlal 的 2014 年的访谈研究表明培训促使参训教师改进教学设计：参训教师对于生活中和数学相关性较大的某些背景与数学知识整合后的教学，感到非常兴奋。[②] 如一位教师在访谈中谈道：“内容知识以数学的形式添加了我的授课内容。有了这些内容，我能够在课堂上使用它们来更好地教授我的学生”，“在历史、空间和图形的教学中，我可以整合泰姬陵的相关背景”，“我很震惊地发现，泰姬陵内部只有 56 平方米”，“我能针对性地制定出相关计算公式”等。

（三）得到了学生和家长的肯定与认可

南非夸祖鲁－纳塔尔省选择学习数学素养课程的学生人数，从 2008 年的 267236 人，稳步增加到 2013 年的 324097 人。其中的 12 年级学生的比例，也从 47.1% 增加到了 57.3%。[③] 这一增长表明，学生层面（甚至家长）对于数学素养课程还是比较认可的。同时，随着“ACE：数学素养课程”教师培训计划的实施，南非民众对数学素养课程教师培训情况的担忧也明显降低，这也从侧面反映了南非民众对数学素养课程的认可。综观课程培训过程，我们也发现存在如下几个方面的问题。

一是前期对培训人数的预估不到位。其主要原因在于该省教育部门对高中学生选学数学素养课程的人数预估不足，从而导致对数学素养教师培训名额的设置不足。该省教育部门表示，他们希望更多的 12 年级学生选修数学课程，而不是数学素养课程。但现实是，南非夸祖鲁－纳塔尔省选择学习数学素养课程的学生人数增长迅猛，因此所需的数学素养教师的数量也随之变大了。二是参训教师的资格不达标。主要体现在没有严格按照入学资格的要求筛选参训者。培训对象的选拔权主要由该省教育部门和高等教育机构掌握。首先由该省教育部门指定目标区域，包括农村、城郊和城市等地区。除入学资格有要求之外，没有其他特定数

① T. E. Thembela, “An Exploration of the Role of the Advanced Certificate in Education on the Professional Development of Mathematical Literacy Teachers”, Durban: UKZN, 2013, p. 5.

② P. Brijlal, “An Exploration of the Contribution of the Advanced Certificate in Education in Mathematical Literacy Programme towards the Professional Development of Teachers in Kwa Zulu-Natal”, Durban: UKZN, 2014, p. 11.

③ DBE, “The Ministerial Task Team Report on the National Senior Certificate (NSC)”, http://www.education.gov.za/Link Click.aspx? fileticket = YLrgf Gld INU%3D&tabid = 36，最后下载日期：2014 年 11 月 20 日.

学能力方面的要求。在入学资格的要求上，不同高等教育机构制定的也有差异。如该省 A 大学的入学资格要求是，原则上学员在高级证书级别上的数学标准等级至少是“通过”等级，同时要具备一定级别的教学资格和至少三年的教学经验。B 大学要求较低，原则上要求学员至少参加过高级证书级别的数学学科考核，并已拥有至少三年的初始教师培训资格或文凭即可。但实际上，没有通过数学学科高级证书考试的学员，占到了 654 名参加培训教师的 37.6%。同时，不符合 A 大学录取要求的 66 名参训教师，也被允许参加了该计划（最后获得的是参与证书，而非结业证书）。具体原因有待进一步调查。

四　加强教师数学素养培训的建议

基于对南非“ACE：数学素养课程”教师培训计划的实施情况的考察，结合当前中国核心素养观下基础教育教师培训的现状，我们作了一些思考，并提出如下建议。

（一）优化并保障教师的参训，提升培训生源质量

我国从 2010 年开始实施的国家级中小学教师培训计划（简称“国培计划”），尤其是农村顶岗支教置换脱产培训项目，也出现了类似于南非“ACE：数学素养课程”教师培训所出现的参训教师入学标准落实不到位、培训生源质量不佳等情况。“国培计划”中的培训项目种类多，培训目标各异，因此不同项目对参训教师的资格要求不同，即使是骨干教师也有普通骨干教师与“种子”教师之区别。如果派来的参训教师低于规定的资格要求，则给项目承办方与够资格的参训教师带来严重的影响：影响培训的成功率、影响项目承办方的声誉、影响课程设置的切实性、影响授课专家对教学内容与教学目标的把握，更重要的是影响那些够资格参加教师培训需求的满足。在农村顶岗支教置换脱产培训项目方面，据参训教师与教育行政部门的领导反映，本来农村的高职称与丰富经验的骨干教师就很少（农村教师一旦成为名师就想方设法调到城镇了），尤其是数学学科的教师。而且校方和家长层面出于教学质量考虑，也不太愿意让符合农村支教置换脱产培训项目的骨干教师被支教实习生置换。从而出现了不符合要求的年轻教师或者多轮培训教师等，前来参加项目

培训。最近几年，在教育行政部门的强烈干预下，此类现象有所缓和，但还需要进一步优化并保障教师的参训，提升培训生源质量。

（二）充分做好培训需求调研，设计有针对性的培训内容

南非“ACE：数学素养课程”教师培训计划所出现的前期培训人数预估不足的情况，其实是可以通过前期的需求调研避免的。教师培训项目前期应针对不同教师群体、服务学生群体做好培训的需求调研。地域、职称、专业发展阶段都是培训需求的差异源，只有全面分析才能保证培训活动嵌入当下工作。① 南非后期的培训效果之所以能得到学生、家长甚至民众的认可，主要在于接受培训后的教师返回教学岗位后，能促进教学策略的优化，从而优化教学设计，反映出南非培训课程的设置与培训中的教学方式紧紧围绕日常教学，使培训理念、知识与技能快速扎根于日常教学中，也使得培训时效得以延续与深化。而我国，在2018年1月，教育部也公布了《普通高中数学课程标准（2017年版）》（以下简称17版课标），这一阶段教师的培训需求应该还是比较旺盛的，所以需要重点在培训内容上，将17版课标作为一个切入点，结合进行当下教师对17版课标的学习需求调研，设计针对教师所需要深入学习的17版课标内容，以及实际教学层面的实践策略需求等进行针对性的培训内容设计和谋划。

总体上，南非“ACE：数学素养课程”教师培训计划的实施，优缺点并存，我国教师数学核心素养相关专项教师培训计划还没有太多开展，南非教学教师素养课程培训值得我们借鉴和参考。

（责任编辑：王　珩）

① 田果萍：《“国培计划”农村小学数学教师培训的调查研究》，《小学数学教与学（人大复印报刊资料）》2016年第10期，第51页。

非洲研究 2019年第2卷（总第15卷）
第162－177页

论埃及科普特教的历史演进与特点

王海荣

【内容提要】 科普特教是埃及最具规模的基督教教会，其创造的科普特宗教文化对基督教文化来说意义非凡。科普特教徒为了宣传和维护基督教建立了世界上最早的亚历山大教理学校，使基督教的教义逐渐规范化、专业化；面对分裂基督教的势力，他们又率先开展了最早的普世教会合一运动，维护了基督教的统一；在遭受罗马统治者残酷的压迫时，科普特教徒创立了修道院制度，使基督教更加规范化、合理化。对埃及科普特宗教文化的研究有助于重新认识科普特教和科普特教教义，对科普特宗教文化的地位以及科普特宗教文化遗产的挖掘与传承也十分重要，并且对科普特人更好地融入埃及社会提供了宗教方面的支撑，有利于埃及民族国家的构建。

【关键词】 科普特教；科普特宗教文化；宗教特点

【作者简介】 王海荣，浙江师范大学非洲研究院研究生（浙江金华，321004）。

一 科普特教的历史演进

埃及是世界上最早的统一国家之一，同时也是世界文明的发源地之一。在埃及传统文化中，人们很早就有了“神”的概念，埃及丰富的传统文化和埃及人对神的崇拜造就了其古老的宗教信仰。法老时期，埃及的传统宗教就存在于埃及人的意识中。公元 43 年，基督教传入埃及后，埃及传统宗教信仰对基督教的传播产生了一定的阻碍，但是在圣·马可（St. Mark）等基督教传教士的不懈努力之下，埃及人逐渐接受了基督教并将其内化为具有埃及特色的基督教，人们通常将埃及化的基督教称为科普特教。

“科普特”一词在古希腊语中意为“埃及人”。“科普特”的词源极为复杂，据史料记载，亚述人把埃及人称为 Ki-Ku-Phon，意思是灵魂之地，古埃及人借此作为自己都城孟菲斯的别名。希腊人占领埃及后根据自己的语法将 Ki-Ku-Phon，写成 Aegyptus，并由此衍生出拉丁文和其他欧洲文字中的“埃及”（Egypt）一词。① 公元 639 年，阿拉伯人进入埃及后，误以为“Egypt”的词首“E”是冠词，为便于发音，将“gypt”读成“Qpt”，现在欧洲文字中的“Copt”一词就由此而来。②

公元 41—44 年，使徒彼得的传人圣·马可首次来到埃及传播福音书，后在埃及建立了亚历山大教会。公元 68 年，圣·马可殉道之后，他的第一任门徒鞋匠阿涅努斯（Agnenoons）担任亚历山大教的第一任主教。基督教传入埃及之后，受到埃及传统宗教的影响，基督教并不像尤西比乌斯记载的那样在埃及迅速传播开来，直到公元 2 世纪，基督教在埃及的传播才有了确切的证据。犹太战争结束后，埃及的基督教发展进入一个新的阶段，这一时期占据主导地位的是基督教中的诺斯替教派，但是因该教派强调神秘知识和挑战神的权威，逐渐泯灭了人类的基本意识，被正统宗教如基督教、天主教等所不容，加之其反对基督教的观点，倡导纵欲等，该教派被称为是异端教派。③ 圣·赫拉克斯（St. Heraclas）是第一个科普特教皇，也是基督教世界第一个宗教领袖，他担任教皇期间任命了埃及教区的十二名主教；因其博学和虔诚之心深受人民爱戴，人们首次使用“教皇”称号来称呼他，以示他们的尊敬和爱戴。④ 在亚历山大历任科普特教皇中，尤以圣·亚他那修（Athanasius）与圣·西里尔一世最突出。圣·亚他那修是“基督教信仰的捍卫者”，致力于反对阿里乌斯异

① Ryan Rowberry and John Khalil, *A Brief History of Coptic Personal Status Law*, Georgia Statue University College, 2010, p. 85.

② 蒋志华：《中国世界文化部落》，时事出版社，2007，第 202 页。

③ 田明：《罗马拜占庭时代的埃及基督教史研究》，天津人民出版社，2009，第 77 页。

④ Bishop Gregorius, “Christianity, the Coptic Religion and Ethnic Minorities in Egypt”, *Geo Journal*, Vol. 6, No. 1, The Nile Countries, 1982, p. 59.

端邪说。另一个著名的科普特教会的教皇圣·西里尔一世（St. Cyril I），被称为“科普特教的支柱”，他不仅是一位思辨的传道者还是一名学识渊博的思想家，其布道活动与著述，对后世科普特教徒产生了深远的影响。[①]公元 431 年的以弗所会议[②]后，君士坦丁堡教区的修道士优提克斯（Yuthikse）提出了基督只有神性，其人性已经融合于神性之中的“一性论教义”，并受到埃及等地教徒的普遍拥护；一性论主张，“基督是神人合一的，只有一个本性”。公元 451 年，基督教世界举行了卡尔西顿公会议[③]，制定《卡尔西顿信经》，界定了“基督的神人二性”，声明只有一位基督，基督既是真上帝又是真人，基督的神人二性“不相混乱，不相交换，不能分开，不能离散”，维护了基督单一位格的完整。卡尔西顿公会议将主张一性论的科普特教会视为异端，并将该教派逐出正统教会。从此，埃及教会与正统教会分离，自成一体，并主张一性论，至此科普特教派已经成为独立的基督教派。为了保持科普特教会的原始宗教信仰以及躲避统治权威的迫害，科普特人选择了隐匿。[④] 公元 640 年左右，阿拉伯人征服埃及，根据《欧麦尔和约》的相关内容，阿拉伯人对科普特人采取“迪米制度”，但仍然保留科普特人的部分权利。阿拉伯人的入侵，从另一方面来说短暂地结束了拜占庭帝国和君士坦丁堡教会对科普特教会的迫害。阿拉伯人对科普特教会采取宽容的态度：令牧首本杰明一世（Benjamin Ⅰ）返回亚历山大；允许本杰明一世重建科普特教会；重

① Bishop Gregorius, “Christianity, the Coptic Religion and Ethnic Minorities in Egypt”, *Geo Journal*, Vol. 6, No. 1, The Nile Countries, 1982, p. 59.

② 以弗所会议，是由拜占庭皇帝狄奥多西斯二世于 431 年在小亚细亚省的以弗所召开的一次全基督教宗教会议，它被称为第三次全基督教会议，其主要议题是关于涅斯托尔教派的问题。会议决定君士坦丁堡主教聂斯妥里所创立的学说是异端，因过分强调了耶稣基督的人性，而否认了其神性，并决定耶稣是神人两性合一的。会议还决定了在第一次和第二次全基督教会议上达成的尼西亚信经是完整的，不允许进行任何修改。此外会议还将伯拉纠主义判为异端。

③ 卡尔西顿公会议（Council of Chalcedon），451 年由东罗马帝国皇帝马西安在小亚细亚卡尔西顿（Chalcedon）召开的基督教世界性主教会议。旨在否定 449 年以弗所强盗会议，镇压一性论派。会议重申《尼西亚信经》及其在君士坦丁堡公会议中的定稿本，谴责欧迪奇（Eutyches，公元 380－456 年）关于耶稣基督只有神性没有人性的说法，赞成罗马主教利奥一世关于道成肉身的说法，并规定为信条。此外对教会纪律、诉讼程序和教产作了较详细的规定。

④ Lois M. Farag, *The Coptic Christian Heritage*: *History*, *Faith*, *and Culture*, Routledge, 2014, p. 62.

新组建四分五裂的科普特教会；处置教会内部的分裂势力等。[①]

至9世纪阿拉伯人完全控制了上下埃及地区，科普特人沦为二等臣民，伊斯兰统治者实行“以夷制夷”政策和“迪米制度”，迫使埃及人皈依伊斯兰教。一部分科普特教徒不堪政府压迫皈依了伊斯兰教，但是也有一部分科普特人依然坚守着自己原有的信仰。此外，为了便于识别穆斯林与科普特教徒，伊斯兰统治者实施了一些强硬政策，如，强迫科普特人戴与穆斯林不同的头巾；捣毁科普特教教堂；禁止在科普特教和科普特人的公开仪式和葬礼上展示十字架。[②] 这些措施导致科普特人长期受到歧视，在现代社会中科普特依然生活在埃及社会、埃及政治的边缘。法蒂玛王朝时期，哈里发·哈基姆以前的统治者由于同绝大多数不愿改信什叶派伊斯兰教的臣民不睦，所以统治者不得不依赖希腊人和科普特人，这一时期阿拉伯人还让许多科普特人担任行政职务。[③] 第四代哈里发穆仪兹（Al Muizz）允许不同宗教代表在他的宫殿进行辩论，给予科普特人更多自由和权利，打击危害科普特人的行为，允许科普特人兴建教堂，最后他自己也皈依了科普特教。但是在哈里发·哈基姆时期，哈基姆对科普特人进行迫害，强迫科普特人高级官员改信伊斯兰教，并杀掉拒绝的官员。1009年，他还下令摧毁了耶路撒冷的圣墓堂，这对科普特人来说是一个巨大的损失。[④] 马穆鲁克王朝对科普特人的政策更为残暴，科普特教牧首经常因赋税问题被逮捕或者殴打，并纵容阿拉伯人公开抢劫科普特人，排斥科普特人从事行政官员工作，编写小册子攻击科普特人，大肆捣毁科普特教教堂等。[⑤] 1301年，一个到马格里布的访问者在埃及目睹了基督教的衰败：“没有人能够骑马或者在政府中任职；教堂全部被关闭；基督徒们带着不同颜色的头巾用来和穆斯林作出区分。整个基督教人口以前占埃及总人口90%，现在下降到不到10%。”[⑥] 此后，由于宗教信仰的不同，加上埃及民族国家逐渐地阿拉伯化，科普特人在社会权力、

① Samuel Tadros, *Mortherland Lost*: *The Egyptian and Coptic Quest for Modernity*, Stanford: Hoover Institution Press, 2013, pp. 33 - 38.

② Samuel Tadros, *Mortherland Lost*: *The Egyptian and Coptic Quest for Modernity*, Stanford: Hoover Institution Press, 2013, p. 39.

③ 郭文豹：《埃及的科普特人》，《民族译丛》1983年第3期，第68页。

④ 彭超：《埃及科普特人研究》，博士学位论文，郑州大学，2017，第33页。

⑤ Samuel Tadros, *Mortherland Lost*: *The Egyptian and Coptic Quest for Modernity*, Stanford: Hoover Institution Press, 2013, p. 55.

⑥ 刘永：《埃及科普特人问题发展研究》，硕士学位论文，内蒙古民族大学，2009，第6页。

人口规模、文化影响力等方面都逐渐衰落。奥斯曼帝国时期，科普特人利用审计技能重回税收岗位，使其经济地位得到改善。科普特人也可以在政府工作。由于科普特人手中掌握大量的财富和科普特人的精明能干，奥斯曼帝国时期的统治者大多很尊重科普特人，科普特人在奥斯曼帝国中央和地方官僚系统中处于相对有优势的地位。这一时期的科普特教会依靠世俗精英逐渐得到了发展。世俗精英利用自己手中的财富修缮教堂，对原有科普特语手稿进行重新誊写，重建圣马可大教堂，这些措施都有助于科普特教的留存与文化复兴。穆罕默德·阿里统治时期，科普特教徒的文化与技能优势对埃及现代化进程做出了较大的贡献，科普特教徒积累了大量的财富。数据显示，在 1914 年，科普特教徒拥有国家一半的财富和 150 万费丹的土地。[①] 20 世纪初，科普特教徒为了争取民族平等和埃及的独立运动，先后成立了“科普特改革协会”与“科普特大会”。1930 年后，随着穆斯林社会精英地位的上升，以伊斯兰教为指导的国家发展模式再次备受推崇，科普特教徒被逐渐排挤出政府、高校等职能部门。

1952 年 7 月，以纳赛尔为首的“自由军官组织”发动起义，推翻了法鲁克王朝的统治。由于革命发起者和参与者大多都是穆斯林，革命成功后，穆斯林掌握了埃及的最高政治权力，科普特人的地位滑向边缘。[②] 1970 年萨达特继任总统，他利用伊斯兰组织对抗纳赛尔主义者，导致科普特人和穆斯林的矛盾激化，科普特人在日常生活中常遭受无端袭扰的现象也日趋严重。科普特教会教皇谢努达三世（Shenouda III）为争取科普特人的社会地位与萨达特政府进行了直接对抗，终以被流放而收场，埃及的族群矛盾上升至难以调和的状态。[③] 穆巴拉克就任总统后，曾大力支持科普特人修建教堂，使得埃及科普特教的宗教文化可以借助建筑的载体得以保存。2011 年埃及剧变之后，穆斯林与科普特人之间的纷争不断，冲突再起，针对科普特人的暴力袭击事件屡见不鲜。同时，科普特人也因伊斯兰势力的急剧增长而处于前所未有的弱势地位。特别是穆尔西执政后，族群关系在社会各层面都处于紧张状态，族群矛盾进一步加剧。作为主体族群的穆斯林公开歧视、贬低科普特人，族群间的琐碎摩擦都会被社会舆论放大至宗教冲突层面。穆尔西未能给予科普特人充分

---

① 郝诗羽：《埃及塞西政府的科普特族群政策及其挑战》，《阿拉伯世界研究》2019 年第 3 期第 64 页。

② 杨灏城、朱克柔：《民族冲突和宗教争端》，人民出版社，2000，第 353 - 357 页。

③ 彭超：《埃及科普特人研究》，博士学位论文，郑州大学，2017，第 118 页。

的尊重，2012 年 11 月 4 日，穆尔西反常地缺席新科普特教会教皇塔瓦德罗斯二世（Tawadros Ⅱ）任命仪式。[①] 当科普特教徒遭受袭击时，穆尔西拒绝前往实地进行慰问，仅以口头方式表达关心。[②] 2013 年 1 月，科普特教会教皇面对埃及当局对科普特人的压迫，30 年来首次前往埃及举行修道院会议，公开表达对执政当局的抵触情绪，称“教会曾尝试与当局就国家利益进行商讨，但事与愿违”。2014 年，塞西当选总统，邀请科普特教教皇塔瓦德罗斯二世共同出席总统就职典礼，并强调科普特教在埃及国家发展中产生的作用、作出的贡献。2015 年，塞西总统参加了塔瓦德罗斯二世主持的科普特教的子夜弥撒，并称“科普特教曾给世界文明和人性”，这一举措给科普特教人的生存和科普特教文化的传承带来了新的希望。[③]

学术界重新发现科普特人以及科普特教的宗教传统和历史文化之后，科普特人的历史文化引起了世人的普遍关注，他们对科普特文明对基督教文明的贡献也感到十分震惊。在科普特人历史演变过程中，科普特人形成了自身的特色，科普特教派创造的宗教标志、宗教文化、宗教制度等都对基督教文明产生了重大的影响，并独具一格，具有自身的特点。这些特点主要有：建立了规范基督教教义的亚历山大教理学校，展开了维护基督教统一的普世教会合一运动，并开创了用以管理基督教的修道院制度。

二　建立亚历山大教理学校
——规范基督教教义

基督教传入埃及之后，经过一个多世纪的发展，埃及成为基督教的重要中心之一。罗马帝国统治时期，亚历山大城由于其独特的地理位置，相对宽松的政治环境以及众多学说荟萃之地等因素的影响，自然而然地成为神学辩论的场所。正是在各种思想和学说的不断碰撞中，亚历山大教理学校应运而生。亚历山大教理学校成立之后，学校涌现出

① 郝诗羽：《埃及塞西政府的科普特族群政策及其挑战》，《阿拉伯世界研究》2019 年第 3 期，第 66 页。

② 郝诗羽：《埃及塞西政府的科普特族群政策及其挑战》，《阿拉伯世界研究》2019 年第 3 期，第 66 页。

③ 彭超：《埃及剧变后科普特人问题透视》，《阿拉伯世界研究》2015 年第 5 期，第 72 页。

一批著名的宗教学家、神学家，为埃及科普特教的规范、传播作出了贡献。

（一）亚历山大教理学校的建立与发展

圣·马可将基督教传播到埃及的时候，由于没有规范化的教条和教义，基督教在埃及只是存在于人们的心中，并没有出现代表或者象征基督教的事物存在。据史料记载，圣·马可在公元1世纪中后期，最先创立了亚历山大教理学校，但是迫于异教徒与基督教徒之间的纷争，学校后来被迫关闭。[①] 这一时期有许多人写书攻击基督教，有人写书来捍卫基督教的信仰，也许多学者和神学思想家被基督教信仰所吸引。约公元180年，在基督教第一次受到来自不同教派的攻击时，潘泰努斯（Pantaenus）重新建立了亚历山大教理学校，并将其进一步规范化。[②] 亚历山大教理学校是埃及基督教学者的第一个正式的宗教场所，学校以哲学问答的方式来教授基督教神学；另外，教理学校的研究者对基督教《圣经》进行了较为严谨的研究，并产生了第一个系统的神学研究和关于圣经训诂研究的学科；教理学校不限于宗教学科的教学，与宗教有关的其他学科和世俗学科，如医学、天文学、生理学、音乐、占星术和语言学都成为教理学校的课程。[③] 在潘泰努斯和学校研究人员的努力下，亚历山大教理学校逐渐发展成为一个综合性的高等院校。亚历山大教理学校的教师们首次创造了释经原则，这种原则在今天仍在使用。此外，他们还首次将《圣经》翻译成科普特版本，为后来《圣经》在科普特人中的广泛传播打下了基础。《圣经》的科普特译本被认为是所有译本中最准确的，也是最接近希腊原文的译本。时至今日，《圣经》批判学说的学者们仍将科普特版本等同于希腊版本，可以说亚历山大学校的教师都是奠定神学基础的开创者。[④] 在这样循序渐进的发展下，教理学院神学家、哲学家的热情和智

---

① Aziz Surial Atteya, *The Coptic Contribution to Christian Civilization*, University of Utah Press, 1979, p. 6.

② Aziz Surial Atteya, *The Coptic Contribution to Christian Civilization*, University of Utah Press, 1979, p. 8.

③ Bishop Gregorius, "Christianity, the Coptic Religion and Ethnic Minorities in Egypt", *Geo Journal*, Vol. 6, No. 1, The Nile Countries, 1982, p. 59.

④ Bishop Gregorius, "Christianity, the Coptic Religion and Ethnic Minorities in Egypt", *Geo Journal*, Vol. 6, No. 1, The Nile Countries, 1982, p. 60.

慧使教理学校声名大噪。世界各地的学生都慕名而来，他们都想在此学习知识，开阔眼界，亚历山大教理学校成为这一时期基督教世界“象牙塔”的象征。这些学生中也涌现出了一批杰出的人物，如凯撒利亚的圣·巴西勒（St. Basil）、圣·格雷戈瑞·索玛古斯（St. Gregory Thaumaturgus）和圣·约翰·克里索斯托姆（St. John Chrysostom）。[①] 圣·巴西勒是亚细亚卡帕多西亚的凯撒利亚马扎卡主教，他是一位有影响力的神学家。他支持《尼西亚信经》，反对早期基督教教会的异端邪说，反对亚里士多德和阿波利纳里斯的追随者。他平衡了神学信仰和政治联系，成为尼西亚立场的有力倡导者。他还为修道院生活制定了指导方针，主要是针对社区生活、礼拜仪式和体力劳动，人们称他为东方基督教圣师；圣·格雷戈瑞·索玛古斯是3世纪罗马天主教和东正教的著名主教，他的主要贡献在于他留下的丰富著作，以及他对奥利金学说和基督教哲学的传播，其《献给奥利金的颂词》是基督教文学自传体的首次尝试；《传道书》、《灵异经》和《灵魂简论》是对基督教哲学和基督教异端教义的详细描述。圣·约翰·克里索斯托姆是君士坦丁堡一位重要的教父，他因为公开布道和演讲、谴责教会和政治领袖滥用权威、倡导神圣礼拜仪式以及禁欲意识而闻名。

（二）亚历山大教理学校的杰出人物

亚历山大教理学校之所以能在短期内获得社会好评，除了统治者的支持和良好的学校秩序之外，最重要的是涌现出了一批杰出的神学家。

埃及统治者对亚历山大教理学校的师生都十分尊重，狄奥多西二世皇帝（The Emperor Theodosius Ⅱ）颁布了“斯莫尔法令”，该法令规定任何学生逃离学校将被视为异教徒或者异端；他还将亚历山大教理学校视为传播统治者思想的场所。这些做法对基督教在其统治范围内的传播大有裨益。[②]

在潘泰努斯初建亚历山大教理学校时，有一位名为阿塔尼加拉斯（Athenagoras）的著名神学家、哲学家，他写了一本书，反对罗马统治者对科普特基督徒的迫害；此外，他还写了一篇名为《死而复生》的论文，

① Aziz Suriai Atteya, *The Coptic Contribution to Christian Civilization*, University of Utah Press, 1979, p. 6.

② Lois M. Farag, *The Coptic Christian Heritage: History, Faith, and Culture*, Routledge, 2014, p. 179.

首次借用哲学家的观点来证明基督教教义的合理性，这有别于以往神学家只借助《启示录》和《圣经》进行的论证。①

亚历山大的克莱门特（Clement）是神学院的著名校长之一，他一直都在为基督教反对诺斯替教的信仰而努力，为基督教哲学辩护，并宣称基督教哲学在人类认识真理过程中扮演着引导者的角色。可以说，他的毕生都致力于调和基督教真理与希腊哲学之间的矛盾。

在奥利金（Origen）担任校长时期，亚历山大教理学校最终成长起来。奥利金把自己的一生都奉献给了上帝、科学和教理学校，在人们心中他是一位著作等身、彻底的科普特学者。奥利金的著作是由他的学生帮助整理编纂而成的，对研究埃及科普特教有着重要的意义。奥利金所编订的《六种经文合参》，既是他对训诂学界的伟大贡献之一，也是早期基督教的伟大杰作，这本书主要是将经文排版为六个不同的版本，即打开对开版《圣经》后，会看到左右两侧各有三栏，每一栏都有三个版本的经文。他认为《圣经》的经文有三层意义——字面意义、道德意义和寓意，所以他很注重隐喻法和预表学的解经法。奥利金的另外一部主要著作是《教义大纲》，此著作系统地论述了基督教的基本教义，如：上帝、基督、圣灵、灵魂、创世、自由意志和圣经。他的《第一原理》（*Feptuagint*），是基督教神学的最初作品。② 此外，奥利金还创建了基督教历史上第一个系统的神学学科，明确规定了神学的学习课程，使之有纲可依。尽管他的神学哲学观点在当时以及后来的时代都引起了很大的争议，甚至形成了奥利金学派和反奥利金学派，但不可否认的是奥利金的神学成就对基督教文明的影响是不可磨灭的，他的一些观点在基督教历史上起着承上启下的作用。亚历山大教理学校还培养了一批又一批杰出的神学家和作家，如圣·赫拉克斯在成为圣·马可教堂的教父时首次使用了“教皇”的称号，这一称号是宗教尊严的象征。此外，拜占庭统治时期和罗马统治时期为基督教神学作出巨大贡献的学者还有：圣·格里高利（St. Gregory Nazienzen）、圣·巴西勒（St. Basil）、圣·杰罗姆（St. Jerome）和圣·鲁菲乌斯（St. Rufinus），这些人都是教

---

① Iris Habib el Masri, *The Story of The Copts: The True Story of Christianity in Egypt* (Book 1), pp. 25 - 28.

② 百度百科，https://baike. baidu. com/item/% E5% A5% A5% E5% 88% A9% E9% 87% 91/6488029? fr = aladdin。

会历史学家。[①] 可以说这一时期是一个百家争鸣的时代——既有伟大的圣徒，又有异端教派学说的涌现；这也是科普特教盛兴与教徒公开反抗罗马人迫害的时期。这一时期的科普特基督徒，再也不像从前那样将自己的反抗反映在地下墓穴和地下画廊里，而是用揭竿而起的反抗取代了默默的祈祷。总之，亚历山大教理学校为基督教神学体系的确立奠定了基础，也丰富了神学著作。

亚历山大教理学校的建立、发展以及学科化，学术上自由、思想上兼容并蓄的理念，都凸显了基督教文明自由、包容、博爱的宗教教条，亚历山大教理学校也是使基督教成为有正规宗教制度组织化的载体之一。后来，普世教会合一运动成为基督教组织制度化的第二阶段，这一阶段所有教会阶层都通过开会决定基督教的信仰与传统。亚历山大教理学校因材施教、有教无类、全面发展的原则，使其在宗教教育方面取得了很大的成就，成为后来连接西方古典教育和中世纪教育的桥梁。

三 开展普世教会合一运动

——维护基督教的统一

普世教会合一运动，又称教会再合一运动，简称合一运动，是提倡现代基督教内各宗派和教派重新合一的运动。普世教会合一运动最初被称为“向心运动”，其主要对象为基督教。[②] 准确地讲，这场运动开始于康斯坦丁大帝统治时期。

公元321年，康斯坦丁大帝颁布“米兰敕令”，宣布各种宗教信仰者都享有同样的自由，并规定基督教为国教，无偿发还没收的基督徒集会场所和财产，并要求停止对基督徒的迫害。[③] 罗马迫害消失后，基督教徒获得了对自身发展有益的政治空间，他们热衷于神学问题的讨论。加帕多西亚教父圣·格里高利（Gregory）在相关文献中记载了公元4世纪君

---

① Aziz Surial Atteya, *The Coptic Contribution to Christian Civilization*, University of Utah Press, 1979, p. 9.

② Wiley, “Missions in The Oecumenical Movement”, *International Review of Mission*, 1952, 41 (2), pp. 217 – 242.

③ FR. Tadros Y. Malaty, *Introduction to the Coptic Orthodox Church*, Egypt: Alexandria, 1993, pp. 11 – 14.

士坦丁堡神学讨论的盛况，“这个城市布满着手工艺者和奴隶，他们都是有学问的神学家，在大街小巷进行传道。如果你问一个人兑换银币，他会告诉你圣子在哪些方面和圣父不同；如果你要买一块面包，他可能会告诉你圣子的地位是低于圣父的……”。[①] 正是在这种浓厚的氛围下，神学思想本身包含的多元性也逐渐显露出来。由于《圣经》并没有明确提出三位一体的思想，神学家们在圣父、圣子、圣灵三者的关系问题上存在很大的分歧，并由此出现了两个大的派别——阿里乌教派（Arianism）和亚他那修派（Athanasius），他们都宣称自己是基督教的正统教派，这两个派别都有一支强大的信徒队伍。从一定程度上说，他们的势力已经渗透到了当时的政治圈内。这两个派别围绕同体论原理，或称本体同一论而产生分歧。[②] 在这些分歧与困惑中，为了统一教会与帝国，康斯坦丁大帝在公元 325 年，通过亚历山大的老主教召开了尼西亚会议，并呼吁开展普世教会合一运动。在这次会议上阿里乌（Arius）和亚他那修（Athanasius）争辩激烈，会议最后完全拒绝了阿里乌的教义，并将其判为异端，还写成了以亚他那修为主要人物的《尼西亚信经》，可以说这次会议之后亚他那修学说成为后世基督教普世教会背后的精神力量。[③] 亚他那修有许多不朽的作品都是用希腊语写成的，但是由于其本人精通希腊语和科普特语，所以也有部分作品使用埃及科普特语著成。此外，亚他那修在他的五次流亡中，也积极传播科普特文化，如他曾教授伟大的圣·安东尼（St. Anthony）科普特语，并向他讲授科普特教的教义与文化。众所周知，安东尼不是一个科普特人，但是他只会说科普特语，这也是他交流和旅行的唯一手段，科普特语也是安东尼成为沙漠教父的重要工具。由此可见，亚他那修对基督教的贡献不仅在基督教信条的确定上，而且还表现在对科普特文化的传播上。

对基督教理论的定义问题是科普特教派与其他教派产生分歧的结点。公元 325 年到公元 451 年之间的尼西亚会议和卡尔西顿公会议，是发生在基督教世界的两次重大事件，同时也标志着东西方基督教会的分裂。会议主要处理了两个异端：以人性为主的欧迪奇斯主义教派，放弃了基督

---

① 范明生：《晚期希腊哲学和基督教神学》，上海人民出版社，1993，第 369 页。

② Iris Habib el Masri, *The Story of The Copts: The True Story of Christianity in Egypt* (Book 1), Middle East Council of Churches, 1978, pp. 208 – 210.

③ Aziz Surial Atteya, *The Coptic Contribution to Christian Civilization*, America: University of Utah Press, 1979, pp. 10 – 11.

教神人统一的景教。[①] 君士坦丁堡会议还谴责了优迪基乌斯（Eutychius），主要是因为优迪基乌斯一世时期，神学家聂斯托里（Nestorius）坚持认为玛丽是耶稣的母亲，而不是上帝的母亲（圣母），他的论文暗示了人类和基督神性之间的鸿沟。这种观点降低了基督的神性，但是科普特教徒圣·西里尔认为基督是具有神性的，这一论点直到教皇狄奥斯科鲁斯（Dioscorus）一世时才确定下来，聂斯托里及其教法遭到了谴责，这也导致了聂斯托里派基督教的分裂。

罗马和君士坦丁堡皇帝的变化，使得帝国对待宗教的政策也随之发生了变化。狄奥多西二世的继承者马尔西安（Marcian）及其妻子（之前是一个修女），都谴责亚历山大教会在教会问题上的霸权。在狄奥斯科鲁斯的高压统治下，科普特族长被描述为“教会的法老”。[②] 因此，马尔西安召见狄奥斯科鲁斯回答他在以弗所二世时期的行为，并讨论他在公元451年卡尔西顿公会议中对基督教的观点。罗马人迅速在小亚细亚的卡尔西顿集结了大量的军队，然而，狄奥斯科鲁斯被帝国护卫队软禁在一个小房子里，并且帝国理事会将他流放到帕夫拉戈尼亚的甘格拉岛上，直到他在岛上死亡。[③] 流放科普特教领袖的方式，使科普特教失去了宗教领袖。加上，卡尔西顿公会议并不认可他们，从那一刻起，继承圣·马可思想的基督教被分成两个教派：拜占庭时期的麦尔基的基督教派，土著的具有民族主义的科普特基督教派。这样一来，新一波的对科普特教的无情迫害和对基督徒的一性论观点的羞辱又开始了，直到阿拉伯人征服埃及后这种迫害才消失。

由此可见，所谓的普世教会合一运动其实就是将基督教分化的问题进行统一，在维护基督教的宗教性质、宗教统一方面起着一定的沟通作用。普世教会合一运动不仅保持了科普特教派的独特性，甚至可以说在一定程度保存了基督教的原始观点与文化。尽管这个运动在今天不被部分基督教宗派所接受，更被认为是为了一味追求合一而妥协信仰立场的运动。但是，普世教会合一运动在基督教历史上的作用依然是不容小觑的。

---

① Aziz Surial Atteya, *The Coptic Contribution to Christian Civilization*, America: University of Utah Press, 1979, p. 12.

② Otto F. A. Meinardus, *Two Thousand Years of Coptic Christianity*, Cairo: The American University Press, 2002, pp. 48 – 50.

③ Aziz Surial Atteya, *The Coptic Contribution to Christian Civilization*, America: University of Utah Press, 1979, p. 12.

四 创立修道院制度
——完善基督教管理模式

科普特教会对基督教文明的贡献最具世界意义的当数其创建的修道院制度，它是现代基督教修道院或者教堂管理模式的前身。埃及科普特修道院制度的发展经历了两个阶段：第一阶段，以安东尼为代表的原始修道模式，即单独隐修；第二阶段，经圣·帕克米乌（St. Pachomius）等人的发展，出现集体修道院。

（一）科普特修道院制度的初步形成

埃及修道院制度的形成是多种内外因素综合作用的结果，罗马晚期的政治经济因素，埃及本土的宗教因素，以及罗马帝国对埃及宗教的高压政策等都对埃及修道院制度的兴起产生了一定的影响。埃及修道院起源于沙漠地区，主要是人们为了逃避罗马统治者沉重的赋税。刚开始修道院只是一种生活方式，后来发展成修道院社区，直至成为基督教的奇迹。通常认为圣·安东尼是这种生活方式的创建者，他素有“沙漠之父”的称号，可以说他是原始修道模式的代表，他创建的这种模式也叫单独隐修；后来经过帕克米乌等人的发展，出现了集体修道院。①

传说，圣·保罗（St. Paul）是埃及第一位基督教修道士，在安东尼之前他就在偏远地区进行隐修，并在山洞里居住了 90 年，最后还建立了圣·保罗修道院。② 但是人们通常认为是安东尼创建了修道院制度。修道院制度的第一个阶段来自安东尼独处、清贫、贞洁、折磨肉体以及拯救灵魂的生活方式。传说，有一天安东尼在教堂听到有人说：“如果你想要完美，就要把你拥有的财产分给穷人，这样你在天堂就能得到财富。”③ 这和现在我们所说的宗教极端主义相似。于是，安东尼穿过尼罗河，只

---

① 爱德华·吉本：《罗马帝国衰亡史》（下卷），商务印书馆，1997，第 127—129 页。

② 田明：《古代埃及的基督教修道制度》，全国哲学社会科学规划办公室，2014 年 9 月 18 日，http://www.qstheory.cn/freely/2014-09/19/c_1112518032.htm，最后下载日期：2018 年 3 月 2 日。

③ Aziz Surial Atteya, *The Coptic Contribution to Christian Civilization*, America: University of Utah Press, 1979, p. 13.

身一人来到沙漠，在沙漠节食修行实行禁欲主义。不久之后，安东尼的名望大增，康斯坦丁大帝写信给他想要从他那里寻求祝福。同时代的大主教亚他那修花费两年时间写出《安东尼传》，使其身后享有盛名，并获得“修道院之父”的美誉。① 后来许多人都来到沙漠，跟随安东尼，以寻求精神上的指导。随后，这样的隐修地点在沙漠里开始频繁出现，甚至扩散到河谷地区。安东尼不仅创造了修道院制度，而且还为修道运动提供了神学理论基础：他推崇对上帝和基督的虔诚信仰；倡导禁欲主义；主张“三位一体”、反对“异端”等，在维护基督教教义方面贡献巨大。②

（二）科普特修道院制度的集体化、系统化

修道院制度发展的第二阶段是在圣·帕克米乌统治之下成形的，他将半集体生活为主要方式的团体修道方式转变为真正意义上的修道院。他改变了隐修方法，建立了隐修的定居社区。在这样一种有规则的社会生活的基础上，建立了集体修道院制度。圣·帕克米乌还制定了修道院制度条例，并要求修士们严格遵守该条例，共同服从修道院院长的领导。③ 此外，他还规范了修士们的公共生活秩序，否认了自我禁欲的原则；修士们应该挖掘自身的潜能，追求智力和体力，同时遵守修道院的誓言：贞洁、清贫和顺从；每个修士都必须有一门技巧或者职业而成为兄弟会中一个有用的人；所有人都必须用劳动来养活自己，但在追求物质的同时也不能忽略自身发展；每个人都必须充分履行自己作为修道士的职责。④ 此外，修道院的社会性也日益凸显，修道院不仅承担治疗人类灵魂的义务，有时还负责治病救人。

圣·帕克米乌创建的集体修道院制度在当时迅速发展，许多埃及人都加入到集体修道院中。到公元 346 年圣·帕克米乌去世时，埃及已有 9

① Elizabeth S. Bolman, *Monastic Visions: Wall Paintings in the Monastery of St. Antony at the Red Sea*, Yale University Press, 2002, p. 6.

② Aziz Surial Atteya, *The Coptic Contribution to Christian Civilization*, America: University of Utah Press, 1979, pp. 14 – 15.

③ 田明：《古代埃及的基督教修道制度》，全国哲学社会科学规划办公室，2014 年 9 月 18 日，http://www.qstheory.cn/freely/2014 – 09/19/c_1112518032.htm，最后下载日期：2018 年 3 月 2 日。

④ Aziz Surial Atteya, *The Coptic Contribution to Christian Civilization*, America: University of Utah Press, 1979, p. 16.

座男修道院与2座女修道院。修道院的规章制度也使得修道院生活十分丰富。圣·帕克米乌在其名著《天父》中写道，四世纪的主教帕拉蒂乌斯（Palladius）指出，他在一个修道院发现了15个裁缝、7个铁匠、4个木匠，15套锤以及12个驮夫，此外还有数量不明的面包师、厨师、篮子和绳索的制造商、磨坊主、织布工、泥瓦匠、讲师、抄写师——所有人在这里都和谐地、有秩序地生活着，建筑结构也很完美，就像是罗马的堡垒。[①] 修道运动的迅速发展还可以从公元390年的复活节庆典中看出，有资料记载当时有不少于5万名修道士庆祝这一节日。尽管古代数目的估计经常被视为过分夸张的文字推测，但宗教人群的数目在总人口中占据着相当大的比例。这点我们可从当时流行的“在埃及找神容易找人难”的口头禅中看出。[②]

帕克米乌在扩大修道院机构的同时也保留了良好的修道院机制，并建立了有效的管理规则以防止修道院的腐败和道德恶化。他将三个或者四个修道院连接在一起并选出中间的领导者，规定所有的修士们都要定期见面，讨论当地的问题。宗教组织有一个高级领导者，这个高级领导者每年都要召集两次会议，总结和分析修道士们的工作和生活：一次是在夏季收割之后，主要讨论管理和预算，又在复活节做年度报告以及修道院院长做新的公告，在旧址的基础上将办公室进行整修或迁移；第二次会议主要是修士们的祈祷会和忏悔会。

科普特修道院制度的系统化是大瓦西里访问埃及之后。约公元357年，大瓦西里访问埃及，并成为帕克米乌的信徒，开创了小亚细亚修道院制度并对修道院制度进行了系统化、规范化的整理，其教规至今仍被东正教所遵从。[③] 因将《圣经》翻译成拉丁语而著名的哲罗姆也曾造访过埃及，之后，他还建立了一所男修道院和一所女修道院，并亲自担任男修道院的院长。修道思想和集体修道院最早就是通过哲罗姆的介绍而为

---

① Aziz Surial Atteya, *The Coptic Contribution to Christian Civilization*, America: University of Utah Press, 1979, p. 17.

② 田明：《古代埃及的基督教修道制度》，全国哲学社会科学规划办公室，2014年9月18日，http://www.qstheory.cn/freely/2014-09/19/c_1112518032.htm，最后下载日期：2018年3月2日。

③ 田明：《古代埃及的基督教修道制度》，全国哲学社会科学规划办公室，2014年9月18日，http://www.qstheory.cn/freely/2014-09/19/c_1112518032.htm，最后下载日期：2018年3月2日。

西方世界所了解的。圣·帕克米乌所创建的修道院制度也成为圣·本笃（St. Benedict）的榜样，后者于公元6世纪在卡西诺山建立了以埃及修道院为模型的更为严格的修道院，并成为后世西方修道士的精神领袖。此外，埃及的基督徒莫罗兹在罗马军队中服役时，先后到北欧和瑞士传道，现在瑞士的一个小镇上还有以他名字命名的修道院。还有一些证据表明，科普特传教士的活动甚至远达爱尔兰。爱尔兰的修道院制度明显更接近于帕克米乌式的，而不是本笃派的。①

科普特人的修道院制度可以说是古代基督教世界的奇迹。一些伟大的神学家将科普特教的制度传入欧洲和其他国家，扩大了基督教文明的传播。11世纪和12世纪的天主教加尔都西会教士和西多会教士以及方济各会教士、多明俄会教士建立了一个基督教联盟，该联盟象征着集体修道院制度权威的确立。在现代基督教世界中，一些宗教信条和教堂规则中隐约可见科普特修道院制度的影子。

结　语

在人类历史发展的长河中，科普特人曾创造了辉煌的科普特文化，在埃及乃至整个基督教世界都占有举足轻重的地位。随着埃及国家内部的安全和自由，外部世界的支持，科普特人和科普特教文化再次出现在人们的视野中。同时，世界各地的学者也开始了对这个曾被遗忘在角落里的最古老的基督教文明神性和文化的研究。在现代，许多科普特人在埃及社区乃至国家政治领域都占据了重要地位，科普特人在宗教、哲学、社会学、医学、天文学和建筑学以及其他知识领域都成绩斐然。科普特教的宗教贡献不仅是基督教宗教文化的重要组成部分，而且也对世界宗教文化多样性作出了奉献，科普特的宗教文化在历经沧桑与流变之后依然散发着无尽的魅力。

（责任编辑：王　严）

① 田明：《古代埃及的基督教修道制度》，全国哲学社会科学规划办公室，2014年9月18日，http://www.qstheory.cn/freely/2014-09/19/c_1112518032.htm，最后下载日期：2018年3月2日。

非洲研究　2019年第2卷（总第15卷）
第178－202页

中美十五年来社科类非洲研究对比分析

——基于期刊文献的计量学考察*

李加方　王海璐

【内容提要】 本文应用文献计量学的方法和信息可视化软件CitespaceV的文献分析功能，从文献总量、年度文献量、文献来源机构、文献作者、文献来源期刊、关键词等方面对比分析了中美十五年来的社科类非洲研究；搜集和整理了较详实的数据、文献等与中美社科类非洲研究有关的资料，总结了当前我国社科类非洲研究的特点，就进一步加强中国社科类非洲研究提出意见建议。

【关键词】 中美；社科类研究；非洲研究；文献计量学；对比分析

【作者简介】 李加方，男，云南陇川人，云南大学新闻学院文化传播方向博士研究生，具有三年非洲孔子学院工作经历（云南昆明：650500）；王海璐，女，河南辉县人，硕士，现在马拉维大学孔子学院工作，具有三年多的非洲孔子学院工作经历。

仅从大规模开展非洲研究的时间上来说，中美之间大体相同：直到二战后，美国的非洲研究学者仍旧少到“可以在电话间里召开全美的非洲学家会议”。1957年美国“非洲研究协会”成立后，美国的非洲研究

* 本研究获得“云南大学民族学一流学科建设”项目的资助，项目名称“马拉维K县农村地区媒介使用的人类学考察”（编号：2019SY035）。

才逐步进入快车道①；1961 年毛泽东主席做了关于加强非洲研究的指示后，中国的非洲研究也蓬勃发展起来。② 除此之外，与英、法、德等国相比，中、美的非洲研究还具有其他一些共性，如中、美距离非洲都很遥远，中、美都未曾在非洲拥有殖民地，中、美的非洲研究都起步较晚等。基于以上原因，本文选择中美的社科类非洲研究③作为研究对象。

关于中国社科类非洲研究的研究综述，前人已做了较多探讨④，特别是在纪念毛泽东主席发表关于加强非洲研究重要指示 50 周年之际，《西亚非洲》杂志于 2011 年 5 月组织专刊刊发了非洲政治、历史、南非等 13 个专题⑤的研究综述，较全面地反映了该专题或领域的研究沿革、成就、争论等问题，是当前中国社科类非洲研究综述的集大成者。

但是，略为遗憾的是，迄今为止，尚未有中国学者对美国的非洲研究做研究综述，也未有中国学者从文献计量学的角度对中国的非洲研究做研究综述，更未有学者对中美的非洲研究做对比分析。

有鉴于此，本文从文献计量学⑥的视角，对中美十五年来⑦的社科类非洲研究文献做一个对比分析，以期发现其中的特点及规律，助益于中国的非洲研究。

一　文献来源

本文的文献来源如下：

美国文献：2018 年 11 月 4 日，以主题为“Africa or African”、时段为“2004—2018”、文献类型为“文章（Article）”、地区为“美国（USA）”

① 张毓熙：《美国非洲研究协会的建立及其发展》，《西亚非洲》1980 年第 4 期。

② 张宏明：《中国的非洲研究发展述要》，《西亚非洲》2011 年第 5 期。

③ 如无特别说明，下文的非洲研究均指社科类研究。

④ 如李安山《中非关系研究三十年概论》，《西亚非洲》2009 年第 4 期。

⑤ 另外 10 个专题是：非洲研究发展述要，非洲经济、地理、文化、法律、教育，非洲一体化，非洲国际关系，中非关系，埃及。

⑥ 罗式胜（1994）在其专著《文献计量学概论》一书中对文献计量学定义如下：文献计量学是以文献体系和文献计量特征为研究对象，采用数学、统计学等计量研究方法，研究文献情报的分布结构、数量关系、变化规律和定量管理，并进而探讨科学技术的某些结构、特征和规律的一门学科。本文的文献计量学分析采用的就是这一思路。

⑦ 之所以选择 15 年，是技术问题，即本文美国文献来源的数据库——SSCI 数据收录的文献始于 2003 年。

为条件在 SSCI 数据库进行检索，共得文献 49384 篇。①

中国文献：2018 年 11 月 4 日，以主题为“非洲”、时段为“2004—2018”为条件在 CSSCI 数据库进行检索，共得文献 3102 篇，再剔除会议通知、新闻稿件、征稿启事等 79 篇，共得有效文献 3023 篇。

此外，关于中外文献计量学的对比分析，也有学者的分析对象全部来自英文数据库，如钱万强等对国内外干细胞研究热点的分析。② 因此，我们也对 SSCI 数据库里中国学者的非洲研究文献进行了检索，检索条件与美国文献一致，仅把其中“美国（USA）”换成“中国（PRC）”，得文献 1357 篇。但是我们认为，英文数据库里中国学者的研究文献不能代表主流中国非洲学者的研究，因为其中绝大部分是中国学者（其中包括来自香港的学者）在留学、访学期间与外国学者合作完成的，单个作者的文献量较少。以引用率前 100 的文献为例，其中仅有 11 篇由中国学者独立完成。因此，本文分析的中文文献，我们仍以 CSSCI 数据库为主。③

二 文献数据分析

1. 文献总量

由前文可知，2004—2018 年间中国学者发表的中、英文社科类非洲研究文献总数为 4380 篇，仅为美国文献的 9%，差距较明显。

2. 年度文献量

由图 1 可知，2004—2018 年间美国社科类非洲研究文献基本上呈稳步上升趋势④，而中国却较为曲折。这也一定程度上反映出我国非洲研究队伍及其研究工作的不稳定性。

3. 文献来源机构

由图 2 可知：①中国文献的来源机构比美国集中，如“浙师大”和“社科院西亚非洲研究所”两家机构的文献量占到总文献量的 17%，而美

① 同等条件下英、法、德三国文献量分别为 10562 篇、2429 篇、2979 篇，即美国的非洲研究远超英、法、德等国，这也是本文选择美国进行对比分析的原因之一。

② 钱万强等：《基于文献计量学的国内外干细胞研究热点分析》，《中国科技论坛》2012 年第 2 期。

③ 如无特别说明，下文的中国文献均指 CSSCI 数据库文献。

④ 2018 年例外是因为资料统计时 2018 年度尚余两月。

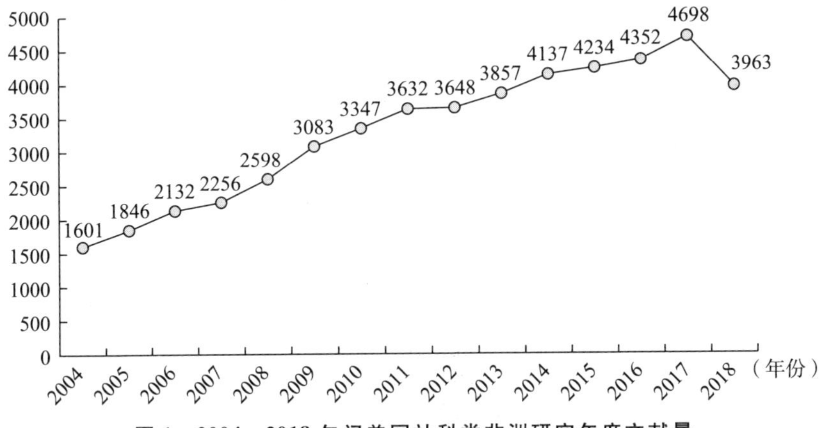

图 1　2004—2018 年间美国社科类非洲研究年度文献量

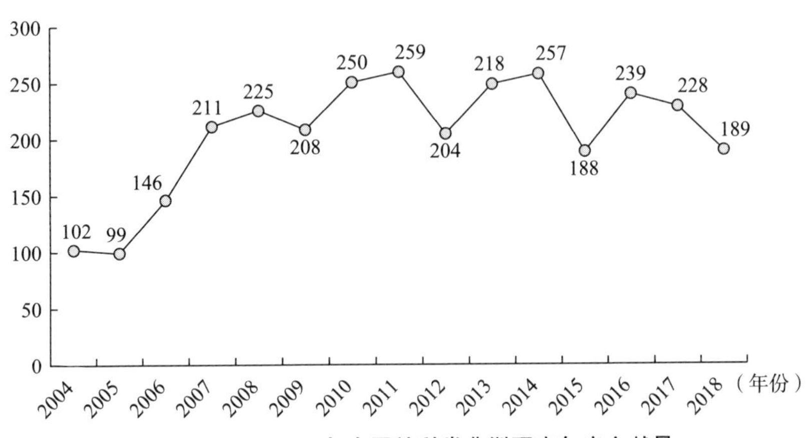

图 2　2004—2018 年中国社科类非洲研究年度文献量

国各机构的文献量比较均衡。②参与非洲研究的院校中，美国名校较多，中国则普通院校较多。比如，在文献量位居前 15 的美国机构中，有 10 所高校名列“2019 美国 USNEWS 大学排行榜 30 强”，而中国只有 6 所高校名列“2018 中国校友会大学排行榜 30 强”。再比如，未名列 2018 大学排行榜 30 强的浙师大、湘潭大学和云南大学 3 所院校，其文献量（437 篇）比位列大学排行榜 30 强的 6 所名校北大、厦大、人大、南大、华东师大、清华的文献总量（378 篇）还要多近 16%。

4. 文献作者

由图 3 可知，文献量排名前 15 的美国学者的平均文献量为 99 篇，中国学者为 20 篇，美国学者是中国学者的 5 倍，比中国学者多产和稳定。

另外，图 3 的文献作者与图 2 的文献来源机构基本对应。美国方面，

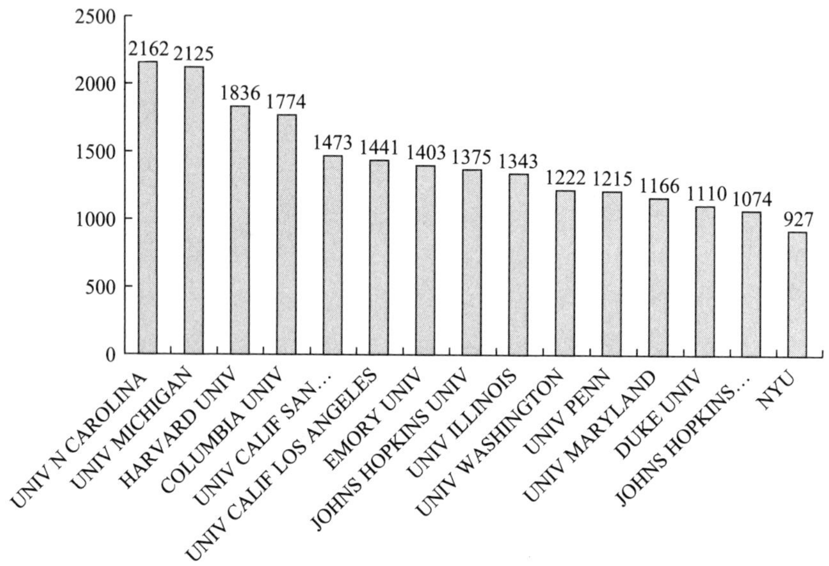

图 3　2004—2018 年间美国社科类非洲研究前 15 大文献来源机构及文献量

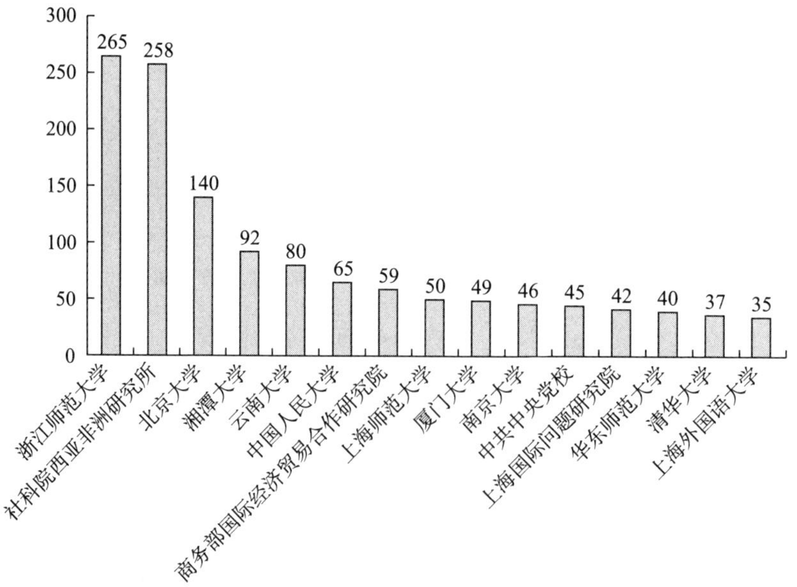

图 4　2004—2018 年间中国社科类非洲研究前 15 大文献来源机构及文献量

DICLE-MENTE RJ、BRODY GH、WILLIAMS DR、ZIMMERMAN MA、THORPE RJ 、WINGOOD GM 分别是纽约大学、埃默里大学、哈佛大学、密歇根大学、霍普金斯大学、哥伦比亚大学教授。

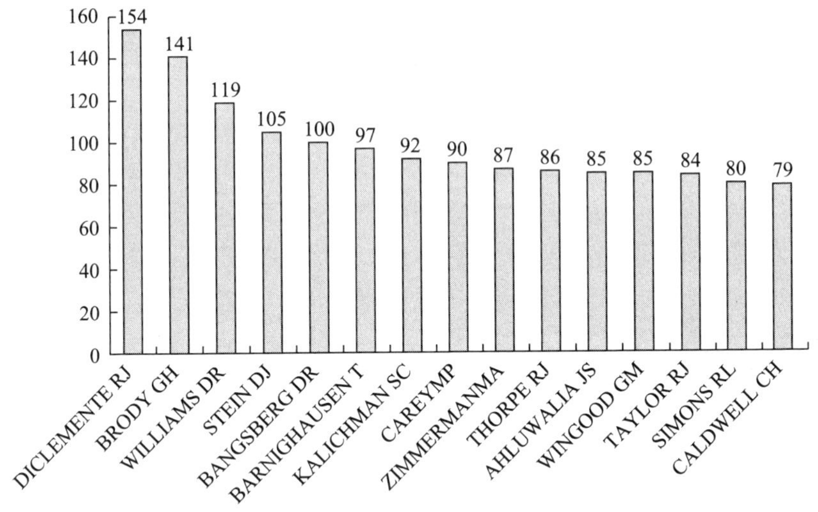

图 5　2004—2018 年美国社科类非洲研究文献数量排名前 15 的作者及文献量

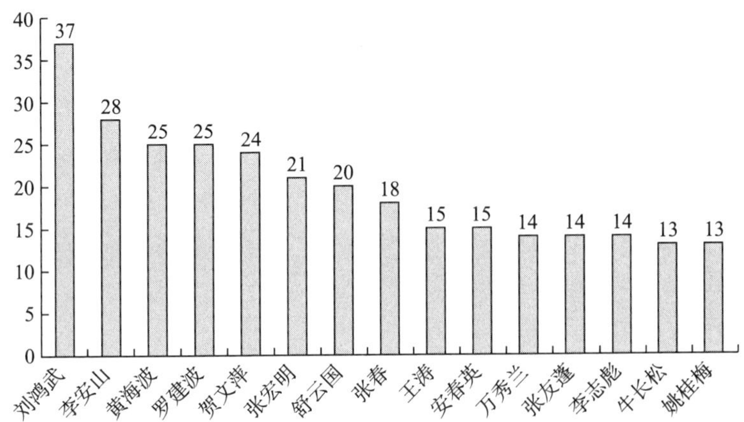

图 6　2004—2018 年中国社科类非洲研究文献数量排名前 15 的作者及文献量

中国方面，刘鸿武是浙师大和云南大学教授，李安山、罗建波、贺文萍、舒运国分别是北大、中央党校、西亚非洲研究所、上师大教授。

5. 文献来源期刊

由图 7 可知，美国社科类非洲研究文献前 15 大来源期刊中有 10 个与医学或健康相关，由此我们可以大体判断医学或健康领域是美国社科类非洲研究关注的重点。而由图 8 我们可以看出，中国的非洲研究主要关注政治、经济、贸易等领域。另外，据笔者统计，在引用率前500 的中国非洲研究文献中，没有任何一篇文献与医学或健康有关，也没有任何一篇文献来源于医学或健康杂志。

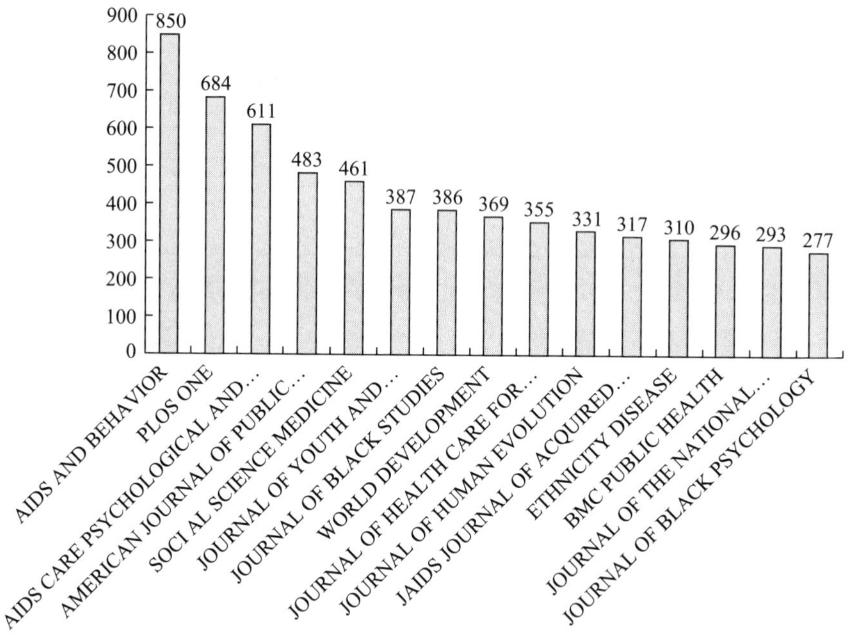

图 7　2004—2018 年间美国社科类非洲研究文献排名前 15 来源期刊及文献量

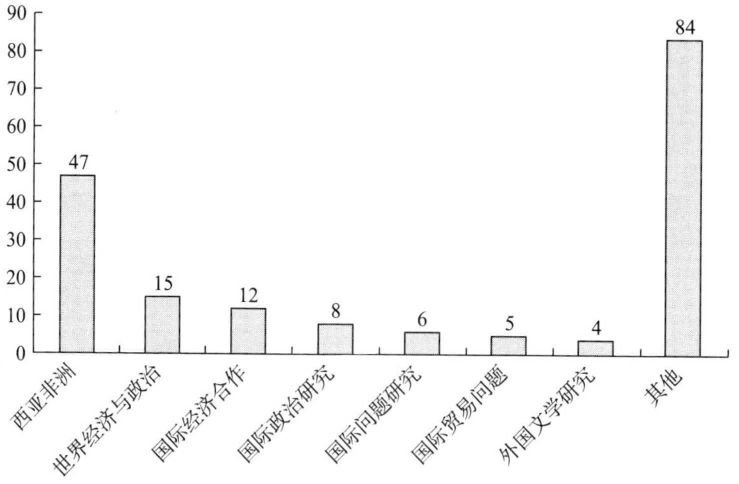

图 8　2004—2018 年间中国社科类非洲研究文献中引用率排名前 200 的文献的来源期刊及文献量

注：① CNKI 能进行文献统计分析的上限是 200 篇。

6. 高频关键词分析

应用 CitespaceV 对 2004—20018 年间的 20000 篇[①]美国文献进行共词分析，每年抽取关键词数量 50 个，共得关键词 128 个。其中排名前 30[②]的高频关键词如下：非裔美国人/妇女（African American/women）（5218篇）[③]，（精神）健康/（mental）health（2836 篇），种族（race/ethnicity）（2196 篇），美国/United States（2544 篇），危机（因素）/risk（factor）（2180 篇），艾滋病（HIV/AID）（1791 篇），妇女 /women（1606 篇），青年/adolescent（1532 篇），南非/South Africa（1445 篇），行为/behavior（1441 篇），儿童/children（1251 篇），流行/prevalence（1191 篇），干预 /intervention（1187 篇），阻止/prevention（990 篇），抑郁/depression（977 篇），性别/gender（893 篇），关爱/care（828 篇），影响/impact（800 篇），人口/population（783 篇），态度/attitude（737 篇），差距/disparity（730 篇），社会经济状况/socioeconomic status（729 篇），社区/community（702 篇），死亡率/mortality（670 篇）。

同样应用 CitespaceV 对 2004—2018 年间的 3023 篇中国文献进行共词分析，每年抽取的关键词数量同样是 50 个，共得关键词 544 个。其中排名前 30[④] 的高频关键词整理如下：中国（262 篇），南非（236 篇），中非关系（159 篇），美国（113 篇），中非合作（64 篇），北美洲（41 篇），中非合作论坛（39 篇），一带一路（36 篇），北非（35 篇），尼日利亚（32 篇），对外直接投资（27 篇），金砖国家（27 篇），阿非利加（27 篇），印度（26 篇），投资（25 篇），本位币（23 篇），肯尼亚（23 篇），美元（23 篇），政治（23 篇），对外援助（22 篇），中非（22 篇），全球化（22 篇），南南合作（22 篇），中东（20 篇），非洲联盟（20 篇）。

从高频关键词的分析可以看出，美国文献偏重于非洲本土医学、健康、社会、人口等问题的研究，而中国文献偏重于中非政治、经济、贸

---

① 美国文献较多，我们选取引用率最靠前 20000 篇文献进行分析。

② 实际 24 个，因为我们合并了意义相近的“HIV”和“HIV/AID”，“risk”和“risk factor”，“health”和“mental health”，“African American”和“African American women”，“race”和“ethnicity”10 个关键词，并删除了“Africa”这个意义非常宽泛的关键词。

③ 括号内为词频，下同。

④ 实际 25 个，因为我们同样合并了意义相同的“中国”与“中华人民共和国”，“美国”与“美利坚合众国”4 个关键词，并同样删除了“非洲”“非洲人”“非洲国家”3 个意义非常宽泛的关键词。

易等问题的研究，这与上文来源期刊等的分析也基本一致。另外需要指出的是，“艾滋病”与“贫困”① 这两大非洲标签在中国文献关键词里分别排在第94位和121位，排名很靠后，并且词频只有7次和5次，频率很低。

7. 关键词聚类分析

关键词聚类反映的是研究主题及研究热点问题，这从上文的来源期刊和高频关键词已经可以看出一些端倪。下面我们应用CitespaceV的关键词聚类功能②，对这一情况做进一步说明。

7.1 美国文献关键词聚类及研究热点

我们采用CitespaceV的关键词聚类功能对美国引用率靠前的10000篇文献进行分析。分析结果显示，美国文献分成了以下四个大的聚类。

7.1.1 医学与健康问题

从前文的文献来源期刊与高频关键词我们可以看出，医学与健康问题是美国非洲研究的重点。与医学和健康问题研究相关的关键词有“（精神）健康、艾滋病、流行、干预 、危机、阻止、营养、抑郁、关爱、死亡率、感染、癌症、怀孕、血压、症状、预防、避孕套使用、药物使用、死亡、肥胖、高血压、传染、食品安全、幸存、治疗、精神病、痴呆”等。据笔者统计，在引用率最靠前的200篇文献中，与医学和健康相关的文献占比约为57%，如Dunkle，K等关于孕妇性别暴力、性别权利与艾滋病感染风险的研究③，Black，R等关于中低收入国家孕妇与儿童营养不足但过度肥胖问题的研究等。④

关于非洲研究的医学与健康问题，笔者这里还有一组数据。2018年9月12日，笔者在Web of Science上搜索了有关非洲国家马拉维的社科类研究文献，并人工分析了其中引用率最靠前的555篇文献，发现其中87%的文献都与医学和健康有关，只有13%的文献研究的是农业、气候、人口、两性、教育等问题。在医学与健康文献中，38%研究的是艾滋病问题，

① 在关键词里具体是“减贫”这个词，而非“贫困”。

② 英文文献能够进行引文聚类分析，但中文文献只能进行关键词聚类分析，因此为了保持一致，英文文献我们也采取了关键词聚类分析。

③ K. Dunkle, “Gender-based Violence, Relationship Power, and Risk of HIV Infection in Women Attending Antenatal Clinics in South Africa”, *Lancet*, 2004（9419）.

④ R. Black, “Maternal and Child Undernutrition and Overweight in Low-income and Middle-income Countries”, *Lancet*, 2012（9890）.

16%研究的是营养等健康问题，14%研究的是母婴问题，10%研究的是疟疾问题，22%研究的是癌症、中风、呼吸道疾病等其他医学类问题。

7.1.2 社会问题

与社会问题研究相关的关键词有“危机、差距、社区、社会经济状况、压力、家庭、教育、贫困、暴力、低收入、文化、酗酒、虐待、偏见、冲突、家庭暴力、不平等、公正、环境、劳动力市场、发展、性交易”等。据笔者统计，在引用率最靠前的200篇文献中，与社会问题相关的文献占比约为16%，如Conger，R等关于社会经济状况、家庭进步与个体发展关系的研究①，Dunkle，K等关于南非女性性交易风险因素的研究等。②

7.1.3 人口问题

与人口问题研究相关的关键词有“妇女、儿童、青年、性、性别、性行为、行为、态度、成年、母亲、性别差异、婴幼儿、年龄、孤儿”等。据笔者统计，在引用率最靠前的200篇文献中，与人口问题相关的文献占比约为14%，如Willis，S等关于老年人日常生活认知能力训练的长期效果研究，③ Case，A等关于非洲孤儿的父母死亡、贫困与入学等问题的研究。④

7.1.4 种族问题

与种族问题研究相关的关键词有“种族、种族歧视、黑人、种族差异、种族身份认同、暴力、种族不平等、冲突、种族主义”。据笔者统计，在引用率最靠前的200篇文献中，与种族问题相关的文献占比约为9%，如Walton，G等关于种族归属的种族、社会适应与个体成就的研究⑤，Cohen，G关于通过社会和心理干预减少种族间发展鸿沟的研究等。⑥

---

① R. Conger, "Socioeconomic Status, Family Processes, and Individual Development", *Journal of Marriage and Family*, 2010 (3).

② K. Dunkle, "Transactional Sex among Women in Soweto, South Africa: Prevalence, Risk Factors and Association with HIV Infection", *Social Science & Medicine*, 2004 (8).

③ S. Willis, "Long-term Effects of Cognitive Training on Everyday Functional Outcomes in Older Adults", *Jama-Journal of the American Medical Association*, 2006 (23).

④ A. Case et al., "Orphans in Africa: Parental Death, Poverty, and School Enrollment", Demography 41, 3 (2004).

⑤ G. Walton et al., "A Question of Belonging: Race, Social fit, and Achievement", *Journal of Personality and Social Psychology*, 2007 (1).

⑥ G. Cohen, "Reducing the Racial Achievement Gap: A Social-psychological Intervention", *Science*, 2006 (5791).

以上四个关键词聚类基本反映了美国社科类非洲研究的热点和重点，这也与上文来源期刊等的分析基本一致。

7.2　中国文献关键词聚类及研究热点

应用 CitespaceV 对 3023 篇中文文献进行关键词聚类分析，发现中文文献分成了以下 5 个大的聚类。

7.2.1　中非关系

中非关系是中国非洲研究占比最大的部分，其中的高频关键词有"中非关系、中非、政治、外交、政策、交流、战略、软实力"等。据笔者统计，在引用率最靠前的 200 篇文献中，与中非关系相关的文献有 62 篇，占比 31%，如《为中国正名：中国的非洲战略与国家形象》①，《中非关系 30 年：撬动中国与外部世界关系结构的支点》②，《互利共赢：中非关系的本质属性》③，《非洲新形势与中非关系》④ 等。

7.2.2　中非经贸

中非经贸虽然也属于中非关系的一部分，但因其重要性自成一类。与中非经贸相关的关键词有"对外直接投资、投资、本位币、经济、企业、中非贸易、经贸合作"等。据笔者统计，在引用率最靠前的 200 篇文献中，与中非经贸相关的文献有 41 篇，占比 20%，如《中国对非洲投资决定因素：整合资源与制度视角的经验分析》⑤，《中国对非洲直接投资的国别、路径及策略选择》⑥，《中国对非洲直接投资的影响因素》⑦，《中非经贸关系：挑战与对策》⑧ 等。

7.2.3　中国对非援助与合作

援助和合作是贯穿中非关系始终的主线之一，因此也是一个研究重

---

① 李安山：《为中国正名：中国的非洲战略与国家形象》，《世界经济与政治》2008 年第 4 期。

② 刘鸿武：《中非关系 30 年：撬动中国与外部世界关系结构的支点》，《国际政治研究》2008 年第 11 期。

③ 刘乃亚：《互利共赢：中非关系的本质属性》，《西亚非洲》2006 年第 8 期。

④ 王莺莺：《非洲新形势与中非关系》，《国际问题研究》2004 年第 2 期。

⑤ 陈岩等：《中国对非洲投资决定因素：整合资源与制度视角的经验分析》，《世界经济》，2012 年第 10 期。

⑥ 朴英姬：《中国对非洲直接投资的国别、路径及策略选择》，《西亚非洲》2009 年第 7 期。

⑦ 沈军等：《中国对非洲直接投资的影响因素》，《国际金融研究》2013 年第 9 期。

⑧ 舒运国：《中非经贸关系：挑战与对策》，《上海师范大学学报》（哲学社会科学版）2008 年第 5 期。

点。与中国对非援助与合作相关的关键词主要有“中非合作，中非合作论坛，对外援助，援助，对非援助，南南合作”等。据笔者统计，在引用率最靠前的200篇文献中，与中国对非援助与合作相关的文献有26篇，占比13%，如《中国援助非洲：发展特点、作用及面临的挑战》①《全球化视野中的非洲：发展、援助与合作》②《论中国对非洲援助的阶段性演变及意义》③　《关于加强中非全方位合作的若干思考》④ 等。

7.2.4　非洲国际关系研究

非洲国际关系研究主要关注美日欧等发达国家及世界银行等国际组织与非洲的关系问题。与非洲国际关系研究相关的关键词主要有“美国、印度、美元、日本、欧洲、法国、国际社会”等。据笔者统计，在引用率最靠前的200篇文献中，与非洲国际关系研究相关的文献有23篇，占比12.5%，如《冷战后美国对非政策的演变、特点及趋势》⑤《国际社会对非援助与非洲贫困问题》⑥《西方大国对非洲政策新动向及其影响》⑦、《日本对非洲官方发展援助战略》⑧ 等。

另外需要指出的是，在非洲国际关系研究的23篇文献中，关注日本与非洲关系和关注美国与非洲关系的分别有6篇和5篇，二者几乎占这一研究主题的半数。

7.2.5　非洲本土研究

非洲本土研究是指研究非洲本土问题的文献。与非洲本土研究相关的关键词主要有“南非、北非、尼日利亚、非洲联盟、不发达国家、黑人、非洲发展”等。据笔者统计，在引用率最靠前的200篇文献中，与非洲本土研究相关的文献有21篇，占比10.5%，如《非洲经济发展的主

① 贺文萍：《中国援助非洲：发展特点、作用及面临的挑战》，《西亚非洲》2010年第7期。

② 李安山：《全球化视野中的非洲：发展、援助与合作》，《西亚非洲》2007年第7期。

③ 刘鸿武等：《论中国对非洲援助的阶段性演变及意义》，《西亚非洲》2007年第11期。

④ 贺文萍：《关于加强中非全方位合作的若干思考》，《西亚非洲》2006年第8期。

⑤ 杜小林：《冷战后美国对非政策的演变、特点及趋势》，《现代国际关系》2006年第3期。

⑥ 毛小菁：《国际社会对非援助与非洲贫困问题》，《国际经济合作》2004年第5期。

⑦ 邢玉春：《西方大国对非洲政策新动向及其影响》，《国际问题研究》2006年第6期。

⑧ 吴波：《日本对非洲官方发展援助战略》，《西亚非洲》2004年第5期。

要特征评述》[①]《非洲民主化制约因素透视》[②]《十周年后再析卢旺达“种族”大屠杀》[③]《南非社会保障体系中的社会救助制度》[④] 等。

以上关键词聚类基本反映了中美两国社科类非洲研究的热点问题，其结论与来源期刊及高频关键词等的分析基本一致。

7.3　与研究方法有关的关键词

在前文所述的 128 个英文关键词中，与研究方法有关的关键词有以下三个：随机控制实验（randomized controlled trial）、元分析（meta-analysis）、系统分析（systematic analysis）。

在前文所述的 544 个中文关键词中，与研究方法有关的关键词有以下四个：人类学、研究综述、田野调查、受访者。

从以上几个关键词我们可以看出，当前中美社科类非洲研究在方法上也存在差别。

8　其他数据分析

8.1　在引用率排名前 100 的文献中，美国文献的平均引用率为 742.78 次，中文文献的平均引用率为 49.48 次，美国是中国的约 15 倍。

8.2　在引用率排名前 100 的美国文献中，由单人完成的为 8 篇，占比 8%；由三人以上（含）合作完成的有 75 篇，占比 75%；由 10 人以上合作完成的有 28 篇，占比 28%；由 100 余位作者合作完成的有 12 篇，占比 12%。在引用率排名前 100 的中国文献中，由单人完成的论文为 60 篇，占比 60%；由三人（含）以上合作完成的为 8 篇，占 8%；合作作者最多的一篇文献由 12 位作者合作完成。[⑤]

8.3　在引用率排名前 100 的美国文献中，由美国与其他国家学者共同完成的论文有 40 篇，占比 40%。在引用率排名前 100 的中国文献中，只有 1 篇文献是由喀麦隆留学生与其中国博导合作完成，其余文献均由中国作者完成。[⑥]

---

① 姚桂梅：《非洲经济发展的主要特征评述》，《西亚非洲》2005 年第 4 期。

② 贺文萍：《非洲民主化制约因素透视》，《西亚非洲》2005 年第 2 期。

③ 刘海方：《十周年后再析卢旺达“种族”大屠杀》，《西亚非洲》2004 年第 3 期。

④ 李安山：《南非社会保障体系中的社会救助制度》，《西亚非洲》2010 年第 9 期。

⑤ 即刘鸿武等 12 位作者完成的《中国外交研究的新领域、新议程、新机遇》，《国际观察》2010 年第 1 期。

⑥ 其中 2 篇是中国作者翻译了美国和南非学者的文献。

三 当前中国社科类非洲研究的特点

上文主要从文献数据角度对15年来中美社科类非洲研究进行了对比分析。下文我们结合上文和其他资料，对当前中国社科类非洲研究的特点做进一步阐述。需要指出的是，本研究主要根据本文的文献计量学分析数据进行阐述，而不论及“国别研究不均衡”等一般化的中国非洲研究特点问题。

（一）中国的非洲研究与美国相比存在较大差距

前文提到，中美大体在相近的时间开始了非洲研究工作。然而时至今日，中美的非洲研究已具有明显差距，前文的总文献量、平均作者产量、平均引用率等数据已经说明了这一点。另外，据笔者统计，2000—2018年间，中国知网的数据库里共有320余篇有关非洲研究的博士学位论文，并且其中的160余篇是由非洲留学生完成的。而美国方面，美国具有博士学位的非洲学家在1979年就已经达到1800名之多。① 同样地，据笔者统计，如果不算非洲留学生的博士论文②的话，时至2018年，没有任何一篇中国博士论文论及的非洲国家尚有20余个。而美国方面，至少在1980年代以前，任何一个微不足道的非洲国家，都至少已经有一两篇哲学博士论文、一批文章以及有影响的书籍对其进行研究。③ 因此，中国的非洲研究与美国相比存在较大差距。④

“自2009年以来，中国已超越美国连续9年成为非洲第一大贸易伙伴国，非洲也成为中国第三大海外投资市场和第二大海外工程承包市场。”⑤ 中非关系如此蓬勃快速发展，使得我们的非洲研究工作与中非关

① 张毓熙：《美国非洲研究协会的建立及其发展》，《西亚非洲》1980年第4期。

② 非洲留学生的博士论文均是用英文写作的。

③ 〔法〕何勒·贝利西埃：《美国对非洲研究》，《西亚非洲》1980年第5期。

④ 至于造成差距的原因，除了下文论及的中美两国综合国力、科研实力、语言等的差距外，中美两国国情（如美国曾大量使用非洲奴隶，如今亦有大量的非裔人口等）、国家利益、对非政策等的不同，也是造成这种差距的主要原因。——感谢评审专家指正。同时，由于本文并无专门讨论这种差距的章节，因此不再展开论述。

⑤ 见中国经济网，2018年8月6日，http://www.ce.cn/xwzx/gnsz/gdxw/201808/06/t20180806_29953564.shtml。

系事实呈现出严重的“倒挂”现象，亟待改进。

（二）中国的非洲研究偏重于“研以致用”的应用研究而忽视非洲本土的基础研究

前文提到，新中国的非洲研究，是出于政治、外交需要，在毛泽东、周恩来等国家领导人的指示下开展起来的。同时，学者指出，西方的非洲研究天然地与人类学研究联系起来，而中国的非洲研究从政治经济学入手，并且始终与国际环境、非洲形势、中国形势及中国外交战略和中非关系的发展变化联系在一起。① 中国非洲研究的这些趋势和特点，使得中国的非洲研究从一开始就具有服务于政治外交需求的“涉我的”和“研以致用”的应用研究倾向。② 从前文的高频关键词、关键词聚类、文献来源期刊等分析我们看到，时至今日，中国的非洲研究仍然沿袭了这种趋势和倾向。另外，刘鸿武将中国特色的非洲研究分为三个层次，其中的第三个层是“一般意义上的非洲学术研究”，即纯粹的知识和科学层面的非洲研究，并同时指出“这一部分的研究也最为不足和薄弱”。③ 这也与本文的结论一致。

我们认为，中国非洲研究这种偏重“涉我的”和“研以致用”的应用研究而忽视非洲本土基础研究的倾向，反映的大体是我国的科研战略偏向及综合国力不足的问题。改革开放以后，中国的内政外交中心都发生了转移，这反映在科研问题上就是“两个优先”④ 战略：在国内问题研究中，经济发展及与之相关的问题研究优先；在国际问题研究中，发达国家研究优先。具体到非洲研究方面，因为当前“涉我的”和“研以致用”的应用研究都远远无法满足现实需求，因此只能优先支持，而暂时搁置非洲本土基础研究。换句话说，美国之所以能够进行大规模的非洲本土研究，这与其强大的综合国力和巨额的经费支持是分不开的。中国当前这种状况的改变牵涉到科研战略调整等问题，具体我们将在下文阐述。

---

① 蒋俊：《非洲人类学：演进、实践与启示》，《西亚非洲》2010年第3期；张宏明：《中国非洲问题的“智库研究”：历程，成效和问题》，《西亚非洲》2015年第3期。

② 张宏明：《中国非洲问题的“智库研究”：历程，成效和问题》，《西亚非洲》2015年第3期。

③ 刘鸿武：《在国际学术平台与思想高地上建构国家话语权》，《西亚非洲》2010年第5期。

④ 转引自张永宏《中国非洲问题的智库研究》，《西亚非洲》2015年第3期。

（三）中国的非洲研究领域狭窄、力量薄弱

由前文可知，哈佛大学是美国非洲研究的重镇之一。哈佛大学的“非洲研究委员会”（Committee on African Studies）多年来一直是美国教育部“国家资源中心”①（National Resource Center）的重点资助对象。因此，哈佛大学的非洲研究，多年来也卓有成效。笔者翻阅了哈佛大学非洲研究中心 2016 年度工作总结，现简要摘录如下：2016 年度，哈佛大学招收了 230 名非洲学生，资助了 150 余名学生赴非洲考察和调研，邀请了 73 位非洲大陆学者进行学术交流，资助了 116 项与非洲研究相关的项目，举办了 200 余场与非洲相关的活动，开设了 148 种与非洲有关的课程和 43 种非洲本土语言课程。也许中国某些院校的某个指标能够赶超哈佛大学，但综合水平肯定与其相去甚远。

哈佛大学的非洲研究能有如此成绩，并非其非洲研究中心一家的功劳。据笔者统计，在哈佛大学发表的文献中，除了非洲研究中心外，哈佛大学艾滋病研究中心、流行病学院、营养学院、非洲和美洲研究学院、国际发展学院、社会学院、人类学院、心理学院、环境科学与工程学院、历史学院、各附属医院等 20 余个院系和研究中心也较多地发表了与非洲有关的研究论文。这与前文高频关键词和来源期刊的分析也是一致的。

而中国方面，文献量较大的浙师大、北大、云大、上师大、湘潭大学等，其研究成果基本出自校内的“非洲研究中心（院）”。校内没有专门“非洲研究中心（院）”的人大、厦大、清华大学等，成果一般来自国际关系学院这一类的院系。从前文的来源期刊和关键词聚类我们也可以看出，中国的非洲研究多集中在政治、经济、贸易、外交等领域，人文、医学、健康、教育、历史、地理、气候、环境、民族种族等与非洲密切相关的领域，鲜有中国学者涉及。或者说，除了专职研究者重点关注中非政治、经济、贸易等领域的研究外，中国其他学科和领域的学者很少开展与非洲有关的研究工作。因此我们说中国的非洲研究领域比较狭窄。

另外，根据官网介绍，仅美国伊利诺伊大学香槟分校“非洲研究中心”②（Center for African Studies）一家机构，2018 年专职从事非洲研究的

① 国家资源中心是美国《1965 高等教育法案》的一部分，旨在重点资助美国的外语教学和区域问题研究，非洲本土语言和非洲研究是其中的一部分。

② 该中心成立于 1970 年，是美国非洲研究重镇之一。

学者就有102人。同样地，根据官网资料统计，哈佛大学也有百余位非洲研究学者。中国呢？张宏明（2015）指出：偌大一个中国，专职从事非洲问题研究的学者不过百余人。[①] 因此，与美国相比，中国的非洲研究力量也比较薄弱。

当然，研究领域狭窄，研究力量薄弱，也正是中国非洲研究成果较少和不稳定的原因之一。

（四）中国的非洲研究在团队合作与国际交流方面存在不足

前文提到，在引用率最靠前的前100篇中国文献中，60%的文献由单个作者独立完成，而有三个（含）以上作者合作完成的文献只占8%。这与美国形成较大反差。另外，在这100篇中国文献中，仅有1篇文献是由喀麦隆留学生与其中国博导合作完成，其他文献均由中国作者完成。这也与美国有较大差距。虽然前文提到在SSCI数据库里有一千余篇中国学者参与或独立完成的非洲研究论文，但其中绝大部分是学者在欧美留学或访学期间完成的。前文提到的文献量较大的中国主流非洲研究者，根据笔者查询官网介绍和搜索SSCI数据库，发现绝大部分作者都没有或极少有英文文献特别是核心期刊的英文文献。中国学者非洲研究这种绝大部分以汉语发表、处于“自弹自唱”状态的现状[②]，使得国际和非洲学者均听不到中国非洲研究的声音，因此就算我们作出再好的研究，或者提出再好的意见建议，也不能为国际社会和非洲大陆获知和采纳。另外，根据SSCI数据库显示，在美国的49384篇文献中，除了英国（2014篇）[③]、加拿大（1322篇）、澳大利亚（684篇）、德国（668篇）、荷兰（523篇）等欧美国家的学者外，南非（3100篇）、肯尼亚（1060篇）、乌干达（733篇）、坦桑尼亚（527篇）、加纳（441篇）等二十余个非洲国家也广泛参与了美国学者的非洲研究中。这应该也是美国非洲研究稳定、多产和美国非洲研究能够以非洲本土基础研究为主的原因之一。

舒运国指出：随着研究的深入，单一学科知识难以应付，于是调动相关学科的知识和研究手段形成具有综合研究能力的学术团队，成为一

① 张宏明：《中国非洲问题的“智库研究”：历程，成效和问题》，《西亚非洲》2015年第3期。

② 卢琰、杨雨鑫：《中非合作论坛国内研究述评》，《国际经济合作》2015年第4期。

③ 括号内均为该国学者参与的文献数量，下同。

种有效和必然的趋势。[①] 因此，根据美国的经验，我们不仅需要加强中国非洲研究者之间的合作，还要加强中国非洲研究者和其他学科研究者的合作，共同开展多学科多领域的非洲问题研究；同时，我们不仅要加强中国非洲研究者与欧美学者的交流与合作，还要加强与非洲本土学者的交流与合作，共同推进非洲研究特别是非洲本土基础研究的深入。

（五）中国的非洲研究质化研究较多而量化研究不足

中国的非洲研究，初始阶段以翻译外国著作为主，正如张毓熙指出的那样：“根据统计数据，1967—1978 年间共有 117 种关于非洲的著作得以出版，其中 111 种是翻译的著作……换句话说，这些书有 95% 是从其他文字翻译过来的。”[②] 改革开放以后，中国学者较多地开展了关于非洲的独立研究，但主要是“涉我的”和“研以致用”的应用研究。这些研究主要基于相关文献和数据展开，缺乏由考察等实践活动获得的第一手材料。正如张宏明指出的那样：（90 年代以前）学者鲜有深入非洲进行实地考察的，研究工作多属于“闭门造车”，不少长期从事非洲研究的学者却不曾踏上非洲大陆。[③] 当前，中国的非洲研究又出现了另一个转向，即强调从人类学的角度对非洲进行实地考察和研究，这与上文所述“人类学、田野调查、受访者”等与研究方法有关的关键词一致。[④]

上文不管是基于相关文献和数据的研究，还是人类学的研究，都属于质化研究范畴。而美国文献出现的关于研究方法的几个关键词“随机控制实验，元分析，系统分析”等，都属于量化分析方法。质化和量化研究并无孰优孰劣之分，学者自然可以根据研究对象、研究目的等灵活运用。然而笔者认为，仅就非洲研究而言，质化研究是基础，量化研究是深入。应用人类学等方法对非洲进行大规模的田野调查，掌握较真实

① 舒运国：《国外非洲史研究动态述评》，《上海师范大学学报》（哲学社会科学版）2015 年第 6 期。

② 张毓熙：《非洲问题研究中文文献目录，1990—1996》（内部出版），1997 年。

③ 张宏明：《中国的非洲研究发展述要》，《西亚非洲》2011 年第 5 期。

④ 当然，“人类学、田野调查、受访者”这几个关键词的出现并不是说明人类学的研究方法已经占据中国非洲研究的主流。正相反，应用人类学的研究方法对非洲进行研究，中国刚刚处于起步阶段。之所以出现这几个高频关键词，主要是因为学者的呼吁，这几个关键词较多地出现在文献中导致。见蒋俊：《非洲人类学：演进、实践与启示》，《西亚非洲》2010 年第 3 期；徐薇：《南部非洲人类学研究综述》，《国外社会科学》2013 年第 3 期等。

的第一手材料，这是非洲研究的基础。而应用量化研究的方法对田野调查等资料进行分析和总结，或者应用量化研究方法开展一些实验或准实验研究，以探寻和总结规律，这是非洲研究的深入。中国学者当前强调人类学和田野调查的非洲研究方法，是符合中国非洲研究实际的，是在打基础。然而与美国相比，我们这是在补课。美国学者早已完成了对非洲的田野调查，他们当前重点开展的医学和健康研究，“控制实验”这一量化研究方法自然更适合。

因此，我们认为，对中国学者而言，除了呼吁开展大规模的非洲田野调查和质化研究外，也可以同时开展一些小而精的量化研究，毕竟有些课题量化研究更适合，也更能探寻和总结规律。

四　加强中国社科类非洲研究的意见建议

上文我们依据文献数据和其他资料分析了当前中国社科类非洲研究的特点，并且依据某些方面的特点简要地谈到了意见建议。下面我们专节讨论加强中国社科类非洲研究的意见建议，其中的讨论不一定是上节意见建议的简单延伸，而是重点讨论其他几个相关问题。行文和结构方面，限于篇幅等原因，我们的原则是有话则长无话则短，不追求形式上的同一。

（一）国家科研战略调整问题

如前所述，改革开放以后，中国的内政外交重心都发生了转移，这反映在科研问题上就是“两个优先”战略。在“两个优先”战略指引下，当前我国的自然科学研究已经取得了比社会科学研究更大的成绩①，发达国家的研究也取得了比发展中国家研究更大的成绩。② 改革开放之初的中国百废待兴，国家提出“两个优先”的科研战略符合国情和实际需要。

① 举一个与本文相关的直观例子：前文所述钱万强等（2012）关于干细胞的研究中，SSCI数据库里中国学者的文献量占总文献量的7%，居第5位，而本文所述非洲问题研究中，SSCI数据库里中国学者的文献量仅占总文献量的1.3%，居第15位。

② 前文文献来源一节已经介绍，以主题为“非洲”、时段为“2004—2018”为条件在CSSCI数据库进行检索，共得文献3102篇；此时如果我们把主题换成“日本”，那么搜索得到的文献是30132篇；如果把主题换成“美国”，那么搜索得到的文献是76434篇。

然而在国内国际形势已经发生了翻天覆地变化的40年后的今天，“两个优先”的科研战略是否已经调整？似乎没有！据笔者统计，十三五规划后的三年，也就是2016—2018年，国家社科基金项目共立项9558项（不含“青年项目”等特殊项目），其中与非洲有关的项目仅有14项，而同一时期的美国项目有163项，日本项目有142项。这说明“两个优先”的科研战略仍是当前我国科研工作的指导思想。

习近平主席指出：哲学社会科学发展水平体现了一个国家的综合国力和国际竞争力。[①] 构建中国特色哲学社会科学创新体系，是增强国家软实力、提高国际竞争力、争夺国际话语权的必然要求。因此，我们认为，在国内国际形势已经发生了翻天覆地变化和自然科学与社会科学研究成果差距明显的今天，国家有必要进行一些科研战略调整。具体说来，科研工作可以适当向哲学社会科学倾斜，国际问题研究可以适当向发展中国家倾斜。具体到非洲研究而言，在中非关系蓬勃发展的今天，在急需的非洲应用研究都还很稀缺和不足的情况下，国家对取得了丰硕科研成果的日美等发达国家基础问题投入仍然很大[②]，因此这种调整显得更尤为必要。

表1 2016—2018年国家社科基金项目非洲项目

2016年	2017年	2018年
1. 21世纪非洲共产党发展新态势研究 2. 非洲国家限制外国人就业法及中资企业的应对研究 3. 多元主体共同参与中国对非援助机制研究 4. 新发现的坦赞铁路资料整理与研究 5. 英国殖民时期非洲豪萨语和斯瓦希里语本土文学嬗变研究(1900—1960)	1. 中国维和部队参与非洲安全事务研究 2. 非洲疾病演进与防控史研究 3. 尼日利亚作家沃勒·索因卡研究 4. 非洲语言政策与规划发展变革研究	1. 冷战时期中国对亚非国家统一战线政策研究 2. 美国对非政策研究 3. 传统制度对非洲国家重建的影响研究 4. 战后美国对亚非不结盟国家经济政策研究 5. 非洲马格里布地区的语言问题及语言政策研究

① 习近平：《在哲学社会科学工作座谈会上的讲话》，《人民日报》2016年5月19日，第2版。

② 据笔者统计，在前文所述163项美国项目和142项日本项目中，基础研究共有120余项，占比约40%。

中国的非洲研究要想奋起直追，以适应蓬勃发展的中非关系，必须发挥社会主义国家集中力量办大事的优势，在人才培养、机构编制、经费、政策等方面给予支持和引导，甚至倾斜。

（二）语言问题

美国早在 20 世纪 50 年代就意识到外语问题是国家安全和国家利益的重要组成部分，其标志就是美国政府通过的《1958 年国防教育法》（National Defense Education Act of 1958）。该法共由十章组成，其中“第六章”（俗称 Title VI）专门论述支持高校外语建设和开展区域研究问题，为高校学生提供关键语言奖学金，培养关键语言人才。虽然美国关键语言战略经历了三次历史变革①，但万变不离其宗，主旨均是从国家安全和国家利益角度支持外语教育，培养外语人才。美国教育部自 2009 年至 2015 年公布的关键语言有 78 种②，其中北非阿拉伯语（Arabic）、西非豪萨语（Hausa）、东非斯瓦西里语（Swahili）等 16 种③非洲语言名列其中。除了国家层面的关键语言战略外，美国各高校等机构也广泛开展非洲本土语言教学，如前文提到仅美国哈佛大学一家院校 2016 年就开设了 43 种非洲本土语言课程。反观我国，这方面与美国具有明显差距：据笔者查询，在中国著名外语院校的 2018 年本科招生计划中，上外仅招收斯瓦西里语一个非洲语专业，北外仅招收祖鲁语一个非洲语专业，而大连外国语大学、西安外国语大学、四川外国语大学、北京第二外国语学院等高校均无非洲语言招收计划。由此不难看出中美非洲本土语言人才的差距及中国非洲本土语言人才的缺乏。

共建“一带一路”65 个国家中有 53 种官方语言，但截至 2013 年

---

① 即 20 世纪 60 年代的全民外语教育改革、90 年代的国家安全教育计划、21 世纪初的关键语言教育改革三个阶段，见李艳红《美国关键语言战略实施体系的构建和战略目标》，《外语研究》2016 年第 2 期。

② 见 https://www.cetra.com/blog/78-priority-languages-in-the-us-less-commonly-taught-but-critica 及李艳红《美国关键语言战略实施体系的构建和战略目标》一文，中文由笔者翻译整理。

③ 其他 13 种非洲语言为：埃塞俄比亚的阿姆哈拉语（Amharic）、奥罗莫语（Oromo）和提格雷语（Tigrigna），加纳的阿坎语（Akhan），马里的班巴拉语（Bambara），西北非的柏柏尔语（Berber），南苏丹的丁卡语（Dinka），尼日利亚等国的伊博语（Igbo），索马里的索马里语（Somali），塞内加尔等国的沃洛夫语（Wolof），南非的祖鲁语（Zulu）和科萨语（Xhosa），尼日利亚等国的约鲁巴语（Yoruba）。

“一带一路”倡议提出时，我国高校外语专业招生语种只覆盖其中20种语言。[①] 这说明我国小语种外语人才短缺是普遍现象。并且，人才培养是一个系统工程，并非一朝一夕能够解决。因此笔者认为，解决我国外语教育落后和外语人才稀缺问题，最根本有效的解决办法是如美国一般把外语教育和外语人才培养上升到国家战略和国家利益的高度，由国家统一规划，大力扶持，只有这样才能迅速地从根本上解决我国外语教育落后和外语人才稀缺的问题及非洲本土语言人才培养问题。

另外，除了非洲本土语言外，我们也必须培养中国非洲研究者的英、法等国际通用语言能力。前文提到，中国非洲研究学者在团队合作与国际交流方面存在不足，这其中研究者的英法等通用语言能力的不足是重要障碍之一。我们研究的是非洲这一国际化问题，而不是国内某个细分领域的小问题，因此我们的研究成果不能仅满足于国内学者之间的交流，而必须在国际上发出我们的声音。因此，针对这个问题，我们这里提出几点具体的意见建议：第一，招收和培养非洲研究硕博生时，应对学生的外语能力有更高要求；第二，中国的非洲研究学者特别是年青一代学者，应自觉主动加强外语学习；第三，中国非洲研究学者特别是主流的非洲研究学者，应自觉主动参与国际合作与交流，在作出国际化研究成果的同时，也把自己丰富的研究成果转化成国际成果，带领中国非洲研究在国际上占据一席之地。

（三）国外成果译介问题

前文提到，中国非洲研究起步的20世纪六七十年代以翻译国外研究成果为主。后来我们的非洲研究走上了独立发展道路，并且重在研究“涉我的”和“研以致用”的应用研究，因此翻译外国研究成果已不是工作重心。当然即使当前我们也未停止对外国非洲研究成果的翻译工作，但主要是零星的个别成果[②]，缺乏成体系的译介工作。根据笔者搜集到的资料，近十几年来仅有刘鸿武教授主持的《非洲研究译丛》、民主与建设出版社出版的《非洲译丛》、浙江师范大学外国语学院主编的《非洲人文经典译丛》等非洲研究译丛得以出版，并且这些丛书翻译的主要是概况

---

① 见 http://news.gmw.cn/2017-08/03/content_25396507.htm，《光明日报》2017年8月3日。

② 如联合国教科文组织牵头编写的《非洲通史》（2013）。

性的研究成果，如《东非简史》（2012），《博茨瓦纳的风俗与文化》（2015），《20 世纪非洲名家导论》（2016）等，缺乏细分领域的研究成果。

如前所述，西方的非洲研究从一开始主要走的就是人类学的路子，西方的非洲人类学研究已经取得了瞩目成就，而中国的非洲人类学研究却刚刚起步。[①] 通过人类学的研究和方法加强非洲本土基础研究已成为学界共识，同时学界也认识到翻译西方研究成果的重要性。[②] 因此，在中国的非洲本土基础研究和细分领域研究薄弱的今天，大规模开展西方研究成果的译介工作，站在西方研究成果的肩膀上前行，不失为一种有效办法。

（四）加强与非洲本土的联系交往问题

要做好非洲研究工作，必须加强与非洲本土的联系。随着中国国力的发展和非洲研究的深入，以往那种"长期从事非洲研究的学者却不曾踏上非洲大陆"的状况一去不复返了，如刘鸿武指出，浙江师范大学非洲研究院 20 余人的科研团队均有多次赴非调研经历。[③] 然而我们认为，要加强非洲本土的基础研究，仅靠学者短期赴非调研是不够的，长久之计是与非洲学者和研究机构建立互信互助的长久合作机制。前文提到，在本文收集的美国非洲研究文献中，有 20 余个非洲国家的学者广泛参与其中，这就是因为美国的非洲学者与非洲本土学者和研究机构建立了长久合作机制的缘故。还以哈佛大学非洲研究中心为例，我们还根据其 2016 年度工作总结做进一步介绍：非洲研究中心有三个固定的年度暑期项目供师生到南非、加纳和博茨瓦纳学习调研；非洲研究中心从 1979 年起就每年招收 4—6 名非洲青年才俊到哈佛大学各院系进行为期一年的访问学习；非洲研究中心从 2016 年起已经开始每年招收 1—2 名非洲学者到非洲研究中心做博士后研究工作；更为重要的是，除了哈佛大学本部外，哈佛大学非洲研究中心还在南非约翰内斯堡设有永久办公

---

① 李安山指出：迄今为止（即 2006 年以前）没有一位中国人类学家或民族学家到非洲做过实际考察。见李安山《20 世纪中国的非洲研究》，《国际政治研究》2006 年第 4 期。

② 马燕坤：《理性实践与神话生产：近现代非洲与西方的撞击》，《南京政治学院学报》2013 年第 4 期；蒋俊：《非洲人类学：演进、实践与启示》，《西亚非洲》2010 年第 3 期；徐薇：《南部非洲人类学研究综述》，《国外社会科学》2013 年第 3 期。

③ 刘鸿武：《"非洲学"的演进形态及其中国路径》，《国际政治研究》2016 年第 6 期。

地址①，负责协调研究中心与非洲大陆各项事宜。中国方面，虽然当前与非洲本土的交往越来越多，也有部分中国非洲研究机构与非洲本土机构建立了合作关系②，但一切尚处于起步和探索阶段，实质性的长期有效的“有来有往”不多。正如张宏明指出的那样：对外学术交流亦多属“有来无往”或“有去无回”，相对固定的“有来有往”的双向交流很少。③ 因此，我们还要花大力气解决与非洲本土的联系交往问题，特别是采取像哈佛大学到非洲开设固定办公场所等那样长期有效的具体措施。

（五）多学科多领域开展非洲研究问题

前文我们谈到，中国非洲研究成果有限，与我国非洲研究领域狭窄和研究力量薄弱有关。研究领域如何扩展？研究力量如何扩充？人才培养自然是根本办法。但是，人才培养是一个牵涉到师资、生源、课程设计、办公场地等各种软硬件设施的复杂系统工程，非一朝一夕之功。因此，就当前而言，如美国那样鼓励多学科多领域的中国学者到非洲开展相关研究，是行之有效的办法之一。遗憾的是，这也正是当前我们研究工作的短板所在。以民族学为例：非洲是当前世界上种族多样性最丰富的地区之一，自然应该是研究民族种族问题的天然宝库。然而，笔者2018年11月16日以篇名包含“非洲”、作者单位为“中央民族大学”为条件在CSSCI数据库进行检索，只得文献12篇，其中与非洲民族问题相关的文献更是只有2篇。民族研究如此，其他科学研究也大抵如此。事实上，由于政治、历史、地理、自然等原因，非洲是研究诸如民族、人口、社会、医学、健康、农业等学科和领域的天然宝库。因此，我们认为，鼓励多科学多领域的中国学者到非洲开展相关领域的研究工作，是当前丰富中国非洲研究成果的行之有效的办法。

本文从文献计量学的角度对比分析了中美15年来的社科类非洲研究，并据此分析了我国当前非洲研究的特点，讨论了丰富我国非洲研究的意见建议。然而，本文研究只能反映中美非洲研究的一个概貌，因为本文仅涉及期刊论文，未涉及专著和硕博论文，也未涉及港澳台学者的

① 官网显示其具体地址为：Block C First Floor, Rosebank Office Park, 181 Jan Smuts Avenue, Parktown North, Johannesburg, South Africa。

② 刘鸿武指出，浙江师范大学非洲研究院已经与非洲十余所高校建立了合作机制，见刘鸿武《“非洲学”的演进形态极其中国路径》，《国际政治研究》2016年第6期。

③ 张宏明：《中国的非洲研究发展述要》，《西亚非洲》2011年第5期。

研究成果，同时文献计量学抓取的文献也会存在一定程度的偏差，无法做到百分百准确。除此以外，本文还存在收集和呈现的数据和资料较多而理论阐述不足等缺陷，恳请专家批评指正。

（责任编辑：杨　惠）

书　评

非洲研究　2019年第2卷（总第15卷）
第205－212页

非洲学的理论建构与实践自觉

——《非洲学发凡：实践与思考六十问》述评

张丽珍

【内容提要】《非洲学发凡》是刘鸿武先生30年非洲研究工作的理论与实践的总结，是国内首部非洲学研究专著，既有理论思考，又有案例解读，融知识性、实践性、学理性于一体，对从事非洲研究的理论与实务工作者具有参考意义。《非洲学发凡》的价值首先体现在对非洲学的概念、学科属性、结构特征等基本问题原创性的理论探讨，其次体现在如何开展非洲学分科研究的实践思维论述，最后也体现在厘清智库思维和人才建设对非洲学学科建设与中非关系实践的重要意义。

【关键词】 非洲学；学科属性；分科建设；智库思维

【作者简介】 张丽珍（1982－），女，浙江磐安人，浙江师范大学学术期刊社编辑（浙江金华，321004）。

非洲学是区域研究的一个特殊而重要的部分，赋予其相对独立的学科地位与身份，无疑有利于拓展非洲研究的深度与广度。自2007年建院以来，刘鸿武先生带领浙江师范大学非洲研究院潜心理论与实践探索，从社会学、历史学、宗教学、民族学、法学、教育学、政治学，甚至还有影视学、传播学等学科建设出发，聚焦关于非洲问题的研究，形成了“非洲＋”的交叉学科态势，为非洲学学科建立了良好的实践基础。学科说作为具有原创性、系统性、超越性的学术引领，需要有进一步的理论层面的超越，为此刘鸿武先生以30年非洲研究的学术积累，终于著成近32万字的《非洲学发凡》一书，为构建有中国特色的非洲学做了深入浅出的说明。

一 非洲学的概念界定与学科定位

非洲学学科构建的逻辑基点在于学科定位，由一般的非洲现象问题研究到非洲学学科意识的自觉再到明确的学科定位，对非洲学的学科构建具有奠基性和导向性意义。《非洲学发凡》一书在绪论部分明确提出，非洲学是一门以非洲大陆的人文与自然为研究对象、探究非洲文明历史进程及其当代政治经济与社会发展问题的综合交叉学科，其内容既包括对非洲大陆做专门化研究的各类探究活动与探究过程，也包括经由这些探究活动所积累而成的系统化的概念与方法、知识与思想。[①] 进而言之，但凡与非洲有关的各类研究都可以归类为“非洲研究”，而“非洲学”这一学科概念的提出则强调了学科主体性、学理构建性、知识系统性和理论专业性，突出了非洲研究的理论旨趣、学科路径、体系构架和方法创新等问题。诚然，任何一门新兴学科的学科定位和内容述求，在初创时期都要经历一个由模糊到清晰的过程，学者们对学科内涵外延的界定，都需要建立在大量的实践探索和理论省思的基础上，因此必经一个学者间相互争鸣的过程。这里，刘鸿武先生也指出对学科定义与知识类型边界的划分，具有相对性，可大可小，各有利弊，因此，“非洲学”概念有人认可也有人不认可。[②] 尽管如此，非洲学学科概念的提出，体现了一种非洲问题研究到非洲学学科意识的理论和实践自觉，这不仅是一种飞跃，更是一种奠基。

一门学科从兴起走向成熟，离不开学者的研究实践，更离不开对实践进行再研究。刘鸿武先生认为，一门学科之所以能成立，大体需要具备以下特征：一是具有自己的研究目标和研究对象，二是有独特的研究价值与研究意义，三是有基本的研究方法与技术手段，四是有突出的社会需求与应用空间。[③] 非洲学以非洲问题研究为旨趣，对中国国情来说具有独特的研究意义，兼容各种学科（如社会学、人类学、经济学、政治

① 刘鸿武：《“非洲学”的演进形态及其中国路径》，《国际政治研究》2016 年第 6 期，第 41—63 页。

② 刘鸿武：《非洲学发凡：实践与思考六十问》，人民出版社，2019，第 3，21—22 页。

③ 刘鸿武：《人文科学引论》，中国社会科学出版社，2002，第 148 页。

学等）的研究方法，在中非合作发展的背景下具有更大的社会需求和应用空间。无疑，言说非洲学的内容结构、知识体系、研究路径和研究方法，具有良好的学科基础和条件。

与按照“领域”（政治、经济、社会、历史等）划分学科不同，“非洲学”是一个突出研究对象上的“地域”（非洲、中东、东亚、南亚、拉美等）属性的交叉学科，具有更多的“区域学”“国别学”特征。所以非洲学大体上可归入人文社会科学中的“国际区域问题研究”范畴，具有跨学科、跨领域的综合性特征，因此需要从历史与现实、政治与经济、军事与外交、文化与科技等不同角度，对非洲的某一领域、专题或问题等进行综合研究。

非洲学研究有三个目标层次：一是产生并服务于国家和人民之间了解交往的一般知识，如非洲的自然地理、国家与人民、历史与文化、风土与人情等一般知识；二是为现实的中非合作与交流服务的关于非洲的政治、经济、社会、文化、国际关系等的专门理论与政策研究；三是在“社会科学发展”一般意义上的非洲学术研究，突出它的学术性、思想性、普遍性与学理性。[①] 三个层次各有不同又相互联系，互为支撑，协调推进。[②] 为实现三个层次的认识，众多学者可以在分门别类把握研究非洲的政治、经济、社会、历史、民族、文化、宗教、生态诸领域的基础上，以规范和严谨的专业性、系统性，将非洲的区域研究、领域研究、国别研究、专题研究，融汇于各个专业性和系统性的学科框架结构中，形成兼具包容性与开放性，同时又可以统摄各类非洲研究活动于一体的“中国非洲学”学科体系，包括专业化的“非洲学”学位体系、课程体系、教材体系、师资体系，及各类图书资料、专业实验室、档案馆、博物馆、田野调查基地等在内的平台支持体系。

二　非洲学的战略价值与时代意义

伴随着新中国成立后中国与非洲国家的全方位合作关系不断推进，

① 刘鸿武：《推进有特色的中国非洲研究事业的发展——关于建构有特色的“中国非洲学”的若干思考》，《非洲研究》2010 年第 1 卷，第 36—37 页。

② 刘鸿武：《非洲学发凡：实践与思考六十问》，人民出版社，2019，第 41 页。

非洲学也逐渐成长起来，因此，其带有更多的时代性和中国性：首先它具有十分鲜明的面向当代中国发展需要或者说面向中非合作关系需要的时代特征，具有突出的服务当代中非发展需求的问题导向与经世致用的精神；其次，它在借鉴西方成果的基础上扎根中国学术的传统土壤，实现了自己的精神创造，带有显著的中国精神和品格。

今日，推进“非洲学”这一区域国别研究的学科发展，从而创造、积累、传播人类可共享的全球性知识体系，对于我国正在倡导和推进的新型国际关系、人类命运共同体的构建，具有特殊的理论意义与现实意义。构建中国的非洲学——中国学术创新发展的新领域，是中国学术界、思想界、智库界应该努力的方向，中国学者秉持“全球视野、中国特色、非洲情怀”的治学理论，形成日益丰富的非洲知识、思想、智慧，有利于推进中非合作发展。首先，中非合作发展关系为中国创造出具有时代意义和历史人文基础的全球发展战略空间，并由此展现中国作为一个发展中大国对世界发展进程的独特作用。其次，中非合作发展关系为实现中国的和平发展战略目标拓展出重要的外部国际平台，为一个更具政治合法性与道德感召力的当代中国“国家身份”和“国家形象”的构建提供了特殊的国际舞台。最后，中非合作发展关系实践为中国的国际思维和相关理论建设打开了广阔的空间，为当代“中国知识”“中国思想”的孕育提供了独特的理论温床与实践平台，并由此构建起中国知识与思想的信誉基石与话语权源头。

非洲学对创造中非共享知识、完善当代中国学术体系、助推中非命运共同体建构，都具有非常重要的意义。突破近代以西方为主的社会科学主流话语权的束缚，构建具有原创性理论的中国非洲学，需要学人坚持“秉持中国学术传统、借鉴国外研究成果、总结中非关系实践”的发展路径，为有特色的中国非洲学拓展出一种既秉承传统又融通现代、既有中华个性又融通人类普遍知识的中国学术新品质、新境界与新气度，为中非双方构建发展、利益、命运共同体，提供坚实的知识基础与思想境界。

三　非洲学的学科属性与结构特征

作为当代人文社会科学领域的分支学科，国际区域问题研究的基本特点主要表现为“区域性”“专题性”及“综合性”等方面。所谓“区域性”指的是这种研究主要以某个特定的自然地理空间为研究之范畴，诸如非洲、南非等。今天，非洲研究界的多数学者都认识到，无论是从历史还是从现实的角度看，都应该将非洲这一自然地理区域作为一个有内部相对统一或有整体联系的文明单位与文化单位进行整体性研究，探究这一自然地理空间（包括非洲各次区域）内的各种区域性的政治、经济、社会与文化问题。所谓的“专题性”则是指在研究的过程中研究者往往会设置某种特定的区域内专门化问题进行专门的研究探讨。比如对非洲这一特定区域内的经济发展与环境问题研究，对这个特定区域内的语言与历史问题研究。而所谓的“综合性”则是指这类研究往往具有跨学科、跨领域的综合化特点。但凡对非洲这一特定区域进行研究，往往必须涉及诸多的学科与知识系统，需要在非洲的历史与现实、政治与经济、军事与外交、文化与科技等不同学科与知识背景下进行综合性的研究。

从这个意义上说，我们可以把“非洲研究”或“非洲学”理解为一门对非洲大陆之历史与现实问题，特别是当代社会发展问题进行跨学科、跨领域综合化研究的学问领域或知识领域，它大体上可以归为当代“国际区域问题研究”中的一个分支学科。“非洲研究”作为一门相对独立或有自己特定研究对象的学科领域，与一般意义上的“国际政治学”“国际关系学”“国际经济学”关系最为紧密，但又不能简单地归结到这些学科的门下。事实上，非洲研究所涉及的相近或相关之知识与理论广泛地包括人文社科的诸多领域，诸如政治学、法学、经济学、社会学、民族学、教育学、人类学、历史学、文化艺术学、语言学等。① 同时，随着对当代非洲经济与社会发展问题研究的日渐深入与拓展，诸如发展理论、现代化理论、民族国家构建理论、国家治理理论、人口控制与环境发展理论、科技运用与技术开发理论、国际援助与国际合作理论等新兴学科与边缘学科，也先后涉足非洲研究领域，使得非洲研究也日益具有自然科学、技术科学、管理科学某综合的知识属性和理论背景。事实上，当今天的学者们涉足非洲问题研究领域时，往往很难明确地界定自己的学科属性，或划定自己的学科边界与范畴。

① Eric O. Ayisi, *An Intruction to the Study of African Culture*, Ibadan: Heinemann Educational Books Ltd, 1972, p. 12.

不过，如果我们严格梳理现代意义上的“非洲研究”的学科发展历史，还是可以看出这一具有跨学科、跨领域属性的专业化知识形态，依然有自己成长演进的清晰过程与结构形态。总体上可以说，非洲研究是由一系列相互关联的专门探讨非洲文明与非洲社会之历史及其当代发展问题的知识与理论构成的。随着这些有关非洲的专门化研究问题的深化与拓展，非洲研究这一学科领域也在不断地变化与发展之中，为非洲学学科建立奠定了良好的基石。①

鉴于非洲学是一个有众多学科参与的综合性领域，来自不同学科的研究者，虽然都以非洲问题为研究对象，但各有不同的关注重点，研究方法也各有不同。因此，《非洲学发凡》在“分科众建”部分分别阐述了如何开展非洲人类学、民族学、考古文物学、语言学、语言文化学比较、文学、艺术、国别史、国家政治史比较、宗教与哲学等研究，刘鸿武先生通过丰富的案例，说明了非洲研究学科的多角度性、各学科背景下的研究成果与现状，以及对未来研究的展望，这对理论和实践研究者具有丰富的参考意义。

四 非洲研究的智库思维与学科建设

《非洲学发凡》后面三篇论述了刘鸿武先生 30 年来对非研究工作的丰富实践，以问题为导向，以案例为支撑，对非洲研究的智库思维、团队建设、人才培养、工作总结等进行了一一介绍，融知识性、实践性、学理性于一体，是理论和实务工作者的重要参考。该部分极具可读性，展现了刘鸿武先生作为非洲研究领军人物非凡的学理能力和工作智慧。

第一，“智库思维”部分反映了刘鸿武先生多年来对非洲研究工作的理论与实践智慧，如《非洲地区发展报告》的编纂，“中非智库论坛”的开展，对非洲发展趋势、学科发展的当务之急、非洲研究的核心概念和理论体系等的思考，这些问题的阐述无疑体现了刘鸿武先生在学科引领上的重要作用。刘鸿武先生无论是对非洲研究的整体把握还是对个别问题的解读，都贯穿了非洲学的基本理念。如在阐述“如何构建非洲研究的田野基础与实证平台”“如何坚持研究的民族立场与国家视野”等

---

① 刘鸿武：《非洲学发凡：实践与思考六十问》，人民出版社，2019，第 45—46 页。

中，兼容了非洲学学科的基本研究方法。另外其研究的专注力还体现在对非洲研究的趋势、核心概念与理论体系、缘起与使命等问题做出一些新的阐发。

第二，“登高行远”“筚路蓝缕”部分对非洲学人才培养、学科建设的阐述，体现了非凡的学科队伍建设能力，从人才培养的“四定原则”“十年十个一计划”，以及研究者所需的“才情志意”等角度阐述作为学科建设带头人对培养人才的短中期规划。另外对非洲学的学科建设、非洲研究的细节、保持学术敏锐性和前瞻性、浙江师范大学非洲研究院的作为等都做出了过程和方法阐述，使得该书具有很强的问题意识和创新想法，进而映衬出刘鸿武先生作为学科带头人的卓越贡献。

《非洲学发凡》并非一本纯理论的著作，它还包含了很多的案例与实践研究，例如《非洲地区发展报告》的编撰，如何设置“中非智库论坛”的主题，如何通过主持重大课题研究培养学术创新团队，如何创建非洲研究院等，这些案例总结集合了刘鸿武先生作为非洲研究组织者和策划者的理论与实践智慧，也用案例和实践例证了其倡导的“非洲研究是一门行走与实践的学问”，需要学人孜孜不倦的奋斗。

结　语

刘鸿武先生不仅是一名才情、积淀丰厚的学者，有 20 多部专著，发表100 多篇论文，更是一名治学立业特色鲜明的专家——他是国内非洲研究领域的拓荒者，是国内高校首个实体性非洲研究院的创始者，是当代中国非洲研究事业的重要开拓者和组织者，在非洲研究方面有着重要学术影响力。面对“中非友好贡献奖——感动非洲的十位中国人”“长江学者”等各种殊荣，刘鸿武先生只说自己是“非洲人的老朋友”；面对非洲学学科建设的实践艰辛，他只说自己是“行动和行走者”。《非洲学发凡》是刘鸿武先生 30 年非洲研究和人才培养的理论与实践总结，体现了其在学科、学术、学院、团队、教学等不同层面的工作智慧，32 万字的字里行间都体现了先生在研究、治学、办院，讲学、访问、调研，办出版物、研讨会、对话会、中非智库论坛等各种经历的理念构建和实践自觉。全书结合了先生 30 年对非研究的实践经验，以问题为导向，以案例为支撑，梳理了“非洲学”这一学科在国内外兴起的历史背景、知识源头、思想图景、价值取向、学科结构，对今日中国学者认识非洲、研究非洲具有重要指导意义。我们有理由相信，《非洲学发凡》一书对学界全面认识非洲研究的丰厚内涵以及非洲学学科建设提供的奠基作用，具有不可替代的价值。当然，非洲学会一直开放着、建设着、拓展着自己前面的路，我们学人在这条路上需要更多的理论创新和实践自觉。

（责任编辑：单　敏）

非洲研究 2019年第2卷（总第15卷）
第213－224页
SSAP ©，2019

如何拼写出非洲真正的名字

——钦努阿·阿契贝《非洲的污名》述评

赖丽华

【内容提要】 钦努阿·阿契贝是享誉世界的尼日利亚作家，他的作品极富内涵和深度。其论文集《非洲的污名》共收录了阿契贝不同时期演讲和发表的16篇文章，书中揭示了非洲的污名及其历史传统和真相，剖析了非洲文学中的语言政治，阐述了在现当代国际背景下，非洲人民应如何拼写出真正属于自己的名字。阿契贝认为非洲人在知道自己该去向何方之前，要明了自己来自哪里。他呼吁国际社会给予非洲以人类的尊重，当代非洲人团结起来克服历史与现实造就的逆境，共同拼写出非洲真正的名字。

【关键词】 钦努阿·阿契贝；《非洲的污名》；非洲文学

【作者简介】 赖丽华，浙江师范大学非洲教育与社会发展方向博士研究生，浙江师范大学外国语学院教师（浙江金华，321004）。

钦努阿·阿契贝（Chinua Achebe）是享誉世界的尼日利亚作家，他的作品极富内涵和深度。其长篇小说《瓦解》（*Things Falls Apart*，1958）、《动荡》（*No Longer at Ease*，1960）、《神箭》（*Arrow of God*，1964）和《人民公仆》（*A Man of the People*，1966）被称为“尼日利亚四部曲”，作品深刻描绘了尼日利亚从英国殖民统治时期到独立后社会历史的真实现状。1987年，阿契贝出版了第五部长篇小说《荒原蚁山》（*Anthills of the Savannah*），他敏锐洞见非洲国家的社会发展问题。朱振武指出，“作为非洲英语文学的代言人，阿契贝极力将最真实的非洲呈现在作品中，为非洲英语文学争得发言权”。[①]阿契贝凭借其杰出的文学作品先后获得了布克奖、洛克菲勒奖、德国书页和平奖、尼日利亚国家奖等多项大奖，被尊称为“非洲文学之父”。

2009年，阿契贝出版个人论文集《非洲的污名》（The Education of a British-Protected Child）[②]，该书收录了作家整个写作生涯各个时期的16篇随笔和演讲，代表了阿契贝对尼日利亚的重大事件、百姓生活的见解及其对国家、人民和时代的情感与展望。该书收录的文章多数为阿契贝在各个时期发表的论文和会议论文及公开演讲。其中有在大学或会议上的演讲，如《受英国保护的孩童的求学记》是作者于1993年在剑桥大学的讲座，《齐克厨房里的香味》是作者1994年在林肯大学向尼日利亚独立后首任总统纳姆迪·阿齐克韦博士致敬的演讲；《我心中的尼日利亚》是2008年作者在《卫报》25周年纪念会上的主题演讲；《马丁·路德·金与非洲》是1992年在华盛顿召开的马丁·路德·金纪念会上的演讲；《非洲是人》则是作者1998年在巴黎经济合作与发展组织会议上的演讲；另外一些则为会议论文，如《拼写出我们真正的名字》是作者1998年在马萨诸塞大学会议上宣读的论文，《非洲文学中的语言政治与语言政治家》是现代语言与文学国际联合会的会议论文。

正如他本人在前言中所述，不同于小说中虚构的人物、情节、国家，书中涉及的是真实的个人、话题、时代，他寄厚望于这本书向读者阐明究竟是什么让他的写作与生活融为一体。[③]阿契贝以历史亲历者的真实社会生活体验，围绕殖民文学赋予非洲的污名、非洲文学创作语言的争议、如何拼写出非洲真正的名字、如何给非洲以非洲的名字等主题进行论述，有力地揭示了非洲国家和国际社会在透视非洲政治、经济、社会发展问题时，观念、视角及见解上的巨大差异。

通过主题、篇名检索中国知网，目前暂未检索到国内《非洲的污名》相关评介和论文。笔者尝试通过研读该论文集，更全面细致地了解和体悟阿契贝的思想信念及其书写殖民前和殖民后非洲社会的深刻笔触，对非洲如何拼写自己真正的名字这一论题做初步的探究。

---

① 朱振武：《非洲英语文学，养在深闺人未识》，《文汇读书周报》2018年10月8日，第1—2版。

② Chinua Achebe, *The Education of a British-Protected Child*, Penguin Group, 2011.

③ Chinua Achebe, *The Education of a British-Protected Child*, Penguin Group, 2011, p. 3.

一 殖民文学赋予非洲的污名

非洲大陆与欧洲大陆在地理上相邻，但在心理上的距离却极其遥远。欧洲人将非洲视为未开化、待改造的大陆，是完全不同于欧洲的另一个世界。在殖民地宗主国作家描写非洲的文学作品中，非洲形象屡次三番地遭到诋毁，这种现象直至今日依然隐匿存于欧洲现代文学里。

阿契贝对殖民时期欧洲文学作品打造的非洲堕落形象深感愤怒，认为这是不符合非洲真实形象的污名。《非洲的污名》一文对欧洲人根深蒂固的偏见做了独到的分析，并猛烈抨击了欧洲人主观讲述非洲故事的传统。阿契贝指出，欧洲人对非洲的看法本质上并非完全源于无知，而是为其时间跨度长达五百年的大西洋奴隶贸易和变非洲为殖民地这两大历史事件所做的精心设计。阿契贝认为，正是奴隶贸易的历史背景培育了欧洲人讲述非洲故事的传统。他援引美国学者多萝西·哈蒙德和阿尔塔·贾布洛的研究，展示了英国文学作品在非洲奴隶贸易发展过程中，其写作内容如何相应地从对航海者们“写实的报道”转向对非洲人“贬损的评判”。[①]为了替奴隶贸易和殖民活动辩护，在19世纪的“非洲小说”中，非洲民族被塑造成品性低下的不幸民族，非洲形象不断被诋毁，而“奴隶制成了拯救非洲的一种方式，因为它给非洲人带来了基督教和文明”。[②]

阿契贝认为，在一些广泛传播和阅读的经典作品中依然有诋毁非洲的文学传统。阿契贝以英籍波兰作家约瑟夫·康拉德（Joseph Conrad）的作品《黑暗的心》（*Heart of Darkness*）[③] 为例来佐证自己的观点。《黑暗的心》主要记录的是船长马洛的非洲经历和一位白人殖民者的故事，康拉德用详尽的笔墨把非洲黑人描述成会突然疯狂喊叫、狂乱舞动身躯的“史前人类”；并把自己假想成是第一批来到不为人知、有待探索的刚果河上的人。阿契贝驳斥康拉德的假想“需要大量的事实来呼应”。[④]客观史实是，在康拉德来到非洲几百年之前，刚果河两岸即有非洲居民，而冒险的欧洲航船亦早已驶入刚果河道。这片土地上原有非洲人自己的刚果

① Chinua Achebe, *The Education of a British-Protected Child*, Penguin Group, 2011, p. 80.

② Chinua Achebe, *The Education of a British-Protected Child*, Penguin Group, 2011, p. 80.

③ Joseph Conrad, *Heart of Darkness*, W. W. Norton & Company, 2005.

④ Chinua Achebe, *The Education of a British-Protected Child*, Penguin Group, 2011, p. 84.

王国，为限制并终止奴隶贸易进行了长达两百年的抗争，才灭亡并沦为葡萄牙的殖民地。阿契贝认为康拉德罔顾史实，继承了过去把非洲塑造成有待欧洲人前来探索、改造的文学传统，有意识或无意识地维护欧洲的奴隶贸易和殖民活动的正当性。阿契贝分析了《黑暗的心》中的人物设计，康拉德把人物简单分为三层：最底层是非洲人，他们的灵魂还未开化；中层是一些堕落的欧洲人，他们的灵魂是有瑕疵的；而处于最顶层的就是普通的欧洲人，他们的灵魂已无需用任何词汇来形容。阿契贝认为，即使康拉德在作品中体现了对非洲人的怜悯之心，但他并没有将非洲人视同欧洲人一样的物种——人，而这正是非洲人最渴求的东西。①

阿契贝还以自身的求学体验和两个女儿的成长经历为例，阐明殖民文学的传统对殖民统治时期以及后殖民统治时期的非洲儿童成长的消极影响。在《受英国保护的孩童的求学记》中阿契贝回忆自己在幼年求学时，是一名“受英国保护的孩童”，及至上大学、获得第一本护照时，又目睹自己被定义为“受英国保护的人士”，他把这种关系描述为“极为专断的保护关系”。在《非洲文学：“庆典”的回归》中，阿契贝心酸地回顾了他求学期间的英文“非洲文学”阅读经历，他在这些书中看不到作为非洲人的自己。他回忆自己在受教育的第一阶段，作为读者他心甘情愿地站在了文明聪明、无所畏惧的白人冒险者的一边，并无比憎恶野蛮愚蠢、阴险奸诈的黑人反抗者。阿契贝写道：“我意识到故事并不总是单纯的；它们可以被用来把你归入错的群体，归入到那些来剥夺你一切的人群。”②当长大的阿契贝意识到被这些文学作品欺骗了的时候，猛然发现自己是刚果河岸上那些上蹿下跳的原始人之一，从来就不在欧洲人的冒险船上，即便坚持待在那里，也只是康拉德所描述的像模仿人类穿马裤走路的狗那样可笑的进化黑人而已。③

欧洲诋毁非洲形象的文学传统对孩童成长的影响甚至在尼日利亚独立后也依然存在。阿契贝在《我的女儿们》一文中提到了自己四岁的大女儿突然有一天对自己和妻子说：“我不是黑色的，我是棕色的。”震惊之余的阿契贝去幼儿园等地四处探寻，最后在其为女儿购买的价格昂贵、包装精美的欧洲绘本里找到了答案。阿契贝在这些以现代文明包裹的欧

---

① Chinua Achebe, *The Education of a British-Protected Child*, Penguin Group, 2011, p. 90.

② Chinua Achebe, *The Education of a British-Protected Child*, Penguin Group, 2011, p. 121.

③ Chinua Achebe, *The Education of a British-Protected Child*, Penguin Group, 2011, p. 88.

洲进口故事中读到了种族傲慢甚至侮辱。阿契贝认识到为非洲的孩子们创作一本童书的必要性和紧迫性，他即刻投入创作了《契戈和小河》献给女儿。阿契贝还提到，即便是8年后，在美国马萨诸塞上幼儿园的二女儿也遭遇了类似的成长困惑。上学之初的一段日子里孩子每日哭闹不愿上学，在学校郁郁寡欢，几乎整日不能开口和同学说话。而阿契贝和孩子约定，每天相互给对方讲一个故事，孩子最终自信快乐地融入了校园。

最后，阿契贝以其自身敏锐的感知和洞察，提出即便是当今时代，世界对当下的非洲故事的讲述依然存在隐忧。他认为，数个世纪以来"非洲小说"打造典型堕落非洲形象的传统已经"遗传给了影业、新闻业和人类学，甚至人道主义及传教活动"。[①]阿契贝提到其观看的一部科学性极强的美国纪录片，拍摄地点在一家伦敦医院，拍摄内容是妇女分娩的过程。当看到除了暴露在镜头中正在生产的加纳妇女外，整个产房里全是白人时，阿契贝感到非常震惊。他不无担忧地写道："大概没人会仔细考虑这类问题。种族问题不再是会议室里看得见的存在。但它可能就蛰伏在我们的潜意识里。"[②]

阿契贝的话语令人警醒：今天的人们在讲述非洲当代故事时，是否真正摒弃了过去诋毁非洲形象的传统？是否真正尊重了理应获得公平对待的每一个个体？又是否真正记录了与其他种族同而为人的非洲人真实的人性？非洲的污名在当代应该被揭掉且由非洲人自己重新如实改写。20世纪五六十年代，非洲国家先后脱离西方殖民统治而获得独立，"书写国家"的后殖民文学在非洲迅速发展。后殖民文学在改写非洲形象的进程中发挥了积极的作用，但非洲本土作家在沿袭还是抛弃用英语、法语写作的问题上，并没有达成一致的意见，其引发的争议和讨论持续至今。

二　非洲文学创作的语言争议

20世纪以来，随着殖民主义制度的瓦解、非洲国家的纷纷独立，非洲文学开始蓬勃发展。由于历史的原因，部分非洲作家在民族独立后依

① Chinua Achebe, *The Education of a British-Protected Child*, Penguin Group, 2011, pp. 80 - 81.

② Chinua Achebe, *The Education of a British-Protected Child*, Penguin Group, 2011, p. 96.

然以宗主国的语言进行创作，英语文学、法语文学成为非洲文学中不可忽视的力量，在国际上声誉斐然。但是究竟应该使用欧洲语言还是本土语言进行创作，很多非洲作家陷入了语言选择的两难困境。阿契贝就这一具有巨大争议的问题清晰地阐述了他的立场。

著名肯尼亚作家和革命者恩古吉·瓦·提安哥（Ngugi wa Thiong'o）认为"语言不仅是一种写作的工具或形式，还是殖民者摧毁本土民族文化、进行文化殖民的最有力武器"。[①]恩古吉强调非洲作家要用母语写作，指责用英语写作的阿契贝是帝国主义的帮凶。在《非洲文学中的语言政治和语言政治家》一文中，阿契贝正面回应了恩古吉对自己的严厉指责。阿契贝指出对于非洲作家应该选择母语还是英语作为创作语言这个问题，恩古吉坚持非此即彼，而他则认为两者均可。[②]阿契贝直言他用英语写作，并不只是因为英语是世界通用语言，而是因为它与这个世界的关联其实只是他和尼日利亚及非洲关系的附属品。[③]阿契贝用英语写作的同时，还用他的本族语即伊博语写作，他曾为了纪念诗人克里斯托弗·奥基博以伊博族传统挽歌的形式写下他自己认为最好的一首诗歌，对他而言，能够用两种语言创作，不是一些非洲朋友所坚持认为的灾难，而是一大优势。

阿契贝阐释由于特殊的历史原因，人们可能会陷入两种语言的困境，而遭遇这种困境的并非只有非洲大陆作家，其他地区的作家也面临着同样的困境。他指出，爱尔兰著名作家和诗人詹姆斯·乔伊斯（James Joyce）曾经说过：爱尔兰、威尔士、苏格兰的作家在使用英语创作时，他们的内心也会感到痛苦。[④]非洲作家用英语创作，这是惨痛的殖民历史强加于非洲的既成尴尬事实。早在1962年，阿契贝即受邀担任英国海涅曼出版社"非洲作家丛书"的创始主编，之后他见证了这套丛书涵盖了众多非洲代表性作家的文学作品，共出版了300多种。这是最大的非洲文学书库，所有这些最好的作品都是由非洲作家用英语创作的，这是非洲大陆特有的客观存在的文化现象，有着自身深刻复杂的历史根源。

阿契贝明确指出尼日利亚的现实特征之一，是国家大部分日常事务

① 常耀信主编《英国文学通史（第三卷）》，南开大学出版社，2013，第858页。

② Chinua Achebe, *The Education of a British-Protected Child*, Penguin Group, 2011, p. 98.

③ Chinua Achebe, *The Education of a British-Protected Child*, Penguin Group, 2011, p. 101.

④ Chinua Achebe, *The Education of a British-Protected Child*, Penguin Group, 2011, p. 98.

都用英语处理。[①]尼日利亚国内有两百多个民族，有超过两百种语言，其中，豪萨语、约鲁巴语和伊博语是国家的三大方言。在尼日利亚历史上，使用豪萨语的北部地区和使用伊博语的东部地区曾发生恐怖冲突，两百多万人在这场内战中丧生。强行规定尼日利亚不同种族只使用一种民族语言，有着巨大的障碍和难以调和的矛盾。

使用母语作为统一语言的难题在非洲国家中普遍存在。阿契贝以加纳采用英语语言教学政策为例来说明这一问题。克瓦米·恩克鲁玛是非洲近代史上的反帝国主义斗争英雄，他领导建立了非洲大陆上第一个独立共和国。阿契贝指出，在政权建立初期，加纳政治家们就发现全国各级学校的学生普遍存在着使用五种以上母语的情况，针对这一现实难题，他们将使用英语这门外来语言视为促进政治经济统一的最佳工具。[②]由于现代非洲国家内部各民族的迁徙，如果把某一民族的母语[③]作为官方语言，反而不利于民族融合。面对相似的国内多民族使用多种语言的情况，非洲国家普遍采用了类似加纳的语言政策，即将之前殖民统治者的语言而非母语作为统一使用的官方语言。

恩古吉认为，帝国主义是非洲产生语言难题的罪人，而阿契贝则坚信这个罪人应该是非洲国家的语言多元化。[④]阿契贝批驳恩古吉把非洲语言问题分解为欧洲语言和非洲语言，是源于其僵硬的世界观：帝国主义传统和反帝国主义传统是当今非洲两股相互激烈对抗的力量。[⑤]阿契贝认为，帝国主义语言的渗透是极其复杂的，欧洲语言并不是帝国主义制造并强加给非洲人民的。他列举了殖民地时期西非、尼日尔三角洲及卡拉巴尔等地的酋长、家长、学校对英语学习的诉求。他明确指出欧洲语言在非洲国家之所以长期存在的根本原因，就是它们符合实际需要。

阿契贝认为，关于非洲语言发展问题会继续存在争论，但在此争论过程中，人们不可歪曲历史，那等同于玩弄权术。[⑥]阿契贝讲述了尼日利亚军事政变期间，曾有教育家强烈反对继续使用英语，呼吁尼日利亚军队强行让豪萨语成为国家通用语言，认为如果所有尼日利亚人都使用一

① Chinua Achebe, *The Education of a British-Protected Child*, Penguin Group, 2011, p. 101.

② Chinua Achebe, *The Education of a British-Protected Child*, Penguin Group, 2011, p. 107.

③ 英文为 mother tongue，指非洲各个族群使用的语言——笔者注。

④ Chinua Achebe, *The Education of a British-Protected Child*, Penguin Group, 2011, p. 107.

⑤ Chinua Achebe, *The Education of a British-Protected Child*, Penguin Group, 2011, p. 104.

⑥ Chinua Achebe, *The Education of a British-Protected Child*, Penguin Group, 2011, p. 108.

种语言，内战流血就可避免。阿契贝犀利指出，语言不应该成为民族冲突和政府失职的替罪羊，语言也不应该被用来玩弄权术，尼日利亚的社会发展难题不应完全归咎于语言问题。

错综复杂的历史和现实逆境造就了非洲的污名，但这不是仅仅依靠告别殖民者语言、提倡使用母语进行文学创作就能彻底改变的，当代非洲人还需努力探究如何依靠自己的力量重塑非洲真实的形象，拼写出非洲真正的名字。

三　如何拼写出非洲真正的名字

拼写出非洲真正的名字，即由非洲人自己书写非洲国家的真实历史与现实、讲述非洲和非洲人的真实故事、塑造属于非洲和非洲人的真实形象。阿契贝认为，当代非洲人只有齐心协力挖掘历史真相，了解自己，认清敌人，才能拼写出非洲真正的名字。他以荷马史诗《奥德赛》和伊博族传统故事的隐喻揭示了长期以来非洲国家存在的问题：非洲的敌人被匿以化名、非洲被冠以污名；非洲的历史被遮蔽、非洲的未来被预期。对此，阿契贝阐析了自己的观点：海外非裔美洲人要战胜外部的离间，彼此团结；非洲人需要清楚了解自己所受的压迫，清晰辨识压迫者的别名、化名和真名；要由非洲人自己讲述非洲过去、现在和将来的故事。

阿契贝在《拼写出我们真正的名字》中通过回顾他和非裔美洲作家兰斯顿·修斯（Langston Hughes）的交往，提出了后者传递给他的无声信息：经历了三个世纪的残酷海外流亡生活的非裔美洲人，要相互团结。非裔美洲人，是几个世纪以前反人性的奴隶贸易所造成的海外非洲人群的当代称谓，阿契贝写道，“此岸，人们在荒芜大陆被毁的农场上艰难刨食；彼岸，被俘的黑人在闷热潮湿的种植园里辛苦劳作”。[①]遥远的距离使人们的交流中断，记忆消退，作为受害者分别被重新命名为野蛮人和奴隶。“双方都失去了彼此；他们忘记了自己是谁，忘记了自己真正的名字。”[②]阿契贝心酸地指出，压迫者为其受害者重新命名，打上烙印，目的在于侵害和打压受害者的个体精神和人性。他不无担忧地提醒非裔美洲

① Chinua Achebe, *The Education of a British-Protected Child*, Penguin Group, 2011, p. 57.

② Chinua Achebe, *The Education of a British-Protected Child*, Penguin Group, 2011, p. 57.

人，要有意义地反抗压迫，就要避免非裔之间的内部混战和纠葛。“就如渔夫筐中的螃蟹，他把它们装在一起就是为了确保没有一只可以逃走。”①

阿契贝指出，要真正有效抵抗压迫，至少要先具备两种知识：一要了解自己，意识到压迫的存在；二要清楚谁是敌人，要清楚知道“压迫者真正的名字，而非别名、化名或者笔名！”②他以两个故事来直白生动地解析自己的观点。古希腊史诗《奥德赛》的故事中奥德赛成功欺骗独眼巨人说自己叫“没有人”，当奥德赛戳瞎巨人的眼睛，巨人竭力呼救：“‘没有人’要杀我！”这个虚假的名字让巨人置自己于危险的陷阱之中。尼日利亚伊博族亦有“乌龟和鸟”的故事，贪婪的乌龟让鸟儿们相信它已洗心革面，并说服它们各拔下一根羽毛，带它同赴空中盛宴。鸟儿们出于好玩，又欣然接受了乌龟的提议：为了这个重要场合，每个人都给自己取一个新名字。狡黠的乌龟为自己取名“你们所有人”，当抵达天空时，乌龟跳出来问那里的居民：“这个宴席是为谁而设的？”“你们所有人。”乌龟无耻地对鸟儿们说：“宴席是为我而设的。”阿契贝指出，这两个故事告诉我们，不论是真正的敌人，还是潜在的敌人，都不能允许他用假名。不论骗子是叫“没有人”，还是“所有人”，对受害者来说，都是骗人的把戏。③

阿契贝非常认同非裔美洲人中的杰出代表——作家詹姆斯·鲍德温（James Baldwin）的观点：在知道自己要往何处去之前，必须要清楚自己来自何方。④阿契贝坚信，黑人应该重获属于他们的历史，并自己说出来。阿契贝指出，长期以来，白人自作主张地把讲述过去和当代非洲黑人的故事当作他们的责任，并出于殖民者种种政治和经济利益的考虑，捏造了非洲的负面形象。他举例在 17 世纪荷兰旅行者笔下描述的贝宁城和阿姆斯特丹一样雄伟，贝宁的主干道甚至比阿姆斯特丹的大街还要宽七八倍。而二百多年后，英国人派遣军队攻打贝宁城前，却将其描述为野蛮的“血城”；在洗劫贩卖皇室珍宝后，又宣称他们是为了终结当地可怖的风俗而发动战争。同时在英国国内，在教堂、学校、报纸和小说中抹黑非洲和非洲人。英国殖民者自始至终只字不提他们的真正目的——为了入侵盛产棕榈和橡胶的内陆地区，扩大其贸易利益，并且还把自己塑造

① Chinua Achebe, *The Education of a British-Protected Child*, Penguin Group, 2011, p. 57.

② Chinua Achebe, *The Education of a British-Protected Child*, Penguin Group, 2011, p. 58.

③ Chinua Achebe, *The Education of a British-Protected Child*, Penguin Group, 2011, p. 60.

④ Chinua Achebe, *The Education of a British-Protected Child*, Penguin Group, 2011, p. 61.

成拯救处于水深火热中的无知黑人的救世主形象。

同样在维多利亚时期，英国有大量攻击非洲的作品，后期甚至发展出“殖民文学”。阿契贝特别提到约翰·巴肯（John Bachan）在其创作的小说中人物的一句话：白人与黑人的差别在于白人天生有责任感……黑人只为填饱肚子而活。[①]可怕的“非洲谜团”似乎在告诉非裔美洲人：你们的祖先为了换取一些廉价的物品，把你们卖给了欧洲人；你们的祖先没有什么荣耀的历史，在欧洲人抵达后才开始有历史。阿契贝以学校的历史教科书里找不到的刚果国王堂阿方索遭遇欧洲的故事对此进行了驳斥。堂阿方索统治期间兴建学校和教堂，派使团前往罗马，教化子民皈依基督教，把葡萄牙当作朋友。但葡萄牙为了开发巴西庄园开始掠夺刚果王国的子民当奴隶。堂阿方索写信给葡萄牙国王进行控诉，葡萄牙人却为叛乱的酋长们提供枪支推翻国王的统治，迫使刚果进贡奴隶。阿契贝郑重指出，这才是非洲和非洲人自己真正的历史。

阿契贝以鲍德温小说中人物的话语来说明自己的观点：所谓非洲的历史和黑人的命运，都是欧洲白人的蓄意设计，目的就是要让黑人相信他们所说的话。阿契贝悲愤地指出，黑人的生活和命运充满了已被设计的“预期”，永远不被允许拼写出自己真正的名字。他呼吁非洲人和非裔美洲人，应该齐心协力挖掘已被白人的诋毁和偏见深深埋葬的历史真相，战胜各种分离他们的意图，拼写出非洲真正的名字。与此同时，阿契贝深刻地认识到，重新书写非洲国家形象，还需要国际社会的广泛支持和参与。他呼吁全世界非洲大陆以外的国家和民族，更加全面客观地看待非洲，尊重非洲，给予非洲人以人的名字，给予非洲以非洲的名字。

四 呼吁给非洲以非洲的名字

阿契贝立足非洲，结合自己的亲身经历和感悟思考非洲国家社会问题的历史根源和解决路径。他以对国家社会的高度责任感和对非洲人民的深厚感情，呼吁所有非洲人要紧密团结起来，共同书写自己真正的名字；同时呼吁国际社会切实尊重非洲民族，客观建构非洲形象。

书中部分文章描述了作者的个人经历、所见所闻所感。《受英国保护

① Chinua Achebe, *The Education of a British-Protected Child*, Penguin Group, 2011, p. 64.

的孩童的求学记》叙述了作者的受教育经历；《我和父亲》讲述了作者的父亲在他成长历程中对他的积极影响；《我的女儿们》通过自己女儿的儿时阅读和上学经历阐述了迄今依旧存在的西方殖民思想文化渗透；《坐在公车上的白人区》中作者以自己在非洲东部、中部和南部的游历中的令人震惊的经历，阐明即使非洲国家脱离了英帝国而获得了独立，但非洲人民却没有真正摆脱殖民者身份后的自信，种族主义问题依然严峻；《教授〈瓦解〉》以来自不同大陆不同年龄背景的读者的来信为引子，指出《瓦解》对生活在各自社会与文化语境读者的不同启发效果。《我心中的尼日利亚》反映了作者对动荡不安的祖国矛盾、复杂而深沉的情感。

其他文章表达了作者对他人的深切缅怀和致敬。《齐克厨房里的香味》是向尼日利亚独立后首任总统纳姆迪·阿齐克韦博士致敬；《拼写出我们真正的名字》是纪念当时刚去世不久的非裔美洲作家詹姆斯·鲍德温；《马丁·路德·金与非洲》和《斯坦利·戴蒙德》是阿契贝对两位曾帮助非洲的具有国际主义精神的先辈的缅怀。

还有部分文章中作者坦率发表了自己对非洲社会存在的现实问题的思考和见解。《非洲的语言政治和语言政治家》是对非洲后殖民国家语言问题的直面思考；《大学与尼日利亚政治中的领导因素》针对领导不力这一尼日利亚难题，作者提出自己的观点：领导者要真正承担起责任，大学要培养国家真正可以仰仗的知识型领导人才；《赞誉》一文中作者对不断涌向包括他自己在内的非洲作家的赞誉做出了独特的解析，他认为“能够陶醉在别人赞誉阳光里的人是幸运的”，同时他提醒非洲作家群体要保持清醒的头脑：“又或许只是天真。”[①]阿契贝在《非洲文学：‘庆典’的回归》中写道：“将非洲现代文学的出现视作庆典的回归，这是必然的。”但是，“庆典并不意味着赞颂或认同”[②]，而是“学会承认彼此的存在并准备好给予每个民族以人类的尊重。”[③]《非洲的污名》对非洲形象如何遭到诋毁和塑造进行了犀利精到的分析；《非洲是人》中作者呼吁国际社会真正倾听非洲自己的声音：非洲是人。阿契贝指出，非洲不是经济学家用来实施和验证精妙理论想象中的实验室，它不是虚构的小说，是真实的人。[④]阿契贝引用鲍德温的话：“黑人希望被视作人……这一句直

① Chinua Achebe, *The Education of a British-Protected Child*, Penguin Group, 2011, p. 77.

② Chinua Achebe, *The Education of a British-Protected Child*, Penguin Group, 2011, p. 123.

③ Chinua Achebe, *The Education of a British-Protected Child*, Penguin Group, 2011, p. 125.

④ Chinua Achebe, *The Education of a British-Protected Child*, Penguin Group, 2011, p. 160.

接简单的话，精读康德、黑格尔、莎士比亚、马克思、弗洛伊德、〈圣经〉的人却理解不了。”[①]《拼写出我们真正的名字》中作者强烈希望非洲人和非裔美洲人都要牢记历史，团结起来，共同书写现代非洲真正的名字。

《非洲的污名》文集向我们展示了阿契贝清晰的思想脉络。作者立足于非洲，以较为客观的视角对诸多社会问题进行了冷静而深刻的思考，如奴隶贸易、殖民主义、非洲教育、非洲语言、非洲政治和经济等。他认为非洲国家长期面临的各种社会问题有其固有的复杂社会历史根源，时至今日仍对非洲社会具有潜在的不良影响。作者通过讲述坐公车上白人区的亲身经历，揭示种族歧视在非洲国家独立后依然是白人黑人集体的无意识现象，这让他哀伤：“我能够成为一名英雄，只是因为我是个过客，而这些不幸的人们虽然比我勇敢许多，却只是充当了我的仪仗队。”[②]

阿契贝呼吁非洲国家政府和民众要理性地审视客观存在的社会现实问题，努力克服自身的不足，重视大学里领导力的培养，调解多元化的民族、宗教和语言矛盾，寻找适合各自国家建设的道路。他还呼吁非洲大陆的人们和离散海外的非洲人要团结起来，“通过拒绝被定义、拒绝沦为代理人或受害人来直面逆境”[③]，成为真正的人，共同书写自己真正的名字，让当今世界听到非洲人自己的声音。

阿契贝同时呼吁国际社会要更全面客观地看待非洲，不能只通过欧洲的文字和媒介传播所建构的内容来了解非洲和非洲人。作为一个本土作家，他清楚且痛心地看到其中存在的危险，即一种先入为主的对非洲的偏见和歧视。他努力澄清过去“殖民文学”所精心遮蔽的真相，力图向世界还原一个真实的非洲。他强烈期盼非洲民族能和世界上其他民族一样，受到公正待遇。

阿契贝在该书中曾引用班图人的格言：一个人之所以为人，是因为其他人。

人类应该给所有人以人的名字。世界应该给非洲以非洲真正的名字。

（责任编辑：王　严）

① Chinua Achebe, *The Education of a British-Protected Child*, Penguin Group, 2011, p. 163.

② Chinua Achebe, *The Education of a British-Protected Child*, Penguin Group, 2011, p. 52.

③ Chinua Achebe, *The Education of a British-Protected Child*, Penguin Group, 2011, p. 21.

Contents

Abstract: China-Africa legal diplomacy has a specific background and great practical significance. Since the founding of the new China, China-Africa legal diplomacy has gone through four historical periods: beginning, stagnation, development and acceleration. Since the establishment of Forum on China-Africa Cooperation-Legal Forum in 2009, and especially since the implementation of the Beijing Action Plan (2013 –2015) and Johannesburg Action Plan (2016 – 2018) over the past six years, China-Africa legal diplomacy, both official and private, has made many important achievements, but there are also some deficiencies exposed. In the new era when China and Africa jointly build "the Belt and Road" and jointly promote production capacity cooperation, to develop China-Africa legal diplomacy, we need to take new measures in theoretical construction, quantitative improvement, platform building, talent training and academic research.

Key Words: China-Africa Legal Diplomacy; China-Africa Relations; The Belt and Road

Abstract: Although there are different boundaries and differences among the locations, languages, religions, and social customs and so on, the South Africa in post-apartheid is still difficult to get out of the structural influences caused by the apartheid system. Most South Africans still hope to build a unified country where different races and ethnic groups coexist. The road of transformations in the New South Africa is so long and the issues of race and ethnic groups are still the important and sensitive problems in the society of South Africa.

Key Words: South Africa; Apartheid; Race; Ethnic Group; Boundary

A Study of Egyptian Political Process in the Post-Mubarak Era

Abstract: Influenced by the Tunisian Jasmine Revolution, the January 25th revolution overthrew the Mubarak regime, which had been in power for 30 years. After that, Egypt experienced a short transition period, the period of the Morsi, and quickly entered the era of the Sisi government. The rapid failure of the Morsi regime and the re-election of President Sisi on behalf of the military reflect the dilemma of democratic transformation in Egypt. The leading role of the military in Egyptian politics, the power game and relationship between the military, Islamist parties and free secular parties constitute the core driving force for the dramatic changes in the Egyptian political process in the post-Mubarak era, which can explain the short-term success and rapid failure of the democratic transition in Egypt and the reintegration of strongman politics. The political process in the post-Mubarak era shows that the Egyptian democratic process still faces many challenges.

Key Words: Egypt; Military; Muslim Brotherhood; Secular Party; Power Game; Democratization

Study on Relationship between Infrastructure and Economic Growth in Nigeria

Abstract: Nigeria has become the largest economy in Africa. There is growing concern about its economic growth pattern. Based on the data of 1990 – 2014 years, this paper uses VAR, Cointegration Test and Granger Causality Test to analyze the relationship between infrastructure and economic growth in Nigeria. The results show that the electricity and transportation infrastructure have a significant positive impact on Nigeria's economic growth, and there is a two-way causal relationship. For long-term economic growth, Nigeria should continue to strengthen the "Three Networks and Industrialization", broaden the channels of investment and financing, and strengthen the infrastructure capacity cooperation between China and Africa.

Key Words: Nigeria; Economic Growth; Infrastructure; Three Networks and Industrialization; China-Africa Cooperation

Abstract: At present, Nigeria's transportation infrastructure lags behind, which does not match the economic and social reality of Africa's largest economy and the country with the largest population in Africa. The Nigerian Federal Government has realized the importance of infrastructure and implemented *National Integrated Infrastructure Master Plan*, 2014 – 2043, and the short-term, middle-term and long-term goals were clarified. The paper believes that NIIMP is aligned with China's the Belt and Road Initiative. The Belt and Road Initiative could help to finance the Nigerian transportation infrastructure deficits. It will contribute to Nigeria's early realization of its development goals of transport infrastructure in West Africa's railway centre, port transport hub and aviation centre. China-Nigerian cooperation in transport infrastructure still has bright future.

Key Words: Nigeria; Transportation Infrastructure; The Belt and Road; China-Nigerian Transportation Infrastructure Cooperation

Comparative Study of Accounting System between China and Ethiopia

Jin Shuiying, *Chen Ye* / 91

Abstract: As an important undertaking point of "the Belt and Road", Ethiopia has become a key country of China's investment in Africa. However, in the process of globalization, financial risks are becoming more and more evidently. The key to better controlling financial risks abroad and improving business performance depends on a full understanding of the differences in accounting systems between the two countries. According to the field research results, the author finds that the degree of localization of investment enterprises in Africa is generally insufficient, and there is a phenomenon of "internal and external accounts" which affects the sustainable development of enterprises. Therefore, taking Ethiopia as a case study, this paper makes a comparative analysis of accounting systems between China and Ethiopia. The study finds that China's accounting system is relatively perfect and has better pertinence and adaptability. Ethiopia's accounting mainly serves tax revenue, accounting practice and education lacks synergy, and the development has not yet been unified. Finally, based on the differences of accounting systems between China and Ethiopia, some suggestions are put forward for the financial operation of the investment enterprises in Africa.

Key Words: Accounting System Evolution; Accounting Treatment Environment; Accounting Model; Accounting Principle; Ethiopia

Madagascar's Investment Environment and the Protection of the Rights and Interests of Chinese Investors

Zhang Zezhong, *Chen Lijuan* / 105

Abstract: Madagascar has unique investment advantages, but its investment environment also faces great challenges. This paper first analyzes the main investment promotion and protection laws and regulations in Madagascar, and then discusses the political, economic, judicial and social investment environment that has a profound impact on foreign investors' choice, production and operation, as well as personal and property safety. Finally, the paper puts forward some countermeasures to promote and protect Chinese investment in Madagascar.

Key Words: Madagascar; Investment Environment; Chinese Investors

China's African Geographic Research: Significance, Progress and Prospects: A Case Study of Zhejiang Normal University

Abstract: Africa has vast land and abundant natural resources, but its level of natural resources development is low and its demand for social and economic development is strong. At the same time, as an important partner of China, Africa is the main place for China to re-shape its new national identity, and it has extremely important strategic significance for China. At present, China's African geographic researches are gradually deepening and have achieved fruitful results, and the relevant research centers and institutes of African geography have been established in domestic universities. Among them, focusing on four main research areas—Africa's resources and environment, Africa's industry and economy, Africa's society and culture, Africa's science and technology and China-Africa science and technology cooperation, Zhejiang Normal University systematically carries out African geographic research and some achievements have been achieved. Based on the achievements and experiences of African geographic research, this paper summarizes the characteristics of African geographic research and the weakness of African geographic research, and puts forward the development directions of African geographic research, with a view to inspiring the future development of African geographic research in China.

Key Words: Africa; Geography; Resources; Coordination

The History, Current Situation and Challenges of Chinese Education in Mozambique

Abstract: The history of Chinese education in Mozambique can be traced back to the 1920s and stopped due to the political reasons after the independence of Mozambique in 1975. Chinese education has been re-launched in the new century because of the establishment of the Chinese International School. Chinese Education in Mozambique has experienced the change from teaching Chinese as the mother tongue to teaching Chinese as a second language. But the system of fundraising, operation and management have not changed significantly. Compared with other international schools in Mozambique, Chinese International School still has a long way to go and faces the enormous challenges of sustainable development. The comprehensive upgrading of China-Africa cooperation has brought new opportunities for Chinese education in Africa. From the perspective of internationalization of education, we should integrate Mozambique's Chinese education into the cooperation scope of China's participation in African educational governance, provide more systematic support of educational resources, thus to construct an organic interaction between Chinese education and Confucius Institutes, and to better promote the spread of Chinese language and culture in Africa.

Key Words: Mozambique; Chinese Education; Internationalization of Education

A Review and Commentary on Teacher Education Program Focusing on Mathematical Literacy Curriculum in South Africa

Abstract: "Core Literacy" has become the key to deepen the reform of basic education curriculum in our country. In this study the "ACE: Mathematical Literacy Curriculum" in South Africa is analyzed by the literature analysis method. The main research objects include the teacher training program of mathematical literacy curriculumof Advanced Certificates of Education in KwaZulu-Natal, South Africa, and the specific implementation in Obonjeni area. This program has some enlightenment for the training of teachers'core literacy in China, such as optimizing and ensuring the teachers' participation in the training and improve the quality of trainees; fully investigating the needs of training and designing targeted training contents.

Key Words: Teacher Education; Training Programs; Mathematical Literacy; Mathematical Curriculum; South Africa

Abstract: Coptic Church is the largest Christian church in Egypt, and the Coptic religious culture created by it is of great significance to Christian culture. In order to propagate and preserve Christianity, Copts established the world's earliest Alexander School of Doctrine, which gradually standardized and professionalized Christianity's doctrine. Because of the separatist forces, they took the lead in the first universal Oecumenical Movement and safeguarded Christianity's unity. Under the cruel oppression of Roman rulers, the Copts formed the monastery system, which made Christianity more standardized and rationalized. The study of Egyptian Coptic religious culture is helpful to re-recognize Coptic religion and Coptic doctrine; the status of Coptic religious culture and the excavation and inheritance of Coptic religious and cultural heritage are also very important; it also provides religious support for the better integration of Copts into Egyptian society, and it would be helpful for the construction of Egypt's national state.

Key Words: Coptic Church; Coptic Religious Culture; Religious Characteristics

Comparative Analysis of Chinese and American Social Studies about Africa in the Past Fifteen Years: Based on the Bibliometrics of Papers

Li Jiafang, *Wang Hailu* / 178

Abstract: Based on the bibliometrics method and the analysis function of Citespace V, this paper compares the total amount of literature, the annual literature, the institutes of the literature, the authors of the literature, the journals of the literature, the keywords, etc. of the Chinese and American social studies about Africa in the past fifteen years. Meanwhile, this paper further collects more detailed data, literature and other materials related to Chinese and American social studies about Africa. Based on this basis, it summarizes the characteristics of current Chinese social studies about Africa. Moreover, this paper also puts forward some suggestions on strengthening Chinese social studies about Africa in the future.

Key Words: China and America; Social Studies; African Studies; Bibliometrics; Comparative Analysis

Theoretical Construction of African Studies and Practical Consciousness: Review of *African Studies from Chinese Perspective*

Zhang Lizhen / 205

Abstract: *African Studies from Chinese Perspective* is a summary of the theories and practices of Mr. Liu Hongwu's 30 years of African research work. It is the first monograph on African studies in China. As a reference for theoretical and practical people focusing on African studies, it has both theoretical thinking and case interpretation and integrates knowledge, practice and scientific principles. The value of *African Studies from Chinese Perspective* firstly reflects the originality of the basic issues of African studies, subject attributes, structural characteristics, etc. Secondly, it is reflected in how to carry out the practical thinking of the African sub-disciplinary studies, and finally clarifies the importance of the thinking of think tanks and the building of talents team for the discipline construction of African studies and the practice of Sino-African relations.

Key Words: African Studies; Subject Attributes; Sub-division Construction; The Thinking of Think Tanks

How to Spell African Proper Name ——A Commentary Review of Chinua Achebe's *The Education of a British-Protected Child*

Lai Lihua / 213

Abstract: Chinua Achebe is a world-renowned Nigerian writer whose works are rich in content and profundity. *The Education of a British-Protected Child* collects 16 articles and speeches delivered in different periods of the writer's life. It reveals the historical tradition and truth of African tarnished name, analyzes the politics of language in African literature and expounds how African people can really spell their own name in modern international context. Achebe believes that African people need to know where they come from before they know where to head for. He appeals to the international community to show respect for human beings towards Africa. He also calls on African people should unite to face historical and actual adversity down, and to spell African proper name.

Key Words: Chinua Achebe; *The Education of a British-Protected Child*; African Literature

本刊宗旨与投稿体例

《非洲研究》由浙江师范大学非洲研究院主办，是刊发非洲研究成果、探讨非洲问题的综合性学术刊物，每年 2 卷，第 1—11 卷由中国社会科学出版社出版，自第 12 卷起由社会科学文献出版社出版。2015 年本刊全文收录于中国学术期刊网络出版总库（简称“中国知网”）。本刊秉承浙江师范大学非洲研究院“非洲情怀、中国特色、世界视野”之治学精神，坚持“求真创新、平等对话、沟通交流”之办刊方针，致力于搭建开放的非洲研究学术交流平台，荟萃学术思想与观念之精华，努力推动中国非洲研究事业的进步。

作为一个以非洲问题为研究对象的多学科、综合性的学术交流平台，本刊致力于打造独具非洲特色的人文社会科学专业学术出版物。设有“非洲政治与国际关系”“非洲经济与发展”“非洲历史、教育与文化”“中非关系”“非洲研究书评”以及“海外来稿”等栏目。我们热忱期待国内外不同学科领域的学者从各自学科的角度对非洲问题进行研究，并踊跃向本刊投稿、交流观点。《非洲研究》编辑部将严格按照学术规范流程进行稿件审核，择优录用，作者投稿时应将稿件电子版发送至：fzyjbjb2016@126.com。

一　稿件基本要求

1. 来稿应注重学术规范，严禁剽窃、抄袭，反对一稿多投。

2. 来稿正文字数控制在 13000 字以内。

3. 来稿应包含以下信息：中英文标题、内容提要、关键词；作者简介、正文、脚注。中文简介不少于 200 字，英文简介不少于 150 字；关键词 3—5 个；作者简介包含姓名、单位、主要研究领域、通信地址、电话和电子邮件地址，如为外籍学者需注明国别。

4. 本刊采用脚注形式，用“①②③”等符号标注，每页重新编号。

5. 如有基金项目，请注明基金项目名称、编号。

二 引文注释规范

1. 期刊：作者，篇名，期刊名，年月，期数，页码。如：

纪宝成：《当前高等教育发展中的五大困境》，《中国高教研究》2013年第5期，第6页。

Joas Wagemakers, "A Purist Jihadi-Salafi: The Ideology of Abu Muhammad al-Maqdisi", *British Journal of Middle Eastern Studies*, August 2009, 36 (2), p. 281.

2. 著作文献：作者，书名，出版社，年月，页码。如：

刘鸿武：《尼日利亚建国百年史（1914—2014）》，浙江人民出版社，2014，第163页。

C. A. 贝利：《现代世界的诞生》，于展、何美兰译，商务印书馆，2013。

Stig Jarle Hansen, *Al-Shabaab in Somalia—The History and Ideology of a Militant Islamist Group*, 2005 - 2012, London: Hurst & Company, 2013, p. 9.

3. 纸质报纸：作者，文章名称，报纸名称，年月，所在版面。如：

杨晔：《第二届中非民间论坛在苏州闭幕》，《人民日报》2012年7月12日，第3版。

Rick Atkinson and Gary Lee, "Soviet Army Coming apart at the Seams", *Washington Post*, November 18, 1990.

4. 文集析出文献：作者，文章名，文集编者，文集名，出版社，出版时间，页码。如：

杜威·佛克马：《走向新世界主义》，载王宁、薛晓源编《全球化与后殖民批评》，中央编译出版社，1999，第247 - 266页。

R. S. Schfield, "The Impact of Scarcity and Plenty on Population Change in England", in R. I. Rotberg and T. K. Rabb, eds., *Hunger and History: The Impact of Changing Food Production and Consumption Pattern on Society*, Cambridge, Mass: Cambridge University Press, 1983, p. 79.

5. 学位论文：作者，论文名称，所在院校、年份，页码。如：

方明东：《罗隆基政治思想研究（1913—1949）》，博士学位论文，北京师范大学历史系，2000，第67页。

Lidwien Kapteijns, *African Historiography Written by Africans, 1955 - 1973: The Nigerian Case*, PhD diss., University of Amsterdam, 1977, p. 35.

6. 研究报告：作者，报告名称，出版社，出版日期，页码，如：

世界银行，《2012 年世界发展报告——性别平等与发展》，清华大学出版社，2012，第 25 页。

Rob Wise, "Al-Shabaab", Center for Strategic International Studies, July 2011, p. 3, http://csis.org/files/publication/110715_Wise_AlShabaab_AQAM%20Futures%20Case%20Study_WEB.pdf.

7. 网络资源：作者，文章名，网络名称，时间，网址，上网时间。如：

中华人民共和国外交部，《外交部副部长翟隽在第七届"蓝厅论坛"上的讲话》，中华人民共和国外交部，2012 年 7 月 12 日，http://www.mfa.gov.cn/chn/gxh/tyb/zyxw/t950390.htm，最后访问日期：2015 年 12 月 25 日。

Tomi Oladipo, "Al-Shabab Wants IS to Back off in East Africa", BBC News, November 24, 2015, http://www.bbc.co.uk/news/world-africa-34868114. Accessed 2015 - 12 - 25.

《非洲研究》编辑部

2018 年 6 月

图书在版编目(CIP)数据

非洲研究. 2019年. 第2卷 : 总第15卷 / 浙江师范大学非洲研究院主办 ; 刘鸿武主编. -- 北京 : 社会科学文献出版社, 2020.1

ISBN 978-7-5201-6197-8

Ⅰ. ①非… Ⅱ. ①浙… ②刘… Ⅲ. ①非洲-研究-丛刊 Ⅳ. ①K94-55

中国版本图书馆 CIP 数据核字(2020)第026189号

非洲研究 2019年第2卷(总第15卷)

主　　办 / 浙江师范大学非洲研究院
主　　编 / 刘鸿武
执行主编 / 王　珩

出 版 人 / 谢寿光
责任编辑 / 宋浩敏
文稿编辑 / 袁宏明

出　　版 / 社会科学文献出版社 · 联合出版中心(010)59367150
地址：北京市北三环中路甲29号院华龙大厦　邮编：100029
网址：www.ssap.com.cn
发　　行 / 市场营销中心(010)59367081　59367083
印　　装 / 三河市龙林印务有限公司

规　　格 / 开　本：787mm × 1092mm　1/16
印　张：15　字　数：254千字
版　　次 / 2020年1月第1版　2020年1月第1次印刷
书　　号 / ISBN 978-7-5201-6197-8
定　　价 / 89.00元